U0901158

2012衢州统计年鉴

QUZHOUTONGJINIANJIAN

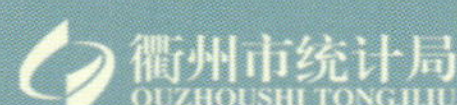

国家统计局衢州调查队 编
GUOJIATONGJIJUQUZHOU DIAOCHADUI BIAN

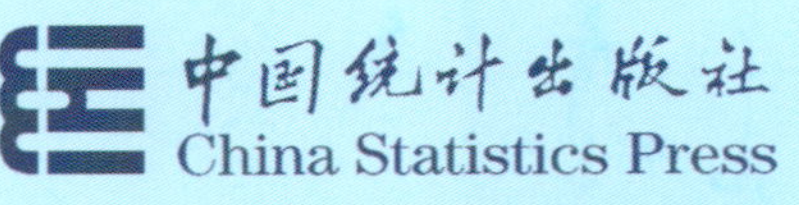

（京）新登字041号

图书在版编目（CIP）数据

衢州统计年鉴. 2012 / 衢州市统计局，国家统计局衢州调查队编. -- 北京 ：中国统计出版社，2012.8
ISBN 978-7-5037-6644-2/C.2715

Ⅰ. ①衢… Ⅱ. ①衢… ②国… Ⅲ. ①统计资料－衢州市－2012－年鉴 Ⅳ. ①C832.553-54

中国版本图书馆CIP数据核字(2012)第191619号

衢州统计年鉴— 2012

作　　者/ 衢州市统计局　国家统计局衢州调查队
责任编辑/ 陈越月　王群勇　周晓燕
封面设计/ 叶小明
出版发行/ 中国统计出版社
通信地址/ 北京市西城区月坛南街57号　邮编 100826
办公地址/ 北京市丰台区西三环南路甲6号
电　　话/ (010)63376907
网　　址 / http://csp.stats.gov.cn
印　　刷/ 金华曙光印务有限公司
经　　销/ 新华书店
开　　本/ 890×1240 毫米　1/16
字　　数/ 500千字
印　　张/ 24.75
印　　数/ 1- 700 册
版　　别/ 2012 年　月第 1 版
版　　次/ 2012 年　月第 1 次印刷
书　　号/ ISBN 978-7-5037-6644-2/C.2715
定　　价/ 200元

《衢州统计年鉴》编辑委员会

主　编：潘　佶　汪龙文

副主编：李永华　舒　峰　颜　文　邵阿明　张良军　王星山　占玉莲
姜理平　徐龙泉　张柏根　项建平

编　委（按姓氏笔画排列）：

王群勇　许　隆　应昱杰　金　鸣　周晓群　姜秀英　胡耀军
高军东　徐建林　黄国忠　舒英龙　傅国良　谢珍明

编辑及编务人员（按姓氏笔画排列）：

方金玲　叶　健　叶树钦　吕友谊　江美红　吴天荣　吴　芳
吴　健　吴晓霞　张小祥　李凤芝　陈晓久　周晓燕　赵　跃
姚莉芳　徐玉飞　徐周燕　徐美霞　耿俊朋　翁　莹　翁树银
章金海　蒋晓军　蒋　聪

编 者 说 明

一、《衢州统计年鉴—2012》，是一部全面反映衢州市经济和社会发展情况的资料性年刊。本书收录了2011年我市经济和社会各方面的大量统计数据，同时还收录了全省各市县和闽浙皖赣毗邻十市2011年经济和社会各方面大量的统计数据，以及衢州市各历史年份的主要统计数据。

二、全书内容共分十五部分：即1. 综合；2. 人口与劳动力；3. 农业；4. 工业；5. 交通与邮电业；6. 固定资产投资与建筑业；7. 国内商业、外贸、外资；8. 人民生活与价格水平；9. 财政与金融；10. 能源消费量与综合利用；11. 教育与卫生事业；12. 城市建设与环境保护；13. 全省各市县主要经济指标；14. 闽浙皖赣毗邻十市主要经济指标；15. 乡镇社会经济发展基本情况。同时对各篇章的主要内容、资料来源、统计范围、统计方法以及历史的变动情况在篇末均作了简要概述，并附有《主要统计指标解释》。

三、本年鉴的衢州市资料来源大部分来自年度统计报表，一部分来自抽样调查。《衢州统计年鉴—2012》中全省各市县主要经济指标来自省综合年报：市县社会经济基本情况调查表。闽浙皖赣毗邻十市资料来自各统计局交换统计资料。

四、资料中所使用的度量衡均采用国际统计标准计量。

五、本年鉴部分数据或相结数由于取舍不同而产生的计算误差均未作机械调整。

六、本年鉴各表的注解均在该表下方。

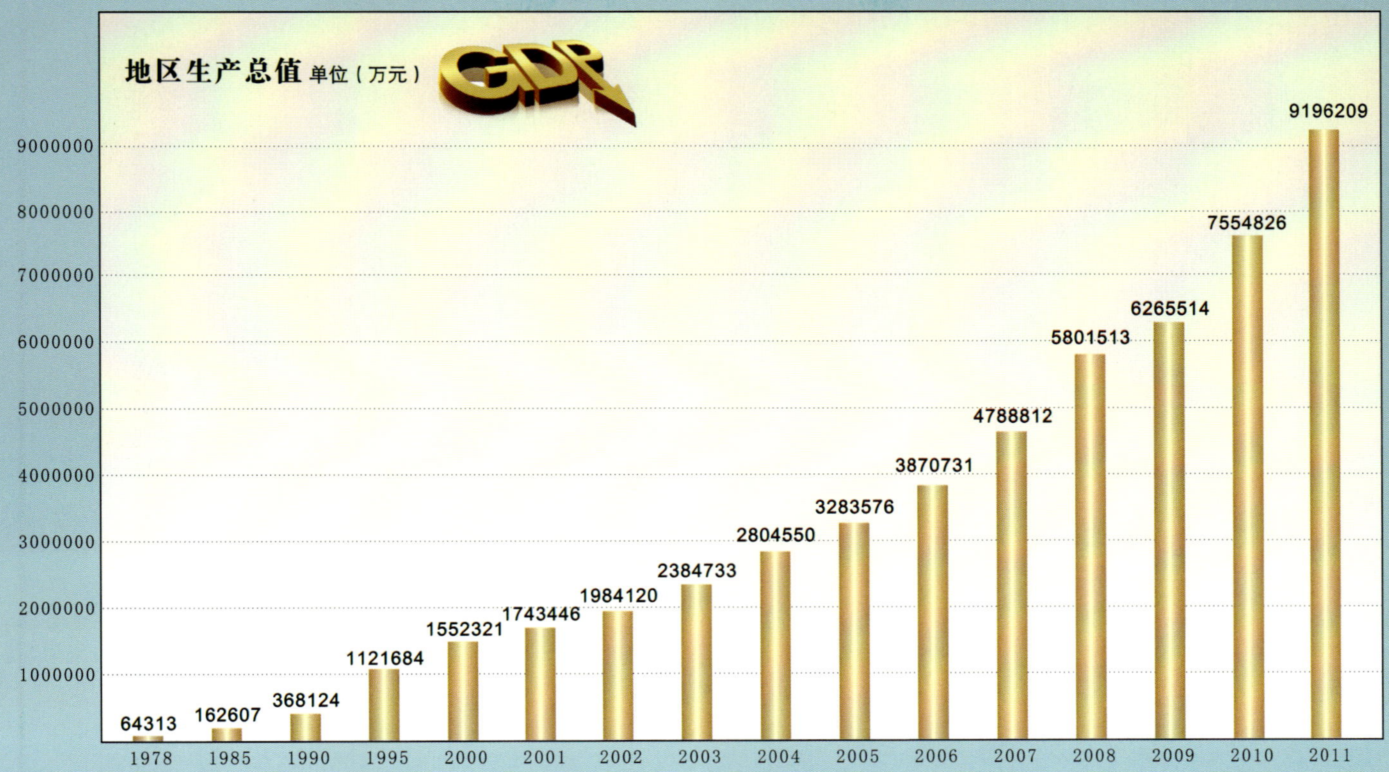
地区生产总值 单位（万元）
GDP
9000000
8000000
7000000
6000000
5000000
4000000
3000000
2000000
1000000
64313
162607
368124
1121684
1552321
1743446
1984120
2384733
2804550
3283576
3870731
4788812
5801513
6265514
7554826
9196209
1978
1985
1990
1995
2000
2001
2002
2003
2004
2005
2006
2007
2008
2009
2010
2011

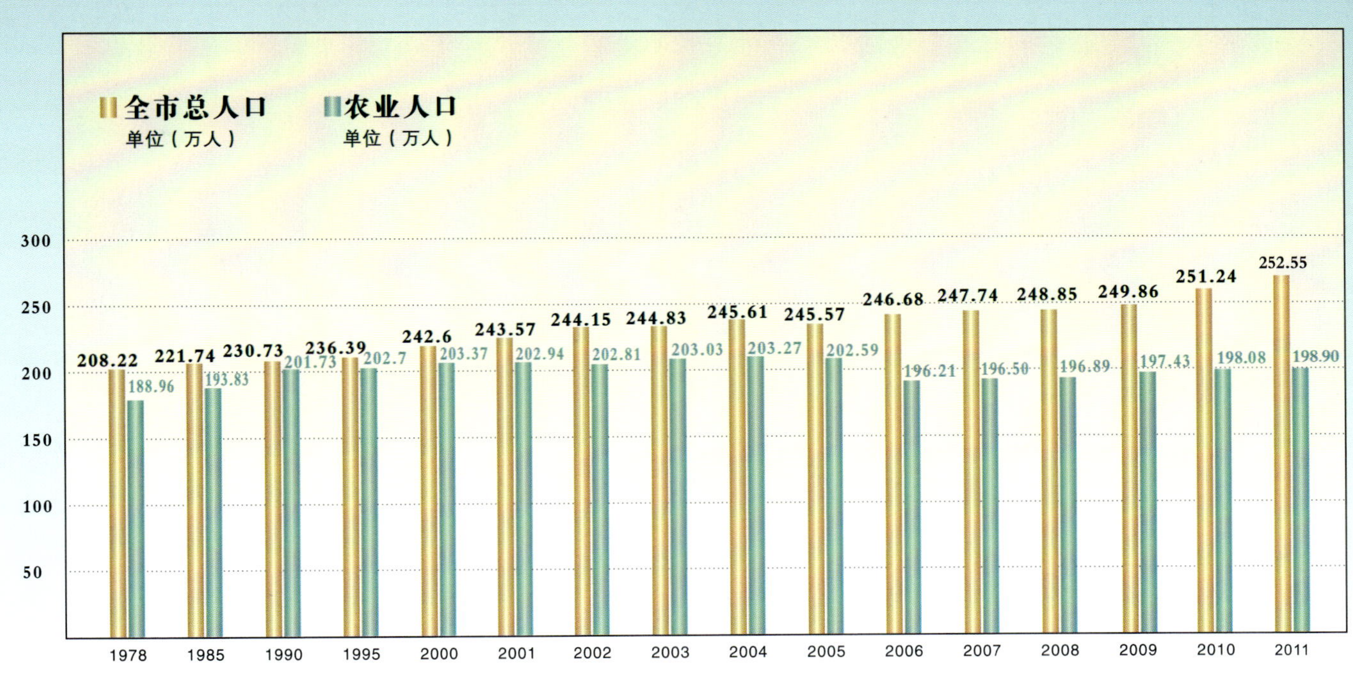
全市总人口 单位（万人）
农业人口 单位（万人）
300
250
200
150
100
50
208.22
188.96
221.74
193.83
230.73
201.73
236.39
202.7
242.6
203.37
243.57
202.94
244.15
202.81
244.83
203.03
245.61
203.27
245.57
202.59
246.68
196.21
247.74
196.50
248.85
196.89
249.86
197.43
251.24
198.08
252.55
198.90
1978
1985
1990
1995
2000
2001
2002
2003
2004
2005
2006
2007
2008
2009
2010
2011

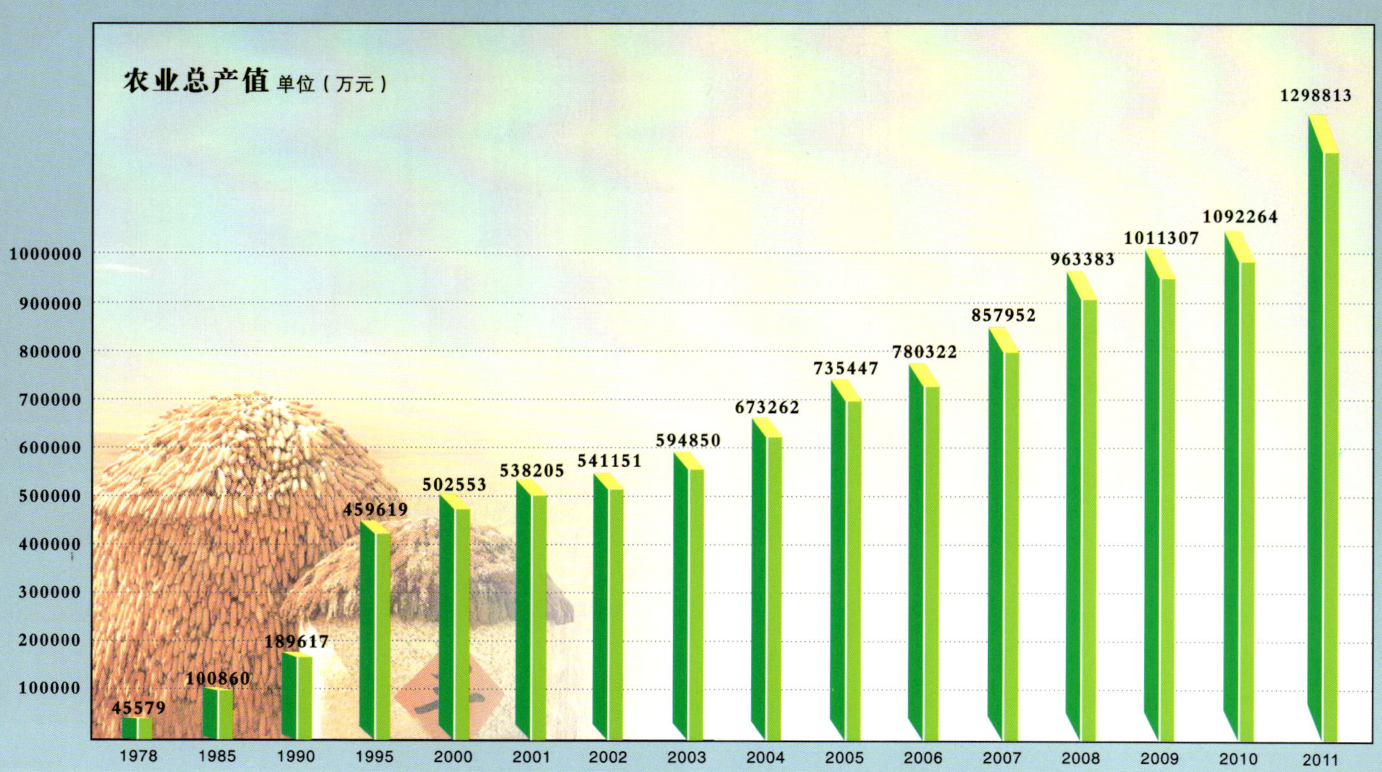
农业总产值 单位（万元）
1000000
900000
800000
700000
600000
500000
400000
300000
200000
100000
45579
100860
189617
459619
502553
538205
541151
594850
673262
735447
780322
857952
963383
1011307
1092264
1298813
1978
1985
1990
1995
2000
2001
2002
2003
2004
2005
2006
2007
2008
2009
2010
2011

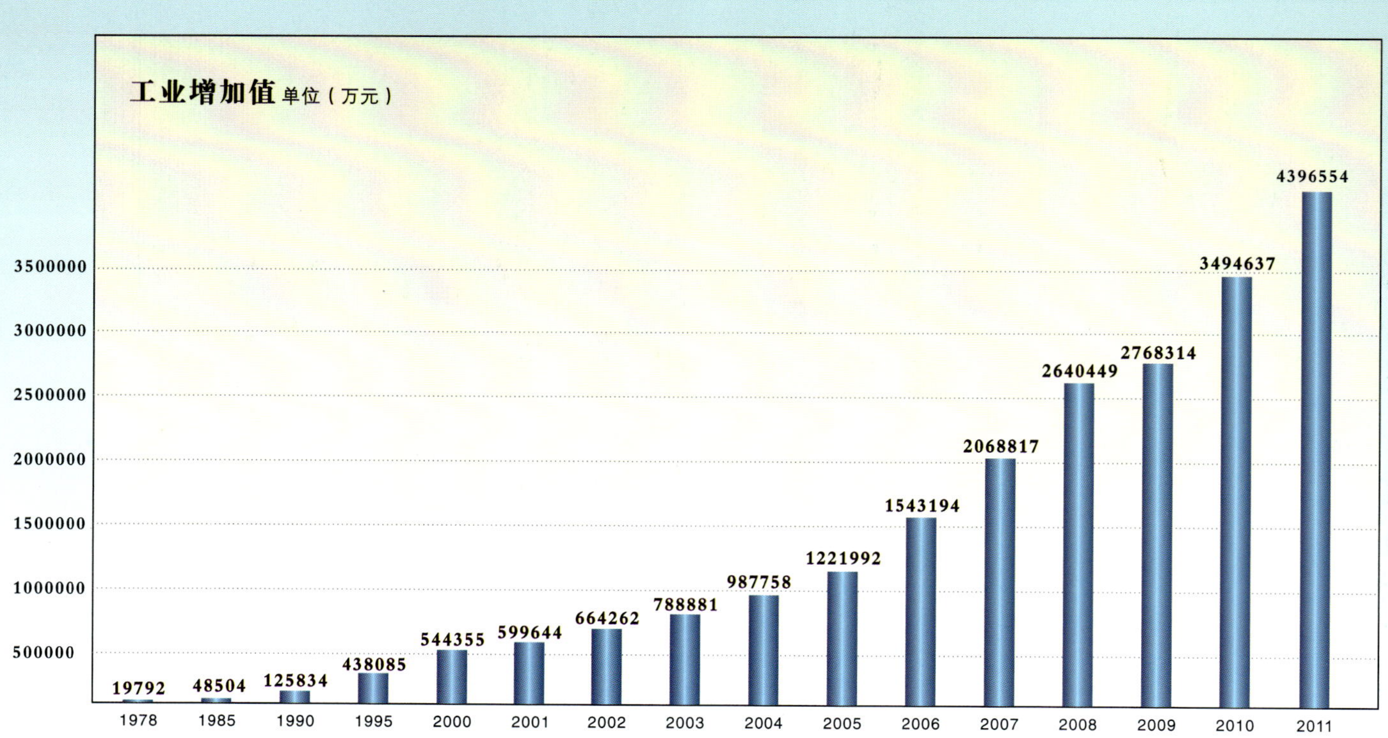
工业增加值 单位（万元）
3500000
3000000
2500000
2000000
1500000
1000000
500000
19792
48504
125834
438085
544355
599644
664262
788881
987758
1221992
1543194
2068817
2640449
2768314
3494637
4396554
1978
1985
1990
1995
2000
2001
2002
2003
2004
2005
2006
2007
2008
2009
2010
2011

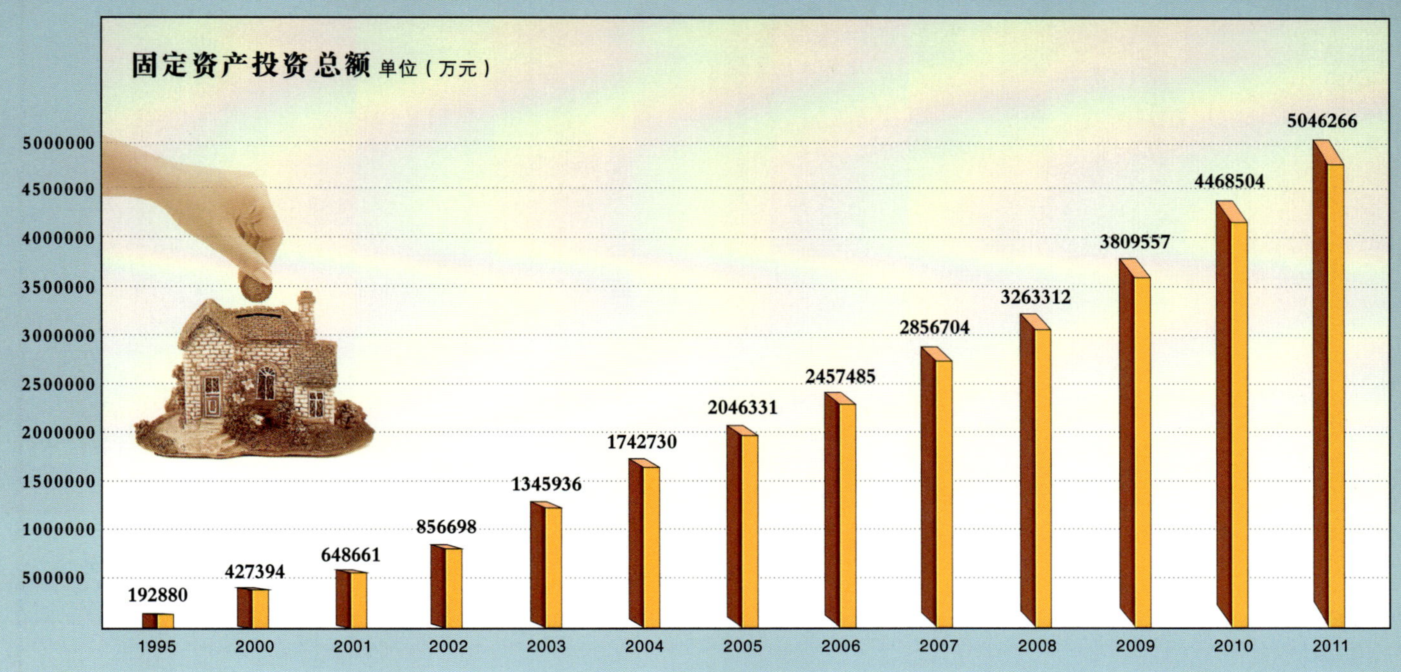
固定资产投资总额 单位（万元）
5000000
4500000
4000000
3500000
3000000
2500000
2000000
1500000
1000000
500000
192880
427394
648661
856698
1345936
1742730
2046331
2457485
2856704
3263312
3809557
4468504
5046266
1995
2000
2001
2002
2003
2004
2005
2006
2007
2008
2009
2010
2011

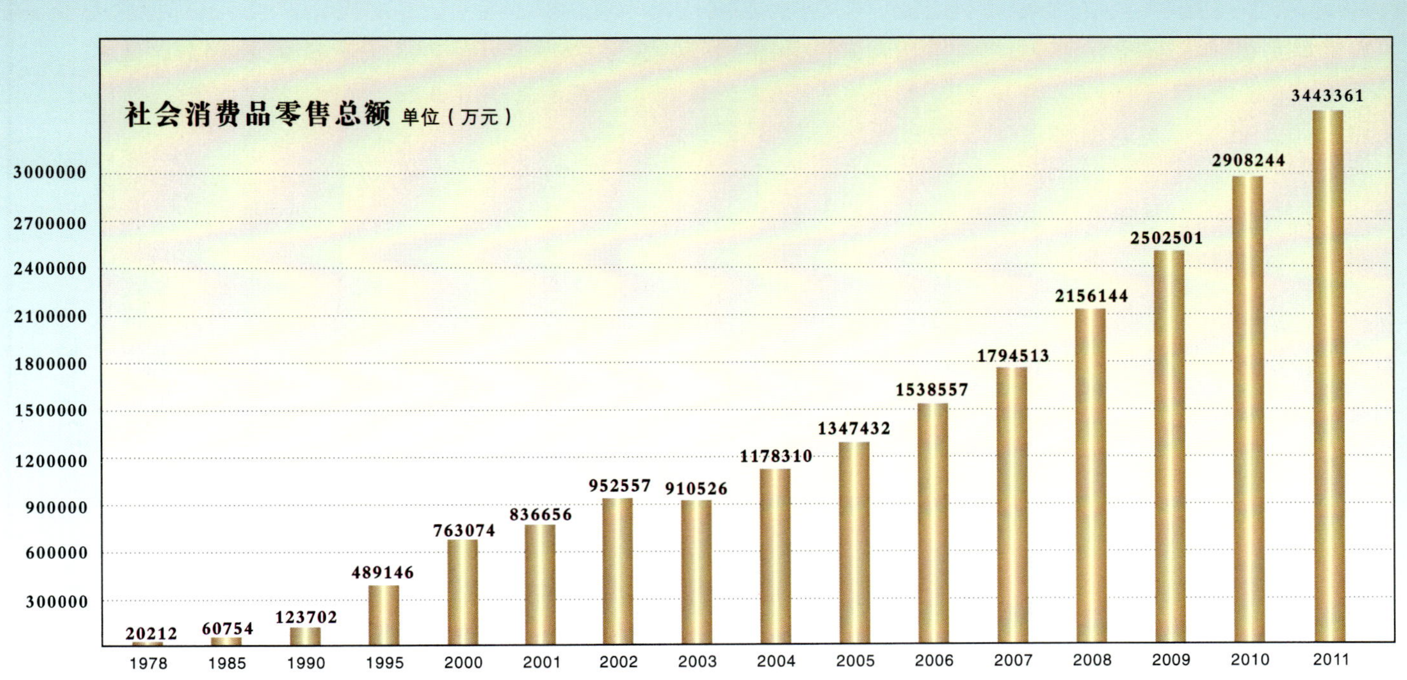
社会消费品零售总额 单位（万元）
3000000
2700000
2400000
2100000
1800000
1500000
1200000
900000
600000
300000
20212
60754
123702
489146
763074
836656
952557
910526
1178310
1347432
1538557
1794513
2156144
2502501
2908244
3443361
1978
1985
1990
1995
2000
2001
2002
2003
2004
2005
2006
2007
2008
2009
2010
2011

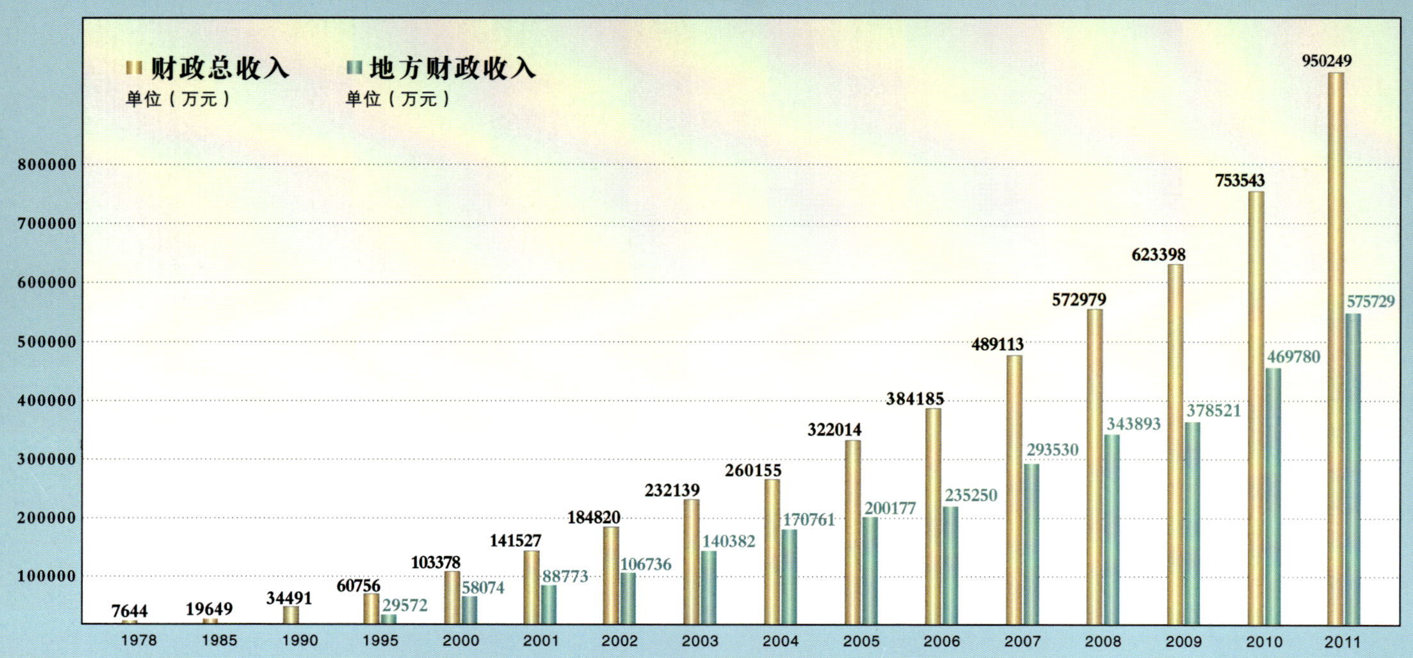
财政总收入
单位（万元）
地方财政收入
单位（万元）
800000
700000
600000
500000
400000
300000
200000
100000
7644
19649
34491
60756
29572
103378
58074
141527
88773
184820
106736
232139
140382
260155
170761
322014
200177
384185
235250
489113
293530
572979
343893
623398
378521
753543
469780
950249
575729
1978
1985
1990
1995
2000
2001
2002
2003
2004
2005
2006
2007
2008
2009
2010
2011

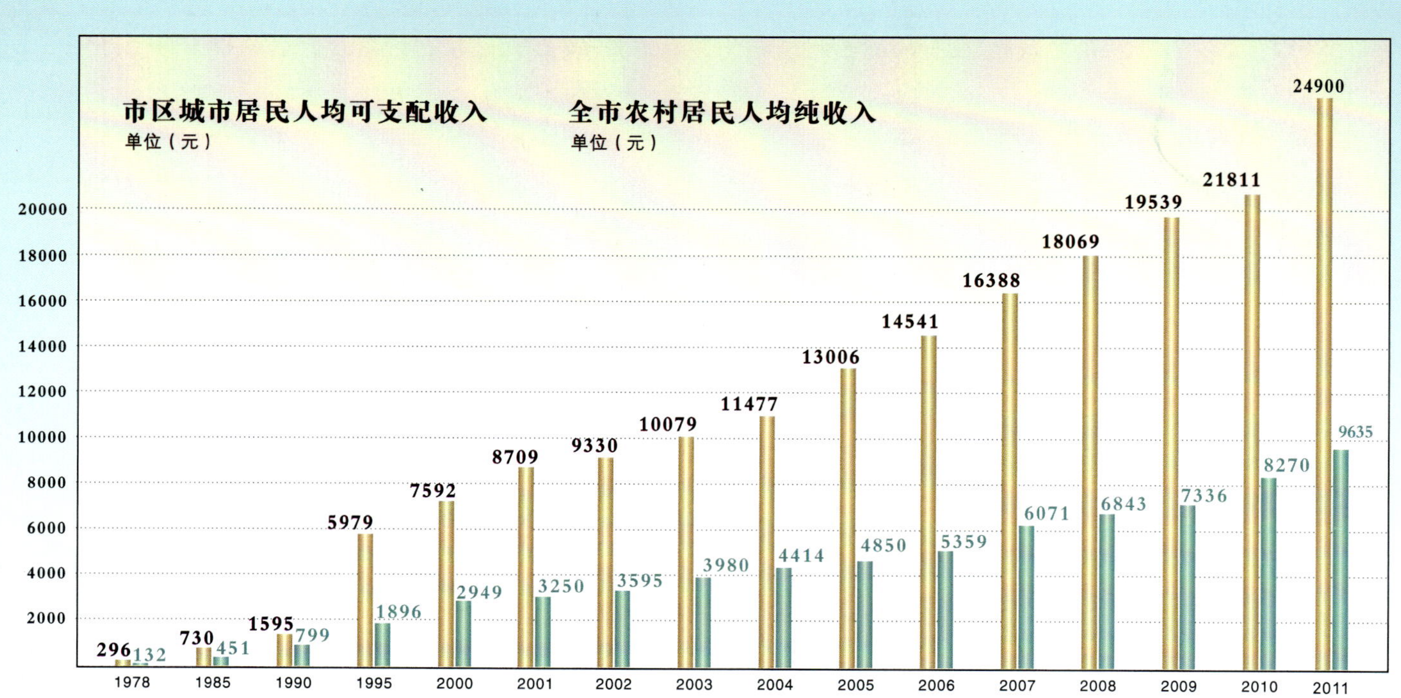
市区城市居民人均可支配收入
单位（元）
全市农村居民人均纯收入
单位（元）
20000
18000
16000
14000
12000
10000
8000
6000
4000
2000
296
132
730
451
1595
799
5979
1896
7592
2949
8709
3250
9330
3595
10079
3980
11477
4414
13006
4850
14541
5359
16388
6071
18069
6843
19539
7336
21811
8270
24900
9635
1978
1985
1990
1995
2000
2001
2002
2003
2004
2005
2006
2007
2008
2009
2010
2011

目　录

第一篇　综　　合

第二篇　人口与劳动力

第三篇　农　　业

第四篇　工　　业

第五篇　交通与邮电业

第六篇　固定资产投资与建筑业

第七篇　国内商业、外贸、外资

第八篇　人民生活与价格水平

第九篇　财政与金融

第十篇　能源消费量与综合利用

第十一篇　教育与卫生事业

第十二篇　城市建设与环境保护

第十三篇　全省各市、县主要经济指标

第十四篇　闽浙皖赣毗邻十市主要经济指标

第十五篇　乡镇社会经济发展基本情况

第一篇　综　　合

自然地理与行政区划

1—1 (2011年)

县市名称	镇（个）	乡（个）	街道（个）	村民委员会（个）	土地面积（平方公里）	人口密度（人/平方公里）
全　　市	**46**	**44**	**15**	**1744**	**8844.55**	**286**
柯 城 区	**2**	**7**	**8**	**310**	**606.57**	**714**
衢 江 区	**10**	**8**	**3**	**280**	**1747.53**	**228**
江 山 市	**12**	**6**	**2**	**295**	**2019.03**	**298**
常 山 县	**7**	**7**		**342**	**1097.32**	**304**
开 化 县	**9**	**9**		**255**	**2230.77**	**159**
龙 游 县	**6**	**7**	**2**	**262**	**1143.33**	**353**

分县市乡镇、街道名称

1—2

县市名称	乡镇、街道名称
柯城区	府山街道　信安街道　荷花街道　白云街道　双港街道　新新街道　花园街道　黄家街道　航埠镇　石梁镇　石室乡　七里乡　九华乡　万田乡　沟溪乡　华墅乡　姜家山乡
衢江区	樟潭街道　浮石街道　东港街道　高家镇　杜泽镇　上方镇　峡川镇　莲花镇　全旺镇　大洲镇　后溪镇　廿里镇　湖南镇　黄坛口乡　岭洋乡　周家乡　云溪乡　灰坪乡　太真乡　双桥乡　举村乡
江山市	虎山街道　双塔街道　上余镇　四都镇　贺村镇　清湖镇　坛石镇　大桥镇　新塘边镇　凤林镇　峡口镇　廿八都镇　长台镇　石门镇　保安乡　大陈乡　碗窑乡　双溪口乡　塘源口乡　张村乡
常山县	天马镇　辉埠镇　青石镇　白石镇　招贤镇　球川镇　芳村镇　新昌乡　同弓乡　何家乡　宋畈乡　新桥乡　东案乡　大桥头乡
开化县	城关镇　华埠镇　马金镇　村头镇　桐村镇　杨林镇　苏庄镇　齐溪镇　池淮镇　林山乡　音坑乡　中村乡　长虹乡　张湾乡　何田乡　塘坞乡　金村乡　大溪边乡
龙游县	龙洲街道　东华街道　湖镇镇　横山镇　塔石镇　小南海镇　溪口镇　詹家镇　模环乡　石佛乡　社阳乡　罗家乡　庙下乡　大街乡　沐尘畲族乡

衢州市气象情况

1—3 (2011年)

指标	市区	江山市	常山县	开化县	龙游县
温度 (℃)					
年平均气温	17.5	17.6	17.8	16.8	17.3
年极端最高气温	38.4	38	38.3	37.2	38.3
出现日期	7月26日	7月26日	8月1日	7月24日	7月25日
年极端最低气温	-5.6	-5.2	-4.7	-5.5	-4.5
出现日期	1月12日	1月12日	1月12日	1月12日	1月12日
降水 (mm)					
年降水总量	1567.3	1447.2	1639.2	1696.1	1576.7
年降水天数	137	134	140	147	143
一日最大降水量	206	129.2	204.2	212.3	122.9
出现日期	6月19日	6月6日	6月19日	6月15日	6月19日
日照 (小时)					
年日照时数 (小时)	1636.5	1678	1666.3	1624.8	1689.5
年日照百分率 (%)	37	38	38	37	39
年平均相对湿度 (%)	73	71	71	78	70
年平均气压 (hpa)	1006.6	1001.6	1000.7	998.4	1009.2
年平均风速 (m/s)	2.7	3	2.3	1.1	1.9
主要气象灾害					
暴雨天数	6	8	8	5	6
雷暴天数	48	45	53	52	54
霾天数	226	104	182	38	258
高温天数	40	41	45	38	36
雾天数	23	5	26	36	36
冰冻天数	27	22	22	29	25
霜					
终霜出现日期	3月28日	3月8日	3月28日	3月28日	3月8日
初霜出现日期	12月3日	12月3日	12月3日	11月24日	12月3日
雪					
终雪出现日期	2月13日	2月13日	3月22日	2月13日	2月13日
初雪出现日期					

注：市区气象统计范围包括柯城区、衢江区。

全市全社会用电量情况

1—4 单位：万千瓦时

行业名称	2011年	2010年	2011年为2010年%
全社会用电量	1114224.84	1005256.55	110.8
1、衢州用电管理所	323562.22	289988.37	111.6
衢州柯城分局	220005.87		
衢州衢江分局	103556.35		
2、江山供电所	201109.21	185371.38	108.5
3、常山供电所	111780.59	95560.42	117.0
4、开化供电所	60172.54	56787.11	106.0
5、龙游供电所	158538.00	132059.55	120.1
6、巨化集团公司	255917.39	240618.56	106.4
全行业用电合计	1020236.82	923007.14	110.5
其中：第一产业	6548.15	5544.57	118.1
第二产业	929661.59	846931.40	109.8
第三产业	94027.08	70531.17	133.3
1、农、林、牧渔业	6548.15	5544.57	118.1
2、工业合计	922303.07	841209.50	109.6
其中：轻工业	168488.27	141561.43	119.0
重工业	753814.80	699648.07	107.7
3、建筑业	7358.52	5721.90	128.6
4、交通运输、仓储、邮政业	18751.27	15458.93	121.3
5、信息传输、计算机服务和软件业	6957.20	5470.74	127.2
6、商业、住宿和餐饮业	27937.96	23689.90	117.9
7、金融、房地产、商务及居民服务业	6999.71	6252.57	111.9
8、公共事业及管理组织	23380.94	19659.03	118.9
城乡生活用电	93988.02	82249.41	114.3
其中：城市	42622.72	37663.72	113.2
乡村	51365.30	44585.69	115.2

注：用电量合计中包括线损数。

历年全市按三产分地区生产总值

1—5　　　　　　　　　　　　　　　　　　　　　　　　　　　　单位：万元、元

年　份	全市生产总　值	第一产业增加值	第二产业增加值	#工　业增加值	建筑业增加值	第三产业增加值	全市人均生产总值
1949	6176	5049	349	348	1	778	61
1950	7283	5873	507	506	1	903	69
1951	8360	6645	670	663	7	1045	75
1952	9649	7661	801	792	9	1187	85
1953	9988	7471	1249	1038	211	1268	86
1954	10920	8148	1363	1240	123	1409	92
1955	10298	7832	1127	995	132	1339	85
1956	10934	8067	1336	1200	136	1531	88
1957	12539	8651	2120	1771	349	1768	98
1958	17014	10714	4122	2925	1197	2178	130
1959	21296	12704	5611	4139	1472	2981	158
1960	23617	12605	7517	5445	2072	3495	169
1961	18013	10720	4627	3469	1158	2666	127
1962	18459	11571	4304	3649	655	2584	129
1963	21154	13946	4521	3994	527	2687	144
1964	23090	16403	5578	4973	605	2909	153
1965	26784	16434	7029	6523	506	3321	172
1966	31655	19023	8738	8285	453	3894	197
1967	26992	16914	6677	6270	407	3401	163
1968	25421	17494	4800	4466	334	3127	150
1969	32774	30096	8680	8092	588	3998	188
1970	37228	22277	10484	9700	784	4467	209
1971	40292	24575	10801	9847	954	4916	220
1972	45783	27618	12717	11718	999	5448	245
1973	47184	28560	13009	11987	1022	5615	247
1974	44119	27418	11578	10669	909	5123	226
1975	43680	27008	11346	10454	892	5326	220
1976	44406	26738	11743	10820	923	5925	220
1977	53209	29964	15736	14499	1237	7509	261
1978	64313	33791	21481	19792	1689	9041	311
1979	75668	41585	23339	21504	1835	10744	362

注：地区生产总值为当年价，指数按可比价计算，下同。

历年全市按三产分地区生产总值

1—5 续表　　　　单位：万元、元

年份	全市生产总值	第一产业增加值	第二产业增加值	#工业增加值	建筑业增加值	第三产业增加值	全市人均生产总值
1980	80512	39575	28733	26833	1900	12204	381
1981	88298	45138	29041	27027	2014	14119	415
1982	104710	55524	32731	30158	2573	16455	486
1983	113629	54242	39773	37097	2676	19614	522
1984	133374	64800	43736	39809	3927	24838	607
1985	162607	75308	54787	48504	6283	32512	735
1986	184114	77344	65050	56882	8168	41720	828
1987	215768	88168	78629	69317	9312	48971	962
1988	274800	99308	111965	100290	11675	63527	1213
1989	316240	114142	130132	116533	13599	71966	1383
1990	368124	154821	142145	125834	16311	71158	1600
1991	396003	142795	168081	146191	21890	85127	1713
1992	455517	135664	216802	188583	28219	103051	1961
1993	630057	169980	314414	271394	43020	145663	2696
1994	864183	256477	396680	343751	52929	211026	3680
1995	1121684	312428	516007	438085	77922	293249	4756
1996	1268892	353496	546584	453073	93511	368812	5350
1997	1297831	359665	529927	451197	78730	408239	5442
1998	1367347	348234	572203	484199	88004	446910	5708
1999	1428545	343105	600326	498461	101865	485114	5934
2000	1552321	330519	665951	544355	121596	555851	6415
2001	1743446	350280	745027	599644	145383	648139	7172
2002	1984120	367728	837151	664262	172889	779241	8136
2003	2384733	391484	1002972	788881	214091	990277	9754
2004	2804550	443756	1253510	987758	265752	1107284	11437
2005	3283576	492700	1508339	1221992	286347	1282537	13370
2006	3870731	511500	1877139	1543194	333945	1482092	15726
2007	4788812	527500	2481042	2068817	412225	1780270	19371
2008	5801513	568608	3124595	2640449	484146	2108310	23365
2009	6265514	596169	3307714	2768314	539400	2361631	25127
2010	7554826	646776	4144614	3494637	649977	2763436	30153
2011	9196209	761548	5110244	4396554	713690	3324417	36508

历年全市按三产分地区生产总值指数

1—6　　（以上年为100）　　单位：%

年　份	全市生产总值	第一产业增加值	第二产业增加值	#工业增加值	建筑业增加值	第三产业增加值	全市人均生产总值
1949							
1950	117.9	116.3	145.3	145.4	100.0	116.1	113.1
1951	114.8	113.1	132.2	131.0	700.0	115.7	108.7
1952	115.4	115.3	119.6	119.5	128.6	113.6	113.3
1953	99.2	92.6	157.8	133.0	2344.4	102.5	96.5
1954	112.2	113.0	105.5	115.0	58.3	114.5	111.0
1955	97.8	99.0	92.2	90.7	107.3	95.8	95.6
1956	110.1	107.1	125.0	127.6	103.0	114.6	106.9
1957	115.1	110.0	145.1	134.3	256.6	113.1	111.8
1958	124.5	110.0	185.0	155.7	343.0	125.1	122.1
1959	130.1	125.9	136.8	142.5	123.0	136.9	126.0
1960	110.0	98.1	133.1	130.4	140.8	117.6	105.6
1961	72.8	83.0	59.5	60.9	55.9	64.6	71.6
1962	105.5	105.8	94.5	107.8	56.6	126.4	105.8
1963	118.3	125.1	107.4	112.3	80.5	107.8	114.1
1964	108.1	104.7	124.3	125.5	114.8	99.5	105.5
1965	115.7	112.5	126.4	131.6	83.6	111.3	113.0
1966	118.5	115.8	126.2	129.0	89.5	115.9	114.4
1967	84.3	88.4	74.8	74.0	89.9	86.6	81.9
1968	93.8	103.1	71.5	70.8	82.1	91.8	91.4
1969	129.9	115.9	181.5	182.0	176.1	128.4	126.9
1970	113.8	110.9	121.3	120.5	133.3	112.4	110.6
1971	107.9	109.7	103.3	101.8	121.7	110.0	105.7
1972	113.1	112.1	116.9	118.0	104.7	110.1	110.4
1973	103.4	104.0	102.0	102.0	102.3	103.1	100.8
1974	93.6	96.3	88.8	88.8	88.9	91.0	91.9
1975	99.0	98.5	98.0	98.0	98.1	103.9	97.4
1976	101.7	99.0	103.4	103.4	103.5	111.4	100.0
1977	119.6	109.0	139.9	140.5	134.0	126.9	118.2
1978	124.7	117.1	137.8	130.5	227.9	125.9	123.1
1979	115.5	119.4	108.7	108.5	110.0	117.6	114.1

历年全市按三产分地区生产总值指数

1—6 续表 1　　（以上年为 100）　　单位：%

年份	全市生产总值	第一产业增加值	第二产业增加值	#工业增加值	建筑业增加值	第三产业增加值	全市人均生产总值
1980	105.3	97.2	116.8	118.3	106.4	109.7	104.4
1981	105.9	104.5	105.4	105.6	103.6	111.4	105.0
1982	115.7	118.6	111.9	111.0	118.2	115.1	114.5
1983	107.6	93.2	123.3	123.5	121.9	118.4	106.3
1984	111.3	114.3	102.6	105.2	83.0	123.7	110.3
1985	113.4	106.7	119.0	116.5	142.7	118.5	112.9
1986	108.6	99.0	112.6	111.2	123.3	121.1	107.9
1987	109.3	105.9	112.7	113.6	106.3	109.3	108.4
1988	107.4	92.1	121.3	123.2	106.8	107.2	106.4
1989	107.6	110.9	109.3	109.2	109.5	99.4	106.5
1990	103.0	107.5	102.9	100.7	122.2	96.3	102.4
1991	116.7	107.9	126.4	126.8	124.1	116.6	116.2
1992	99.3	75.7	114.8	115.9	106.5	113.4	98.8
1993	114.8	106.3	117.5	118.6	109.0	120.4	114.2
1994	115.7	110.3	115.6	116.0	112.5	122.3	115.1
1995	113.6	107.2	114.0	111.3	137.4	119.7	113.1
1996	110.9	110.1	107.7	106.2	118.6	117.7	110.3
1997	105.3	106.1	102.4	104.5	89.1	110.1	104.7
1998	107.5	99.3	110.5	110.0	114.2	109.9	106.9
1999	109.1	105.6	110.9	110.1	117.0	109.2	108.6
2000	109.1	95.9	112.1	111.0	119.4	114.0	108.5
2001	111.8	106.3	111.9	110.7	117.2	114.8	111.3
2002	112.8	105.5	113.9	113.1	117.5	115.8	112.4
2003	114.4	104.8	117.8	118.1	116.5	115.6	114.5
2004	115.1	105.2	118.2	119.2	114.3	115.9	114.8
2005	113.7	104.0	116.5	118.3	108.4	114.3	113.5
2006	116.3	104.5	121.9	123.3	115.7	114.1	116.0
2007	116.8	105.4	120.9	121.9	116.3	115.7	116.3
2008	113.2	108.0	115.2	117.8	103.2	112.2	112.7
2009	111.0	104.3	113.2	112.4	117.8	110.2	110.5
2010	113.5	104.3	115.9	116.4	112.9	112.8	113.0
2011	111.4	104.4	112.1	114.6	98.6	111.8	110.8

历年全市按三产分地区生产总值指数

1—6 续表 2　　（以 1952 年为 100）　　单位：%

年份	全市生产总值	第一产业增加值	第二产业增加值	#工业增加值	建筑业增加值	第三产业增加值	全市人均生产总值
1949							
1950							
1951							
1952	100.0	100.0	100.0	100.0	100.0	100.0	100.0
1953	99.2	92.6	157.8	133.0	2344.4	102.5	96.5
1954	111.4	104.7	166.5	152.9	1366.6	117.4	107.1
1955	108.9	103.6	153.6	138.6	1466.6	112.6	102.4
1956	119.9	110.9	191.9	176.9	1511.0	129.0	109.4
1957	138.0	122.0	278.4	237.5	3877.6	145.9	122.4
1958	171.8	134.2	515.0	369.7	13299.5	182.6	149.4
1959	223.5	169.0	704.6	526.8	16354.5	249.9	188.2
1960	245.7	165.8	937.8	686.8	23020.5	293.9	198.8
1961	178.9	137.6	557.8	417.9	12866.2	189.7	142.4
1962	188.8	145.5	527.1	450.4	7277.1	239.8	150.6
1963	223.3	182.0	565.9	505.8	5855.2	258.4	171.8
1964	241.4	190.6	703.3	634.8	6721.7	257.1	181.2
1965	279.4	214.5	889.1	835.3	5622.1	286.1	204.7
1966	331.1	248.3	1121.7	1077.2	5033.4	331.7	234.2
1967	279.3	219.4	839.1	797.2	4522.5	287.1	191.8
1968	261.9	226.3	599.8	564.4	3711.2	263.4	175.3
1969	340.3	262.3	1088.8	1026.9	6533.5	338.2	222.4
1970	387.4	290.7	1321.2	1237.1	8711.2	380.1	245.9
1971	418.0	318.8	1364.8	1259.7	10599.8	418.0	260.0
1972	472.8	357.2	1595.1	1487.0	11100.1	460.3	287.1
1973	488.7	371.6	1627.2	1516.6	11355.4	474.5	289.5
1974	457.4	357.8	1445.6	1347.2	10099.5	431.6	265.9
1975	452.7	352.5	1416.7	1320.0	9910.6	448.2	258.9
1976	460.2	348.9	1464.9	1364.9	10255.5	499.1	258.9
1977	550.2	380.3	2049.9	1916.9	13744.4	633.2	306.0
1978	686.1	445.4	2824.8	2501.8	31322.1	797.2	376.6
1979	792.5	531.8	3070.5	2715.5	34454.4	937.5	429.7

历年全市按三产分地区生产总值指数

1—6 续表 3　　　　(以 1952 年为 100)　　　　单位：%

年　　份	全市生产总　值	第一产业增加值	第二产业增加值	#工　业增加值	建筑业增加值	第三产业增加值	全市人均生产总值
1980	834.5	516.9	3586.4	3211.9	36642.2	1028.5	448.7
1981	883.7	540.2	3780.1	3392.7	37943.0	1145.7	471.1
1982	1022.5	640.6	4229.9	3766.9	44837.3	1318.7	539.4
1983	1100.2	597.1	5215.5	4652.1	54670.1	1561.4	573.4
1984	1224.5	682.4	5351.1	4895.0	45348.8	1931.4	632.4
1985	1388.6	728.2	6367.8	5702.6	64703.7	2288.7	714.0
1986	1508.0	720.9	7170.1	6340.7	79747.3	2771.6	770.4
1987	1648.2	763.4	8080.7	7202.4	84747.5	3029.4	835.1
1988	1770.2	703.1	9801.9	8873.4	90476.4	3247.5	888.6
1989	1904.8	779.7	10713.5	9693.3	99080.7	3228.0	946.3
1990	1961.9	838.2	11024.1	9758.3	121056.8	3108.6	969.1
1991	2289.5	904.4	13934.5	12369.6	150267.8	3624.6	1126.0
1992	2273.5	684.7	15996.8	14341.3	160080.3	4110.3	1112.5
1993	2610.0	727.8	18796.3	17001.6	174519.5	4948.8	1270.5
1994	3019.7	802.8	21728.5	19718.4	196334.5	6052.4	1462.4
1995	3430.4	860.6	24768.3	21952.5	269665.4	7244.1	1653.9
1996	3803.2	947.5	26675.5	23313.6	319823.1	8529.8	1824.3
1997	4006.3	1005.3	27315.7	24362.7	284962.4	9389.9	1910.5
1998	4305.9	998.2	30183.8	26799.0	325427.1	10319.9	2042.7
1999	4698.1	1054.1	33473.9	29505.7	380749.7	11267.9	2217.6
2000	5125.6	1010.9	37524.2	32751.3	454615.1	12846.5	2407.0
2001	5727.9	1074.6	41989.6	36255.7	532808.9	14751.4	2678.8
2002	6463.1	1133.7	47826.1	41005.2	626050.5	17082.4	3012.1
2003	7395.9	1188.1	56339.2	48427.1	729348.8	19747.0	3448.9
2004	8511.2	1249.9	66592.9	57725.2	833645.7	22891.3	3957.9
2005	9677.2	1299.9	77580.7	68288.9	903672.0	26164.8	4492.2
2006	11254.6	1358.4	94570.9	84200.2	1045548.5	29854.0	5211.0
2007	13145.4	1431.7	114336.2	102640.0	1215972.9	34541.1	6060.4
2008	14880.6	1546.3	131715.4	120909.9	1254884.0	38755.1	6830.0
2009	16517.5	1612.8	149101.8	135902.7	1478253.3	42708.1	7547.2
2010	18747.3	1682.1	172809.0	158190.8	1668948.0	48174.8	8528.3
2011	20884.5	1756.1	193718.9	181286.6	1645582.7	53859.4	9449.4

历年全市地区生产总值构成

1—7　　　　单位：%

年　　份	地区生产总值	第一产业	第二产业	第三产业
1949	100.0	81.8	5.7	12.5
1950	100.0	80.6	7.0	12.4
1951	100.0	79.5	8.0	12.5
1952	100.0	79.4	8.3	12.3
1953	100.0	74.8	12.5	12.7
1954	100.0	74.6	12.5	12.9
1955	100.0	76.1	10.9	13.0
1956	100.0	73.8	12.2	14.0
1957	100.0	69.0	16.9	14.1
1958	100.0	63.0	24.2	12.8
1959	100.0	59.7	26.3	14.0
1960	100.0	53.4	31.8	14.8
1961	100.0	59.5	25.7	14.8
1962	100.0	62.7	23.3	14.0
1963	100.0	65.9	21.4	12.7
1964	100.0	63.2	24.2	12.6
1965	100.0	61.4	26.2	12.4
1966	100.0	60.1	27.6	12.3
1967	100.0	62.7	24.7	12.6
1968	100.0	68.8	18.9	12.3
1969	100.0	61.3	26.5	12.2
1970	100.0	59.8	28.2	12.0
1971	100.0	61.0	26.8	12.2
1972	100.0	60.3	27.8	11.9
1973	100.0	60.5	27.6	11.9
1974	100.0	62.1	26.2	11.7
1975	100.0	61.8	26.0	12.2
1976	100.0	60.2	26.4	13.4
1977	100.0	56.3	29.6	14.1
1978	100.0	52.5	33.4	14.1
1979	100.0	55.0	30.8	14.2

历年全市地区生产总值构成

1—7 续表　　　　单位：%

年　份	地区生产总值	第一产业	第二产业	第三产业
1980	100.0	49.2	35.7	15.1
1981	100.0	51.1	32.9	16.0
1982	100.0	53.0	31.3	15.7
1983	100.0	47.7	35.0	17.3
1984	100.0	48.6	32.8	18.6
1985	100.0	46.3	33.7	20.0
1986	100.0	42.0	35.3	22.7
1987	100.0	40.9	36.4	22.7
1988	100.0	36.1	40.7	23.1
1989	100.0	36.1	41.1	22.8
1990	100.0	42.0	38.6	19.4
1991	100.0	36.1	42.4	21.5
1992	100.0	29.8	47.6	22.6
1993	100.0	27.0	49.9	23.1
1994	100.0	29.7	45.9	24.4
1995	100.0	27.9	46.0	26.1
1996	100.0	27.9	43.1	29.1
1997	100.0	27.7	40.8	31.5
1998	100.0	25.5	41.8	32.7
1999	100.0	24.0	42.0	34.0
2000	100.0	21.3	42.9	35.8
2001	100.0	20.1	42.7	37.2
2002	100.0	18.5	42.2	39.3
2003	100.0	16.4	42.1	41.5
2004	100.0	15.8	44.7	39.5
2005	100.0	15.0	45.9	39.1
2006	100.0	13.2	48.5	38.3
2007	100.0	11.0	51.8	37.2
2008	100.0	9.8	53.9	36.3
2009	100.0	9.5	52.8	37.7
2010	100.0	8.5	54.9	36.6
2011	100.0	8.3	55.6	36.1

历年各县市区生产总值

1—8 单位：万元

年份	全市	市本级	柯城区	衢江区	江山市	常山县	开化县	龙游县
1949	6176	414		1087	1767	815	798	1295
1950	7283	543		1299	2064	997	885	1496
1951	8360	659		1521	2137	1145	988	1910
1952	9649	819		1732	2423	1391	1184	2100
1953	9988	1285		1685	2486	1336	1298	1898
1954	10920	1317		1758	2805	1464	1282	2294
1955	10298	999		1708	2651	1460	1202	2278
1956	10934	1178		1689	2867	1609	1328	2263
1957	12539	1999		1901	3009	1471	1558	2601
1958	17014	2922		3130	3924	1520	1910	3608
1959	21296	4627		3406	4464	2066	2270	4463
1960	23617	6740		3168	5097	2463	2218	3931
1961	18013	4683		2439	4290	1861	2214	2526
1962	18459	4488		2597	4253	1854	2541	2726
1963	21154	4916		2887	5002	2199	2986	3164
1964	23090	6157		3095	5082	2208	3002	3546
1965	26784	8000		3108	5707	2295	2942	4732
1966	31655	9884		3806	7659	2659	2948	4699
1967	26992	6774		3319	6772	3079	2960	4088
1968	25421	3963		3577	7238	3188	3189	4266
1969	32774	8666		3874	8747	3100	3503	4884
1970	37228	11058		4317	9504	2925	4525	4899
1971	40292	10572		5331	10098	3645	4494	6152
1972	45783	12568		5779	11338	4070	5109	6919
1973	47184	12962		5966	11368	4282	5090	7516
1974	44119	10921		6264	10384	3845	5509	7196
1975	43680	9971		6998	10324	3350	5515	7522
1976	44406	9597		7783	9922	3125	5956	8023
1977	53209	12786		8776	12147	4236	6402	8862
1978	64313	16419		9848	13705	6851	8136	9354
1979	75668	18535		12415	15448	8080	10010	11180

历年各县市区生产总值

1—8 续表　　　　单位：万元

年　份	全　市	市本级	柯城区	衢江区	江山市	常山县	开化县	龙游县
1980	80512	21667		12758	16810	8041	10834	11624
1981	88298	23142		13857	18236	8283	12398	12382
1982	104710	26972		16191	20519	10066	15093	15869
1983	113629	31168		13547	24172	10665	17507	16570
1984	133374	33784		17259	28409	12662	21800	19460
1985	162607	29709	13963	18799	35884	14933	25804	24019
1986	184114	31704	15099	20640	44583	16513	28534	27405
1987	215768	39358	19360	22674	51369	20365	32434	31483
1988	274800	54775	21602	22754	68497	26383	38564	39094
1989	316240	63642	28975	28048	79367	33623	42478	43225
1990	368124	68605	30650	40747	77661	37729	52050	53278
1991	396003	79286	36200	42080	89628	42076	50938	57187
1992	455517	91425	40714	46319	104841	49327	57020	65443
1993	630057	114198	62139	60810	138697	74616	73331	87935
1994	864183	141822	86151	104154	192010	103978	97203	133954
1995	1121684	182765	110052	130200	255930	133526	128553	168468
1996	1268892	204226	131269	152194	282828	149151	146446	191736
1997	1297831	225138	138562	152790	283296	157742	148059	195267
1998	1367347	238732	141354	160704	302585	164856	152824	205537
1999	1428545	252234	144380	169466	326151	170806	159296	219820
2000	1552321	284154	148829	183895	347893	182473	166611	239794
2001	1743446	323687	168743	208455	395557	194179	179962	266654
2002	1984120	379894	181055	236873	447434	209947	198971	307563
2003	2384733	459576	221698	281195	520066	248173	227136	356931
2004	2804550	565643	261182	340563	627339	301944	273063	431741
2005	3283576	654628	314955	387107	738476	350846	320086	502076
2006	3870731	797134	381903	445232	877552	409173	370469	595992
2007	4788812	1014757	470063	528980	1074470	505757	452103	728045
2008	5801513	1249495	568127	617445	1314984	599216	549533	900016
2009	6265514	1332540	641134	673996	1411032	620048	591306	976790
2010	7554826	1660382	773708	828204	1702176	754852	702277	1182738
2011	9196209	1831390	983473	1018198	2031875	924146	816724	1469600

注：柯城区 1949—1984 年地区生产总值统计在市本级内，下同。

历年各县市区生产总值指数

1—9　　(以上年为100)　　单位：%

年　份	全　市	市本级	柯城区	衢江区	江山市	常山县	开化县	龙游县
1949								
1950	117.9	118.3		119.5	116.81	122.1	110.9	115.5
1951	114.8	117.2		117.1	103.5	114.4	111.6	127.7
1952	115.4	120.8		113.9	111.5	122.3	119.8	110.0
1953	99.2	107.4		90.7	108.7	89.1	142.6	130.3
1954	112.2	109.6		88.1	128.2	93.4	112.7	102.8
1955	97.8	95.2		99.6	96.5	101.5	96.9	101.7
1956	110.1	110.3		95.7	104.6	107.0	105.4	95.7
1957	115.1	130.0		107.3	100.5	87.1	110.1	109.6
1958	124.5	136.7		168.3	128.3	102.2	119.8	136.3
1959	130.1	116.5		108.6	104.3	134.7	116.5	123.0
1960	110.0	126.5		91.8	111.6	118.3	94.9	83.0
1961	72.8	77.3		65.6	83.4	67.0	94.2	59.7
1962	105.5	94.4		107.0	99.8	100.3	118.5	108.5
1963	118.3	108.0		114.1	121.1	122.2	123.0	119.8
1964	108.1	115.6		108.4	104.9	102.1	101.8	113.5
1965	115.7	123.6		99.8	110.0	103.0	96.5	133.1
1966	118.5	121.6		118.7	131.8	113.2	97.5	98.0
1967	84.3	77.0		86.6	88.9	116.6	99.5	87.2
1968	93.8	82.1		107.6	106.1	103.5	108.1	104.4
1969	129.9	148.4		108.4	121.2	97.7	109.9	114.6
1970	113.8	121.0		111.7	109.2	94.5	129.5	100.7
1971	107.9	114.5		122.7	106.3	124.2	96.9	125.3
1972	113.1	114.9		107.7	111.9	111.0	111.0	112.0
1973	103.4	103.4		102.9	99.8	105.2	100.2	108.5
1974	93.6	98.0		105.1	91.4	89.8	109.6	95.4
1975	99.0	98.0		111.3	99.0	86.8	101.7	104.4
1976	101.7	100.5		111.3	96.7	93.4	110.7	106.8
1977	119.6	116.8		112.6	122.3	136.3	112.0	110.4
1978	124.7	119.0		164.0	110.4	112.1	118.3	110.1
1979	115.5	111.9		126.7	112.9	118.4	109.2	119.2

历年各县市区生产总值指数

1—9 续表　　　　（以上年为 100）　　　　单位：%

年　份	全　市	市本级	柯城区	衢江区	江山市	常山县	开化县	龙游县
1980	105.3	115.8		102.4	109.4	96.5	98.8	98.4
1981	105.9	106.6		107.9	106.6	105.9	105.7	100.5
1982	115.7	117.5		111.5	110.1	115.9	118.7	121.8
1983	107.6	119.8		85.2	114.1	103.2	109.5	98.5
1984	111.3	97.5		118.9	115.7	112.0	111.1	129.8
1985	113.4	83.7	100.0	124.3	118.3	110.7	113.5	116.1
1986	108.6	101.5	107.6	109.4	115.6	105.6	106.5	110.8
1987	109.3	115.5	111.0	109.9	107.1	111.1	106.2	106.3
1988	107.4	116.7	96.9	95.2	111.5	107.3	105.8	104.4
1989	107.6	106.0	112.0	109.9	113.7	108.5	100.0	103.3
1990	103.0	96.5	103.3	114.5	95.1	105.3	109.8	110.1
1991	116.7	120.6	116.8	115.6	114.6	128.2	105.8	121.9
1992	99.3	104.5	105.0	87.1	105.3	99.3	102.6	96.3
1993	114.8	107.1	119.5	125.9	111.5	132.5	108.2	119.5
1994	115.7	105.6	120.2	124.7	111.9	115.3	101.3	116.1
1995	113.6	110.6	123.3	110.8	116.4	114.7	114.8	110.7
1996	110.9	110.9	117.5	113.6	110.2	111.8	110.2	108.2
1997	105.3	110.2	111.6	102.4	101.7	110.0	103.5	104.8
1998	107.5	109.3	108.6	107.9	108.0	108.3	105.8	107.2
1999	109.1	108.7	108.8	108.1	109.2	109.5	107.5	109.4
2000	109.1	111.1	112.6	107.7	109.6	108.7	105.9	108.6
2001	111.8	112.9	112.0	112.7	112.2	112.0	108.8	112.3
2002	112.8	113.8	110.5	114.3	113.6	114.1	110.1	112.8
2003	114.4	117.3	113.0	114.6	114.8	112.6	111.3	114.8
2004	115.1	117.9	114.6	115.8	116.1	114.3	113.1	115.4
2005	113.7	113.5	116.8	110.9	114.1	114.0	114.0	113.9
2006	116.3	119.2	118.3	113.8	117.3	115.7	114.2	116.9
2007	116.8	117.9	119.6	114.1	116.4	117.1	116.5	115.7
2008	113.2	114.3	121.5	110.4	114.0	112.8	113.4	114.4
2009	111.0	115.3	111.6	111.6	112.0	110.5	111.0	111.6
2010	113.5	116.2	113.3	114.1	114.0	113.1	113.4	114.1
2011	111.4	102.6	111.7	112.3	111.7	110.8	109.8	113.2

历年各县市区第一产业增加值

1—10　　　　　　　　　　　　　　　　　　　　　　　　　　单位：万元

年份	全市	市本级	柯城区	衢江区	江山市	常山县	开化县	龙游县
1949	5049	257		999	1477	671	639	1101
1950	5873	326		1192	1703	816	686	1259
1951	6645	383		1394	1758	923	753	1589
1952	7661	443		1592	1994	1146	911	1716
1953	7471	586		1548	1988	1061	961	1507
1954	8148	588		1613	2135	1176	934	1813
1955	7832	463		1569	2068	1133	891	1820
1956	8067	484		1551	2163	1253	952	1744
1957	8651	713		1741	2203	1088	1078	1952
1958	10714	726		2464	2366	1143	1297	2550
1959	12704	998		2682	2616	1425	1473	3136
1960	12605	1069		2582	2644	1587	1336	1730
1961	10720	910		2205	2542	1304	1583	1547
1962	11571	1020		2347	2704	1386	1936	1661
1963	13946	1229		2629	3290	1728	2361	2028
1964	16403	1424		2821	3237	1741	2383	2227
1965	16434	1516		2789	3673	1814	2319	3224
1966	19023	1991		3435	5069	2027	2345	2861
1967	16914	1566		3049	4319	2104	2286	2448
1968	17494	1254		3294	4912	2208	2502	2611
1969	30096	1965		3563	5733	2012	2733	3028
1970	22277	2275		3964	6131	1971	3534	3007
1971	24575	2041		4918	6542	2553	3316	4021
1972	27618	2224		5327	7367	2885	3633	4510
1973	28560	2209		5504	7614	3017	3552	4932
1974	27418	2033		5770	6926	2773	3847	4994
1975	27008	1845		6438	6835	2412	3635	5205
1976	26738	1721		7156	6329	2235	3796	5378
1977	29964	2046		8037	7604	2770	3993	5651
1978	33791	2745		8609	7600	4250	4473	6114
1979	41585	3388		10665	8720	5183	6019	7610

历年各县市区第一产业增加值

1—10 续表

单位：万元

年 份	全 市	市本级	柯城区	衢江区	江山市	常山县	开化县	龙游县
1980	39575	3049		10736	8860	4726	6291	7209
1981	45138	3669		11556	9362	4960	7389	8202
1982	55524	4427		13878	10763	6211	9137	11108
1983	54242	3459		10848	11876	6598	10372	11089
1984	64800	4704		13492	14237	8011	13409	10947
1985	75308	671	10250	14253	16017	8739	14601	11953
1986	77344	772	9994	13784	18223	8109	15308	12305
1987	88168	816	12377	14963	21246	10079	17191	13535
1988	99308	817	12392	16350	27166	11159	18578	14488
1989	114142	1072	16269	17574	29380	15615	20895	16626
1990	154821	1244	17985	28150	32309	18561	27361	25169
1991	142795	1203	18260	26160	34234	18238	25052	22667
1992	135664	1024	15533	21079	35913	18284	23601	22300
1993	169980	1497	22864	29382	35936	24753	26950	27880
1994	256477	1885	28990	50638	52695	37552	43715	40046
1995	312428	1950	39369	58776	72118	45191	49679	46389
1996	353496	2655	43975	70456	80015	50340	52395	50815
1997	359665	4318	41205	67637	83488	50019	51867	52179
1998	348234	3603	38868	67970	87039	46891	50274	53228
1999	343105	3805	38291	66420	88658	43808	50979	54171
2000	330519	3648	36191	60736	90843	38514	51175	55116
2001	350280	4007	41529	68124	92859	40756	51432	56205
2002	367728	3387	45090	74944	95431	41520	53595	59073
2003	391484	2573	51140	84889	100907	43026	57328	62792
2004	443756	2273	59331	98428	108166	46843	63285	66477
2005	492700	2200	62588	107361	121390	51500	69733	73116
2006	511500	4450	65013	111611	124079	53072	72760	80503
2007	527500	3603	70247	115496	127035	54908	74474	81721
2008	568608	4098	60983	128842	141342	54720	86404	92219
2009	596169	3374	64530	135062	149871	57267	89733	96332
2010	646776	3156	70252	147225	162677	61739	97474	104253
2011	761548	3053	82776	176257	191728	71892	111795	124047

历年各县市区第二产业增加值

1—11　　　　单位：万元

年　份	全　市	市本级	柯城区	衢江区	江山市	常山县	开化县	龙游县
1949	349	89		20	67	41	58	31
1950	507	129		25	105	57	89	51
1951	670	165		31	112	79	111	82
1952	801	237		31	131	74	127	126
1953	1249	453		31	182	105	172	150
1954	1363	450		34	308	99	183	185
1955	1127	263		31	238	137	155	162
1956	1336	335		32	303	131	190	202
1957	2120	706		40	382	176	260	282
1958	4122	991		469	1056	182	369	596
1959	5611	2109		510	1223	352	479	702
1960	7517	3802		387	1699	511	554	1272
1961	4627	2150		80	1113	282	303	605
1962	4304	2065		87	954	208	249	683
1963	4521	2270		76	1077	193	246	734
1964	5578	3146		79	1205	189	241	872
1965	7029	4772		123	1326	196	258	921
1966	8738	6150		131	1648	305	240	1260
1967	6677	3628		61	1600	587	301	1125
1968	4800	1484		58	1436	588	295	1130
1969	8680	4970		67	1947	710	343	1260
1970	10484	6805		81	2233	603	448	1304
1971	10801	6708		77	2324	647	630	1380
1972	12717	8212		88	2622	701	868	1586
1973	13009	8573		86	2401	755	932	1690
1974	11578	6882		100	2212	654	1001	1338
1975	11346	6336		119	2085	482	1130	1294
1976	11743	6130		137	2214	456	1332	1530
1977	15736	8718		186	2842	873	1513	1970
1978	21481	11271		619	3524	1622	2457	1988
1979	23339	12176		721	3855	1798	2642	2147

历年各县市区第二产业增加值

1—11 续表　　　　单位：万元

年份	全市	市本级	柯城区	衢江区	江山市	常山县	开化县	龙游县
1980	28733	15135		797	4823	1949	2920	2816
1981	29041	15516		902	5296	1868	3017	2442
1982	32731	17614		731	5685	2129	3578	2994
1983	39773	22007		1064	7185	2196	4251	3070
1984	43736	22736		1419	8045	2387	4886	4263
1985	54787	22948	1149	1748	12413	3329	6706	6396
1986	65050	24244	1630	3125	16279	4479	7259	7779
1987	78629	29557	2291	3766	18435	5739	8577	10018
1988	111965	42871	3318	4665	26164	8145	11578	14798
1989	130132	49114	4912	5408	32881	10475	11697	15658
1990	142145	54482	4987	6861	29797	11209	14124	18312
1991	168081	62466	7815	9262	36218	14605	16004	21859
1992	216802	74342	11910	17334	45876	19227	19707	27390
1993	314414	92558	20886	22868	71681	32408	29692	38867
1994	396680	105632	32636	37594	88642	42009	30331	58343
1995	516007	134479	33965	51357	111517	53690	46245	72177
1996	546584	133781	36576	53192	121930	55772	54295	84460
1997	529927	137203	37156	51523	114174	57559	55503	83610
1998	572203	146938	38796	56466	123691	62376	58319	88346
1999	600326	150087	40374	62907	136447	68810	60269	93651
2000	665951	166334	37319	71368	143328	80330	59024	103896
2001	745027	184180	41754	78883	166205	77951	67079	116838
2002	837151	214000	46447	90835	195952	89981	74579	132853
2003	1002972	249795	54495	109343	237092	112653	86521	162148
2004	1253510	309926	66618	136112	299595	144763	109169	203182
2005	1508339	386299	81642	153700	362574	169233	133566	247338
2006	1877139	490977	100059	187247	458170	205690	161127	307946
2007	2481042	668778	122634	236503	593131	269965	212707	404717
2008	3124595	862051	150304	277273	748393	329804	263623	511527
2009	3307714	827562	179166	303148	801513	332392	288597	558685
2010	4144614	1088636	226853	390052	988876	412598	357722	691845
2011	5110244	1235206	307990	492974	1183373	516245	406187	872572

历年各县市区工业增加值

1—12　　　　　　　　　　　　　　　　　　　　　　　　　　单位：万元

年　　份	全　市	市本级	柯城区	衢江区	江山市	常山县	开化县	龙游县
1949	348	89		20	67	41	58	31
1950	506	128		25	104	57	89	51
1951	663	164		31	111	79	111	82
1952	792	236		31	129	74	127	126
1953	1038	399		31	180	105	172	149
1954	1240	422		34	303	99	183	182
1955	995	239		31	231	137	155	160
1956	1200	308		32	296	131	190	200
1957	1771	615		40	375	175	260	278
1958	2925	754		469	758	170	356	541
1959	4139	1724		510	907	310	441	598
1960	5445	3315		387	1167	337	447	954
1961	3469	1831		80	890	219	263	547
1962	3649	1836		87	921	199	225	638
1963	3994	2095		76	1048	171	202	697
1964	4973	2919		79	1173	178	208	827
1965	6523	4592		123	1281	170	223	880
1966	8285	5995		131	1602	246	215	1245
1967	6270	3543		61	1507	529	249	1109
1968	4466	1432		58	1368	505	266	1129
1969	8092	4835		67	1806	634	276	1239
1970	9700	6631		81	2001	540	342	1261
1971	9847	6515		77	2107	565	486	1328
1972	11718	7989		88	2389	638	742	1518
1973	11987	8213		86	2287	710	859	1651
1974	10669	6636		100	2115	616	932	1316
1975	10454	6119		119	1949	448	1064	1278
1976	10820	5913		137	2094	430	1260	1458
1977	14499	8432		186	2624	819	1408	1897
1978	19792	10731		237	3212	1151	2160	1913
1979	21504	11657		321	3298	1294	2348	2055

历年各县市区工业增加值

1—12 续表　　　　单位：万元

年　　份	全　市	市本级	柯城区	衢江区	江山市	常山县	开化县	龙游县
1980	26833	14247		358	4145	1315	2457	2451
1981	27027	15123		494	4478	1405	2772	2340
1982	30158	17230		385	4853	1531	3108	2803
1983	37097	21583		522	6165	1737	3820	2635
1984	39809	22312		857	6704	1830	4046	3390
1985	48504	21540	611	1498	10733	2740	5720	5346
1986	56882	23037	868	2734	14497	3385	6214	6700
1987	69317	28386	1209	3348	15993	4088	7231	8403
1988	100290	41326	1580	4419	23594	6901	9690	12081
1989	116533	46451	2913	5059	29392	8765	10091	13862
1990	125834	45280	2839	5338	26363	8305	11962	15077
1991	146191	57391	4320	6066	32312	11751	14049	18898
1992	188583	67511	6922	13154	41727	15397	17629	23695
1993	271394	81661	12854	17788	65059	27038	26587	32758
1994	343751	92304	21934	30827	80612	35354	26806	50483
1995	438085	117040	21780	40113	99055	43236	39924	62442
1996	453073	113613	27750	42594	104855	44187	47454	73432
1997	451197	121816	29781	43500	99837	50070	48145	73570
1998	484199	131586	31695	46918	107782	53220	49772	76856
1999	498461	130728	31751	51912	118473	58286	51154	81053
2000	544355	139992	27027	58423	123082	66605	48667	88866
2001	599644	147990	29520	62731	143096	60819	52163	95893
2002	664262	168610	31069	72468	167971	69376	56912	104745
2003	788881	191356	37030	86493	201398	85719	65149	131149
2004	987758	246126	45570	106535	255871	107927	78917	163057
2005	1221991	311452	55696	124179	316854	130109	101273	199169
2006	1543194	405665	68076	153641	403742	159635	127969	250657
2007	2068817	573319	83208	190366	524633	211959	173532	338848
2008	2640449	747951	101704	222873	672793	258704	220223	434627
2009	2768314	692374	127055	234665	718988	264213	233617	480755
2010	3494637	940446	162853	305745	891276	325598	287706	592981
2011	4396554	1083615	235091	397374	1071695	421834	330301	760663

历年各县市区第三产业增加值

1—13 单位：万元

年　　份	全　市	市本级	柯城区	衢江区	江山市	常山县	开化县	龙游县
1949	778	68		68	223	103	101	163
1950	903	88		82	256	124	110	186
1951	1045	111		96	267	143	124	239
1952	1187	139		109	298	171	146	258
1953	1268	246		106	316	170	165	241
1954	1409	279		111	362	189	165	296
1955	1339	273		108	345	190	156	296
1956	1531	359		106	401	225	186	317
1957	1768	580		120	424	207	220	367
1958	2178	1205		197	502	195	244	462
1959	2981	1520		214	625	289	318	625
1960	3495	1869		199	754	365	328	929
1961	2666	1623		154	635	275	328	374
1962	2584	1403		163	595	260	356	382
1963	2687	1417		182	635	278	379	402
1964	2909	1587		195	640	278	378	447
1965	3321	1712		196	708	285	365	587
1966	3894	1743		240	942	327	363	578
1967	3401	1580		209	853	388	373	515
1968	3127	1225		225	890	392	392	525
1969	3998	1731		244	1067	378	427	596
1970	4467	1978		272	1140	351	543	588
1971	4916	1823		336	1232	445	548	751
1972	5448	2132		364	1349	484	608	823
1973	5615	2180		376	1353	510	606	894
1974	5123	2006		394	1246	418	661	864
1975	5326	1790		441	1404	456	750	1023
1976	5925	1746		490	1379	434	828	1115
1977	7509	2022		553	1701	593	896	1241
1978	9041	2403		620	2581	979	1206	1252
1979	10744	2971		1029	2873	1099	1349	1423

历年各县市区第三产业增加值

1—13 续表　　　　　　　　　　　　　　　　　　单位：万元

年份	全市	市本级	柯城区	衢江区	江山市	常山县	开化县	龙游县
1980	12204	3483		1225	3127	1366	1623	1599
1981	14119	3957		1399	3578	1455	1992	1738
1982	16455	4931		1582	4071	1726	2378	1767
1983	19614	5702		1635	5111	1871	2884	2411
1984	24838	6344		2348	6127	2264	3505	4250
1985	32512	6090	2564	2798	7454	2865	4497	5670
1986	41720	6688	3475	3731	10081	3925	5967	7321
1987	48971	8985	4692	3946	11688	4547	6666	7930
1988	63527	11087	5892	5252	15167	7127	8408	9808
1989	71966	13456	7794	5067	17106	7533	9886	10941
1990	71158	12879	7678	5736	15555	7959	10565	9797
1991	85127	15617	10125	6659	19176	9233	11382	12661
1992	103051	16059	13271	7906	23052	11816	13712	15753
1993	145663	20143	18389	8560	31080	17455	16689	21188
1994	211026	34305	24525	15922	50673	24417	23157	35565
1995	293249	46336	36718	20067	72295	34645	32629	49902
1996	368812	67790	50718	28546	80883	43039	39756	56461
1997	408239	83617	60201	33630	85634	50164	40689	59478
1998	446910	88191	63690	36267	91855	55589	44231	63963
1999	485114	98342	65715	40139	101046	58189	48048	71998
2000	555851	114172	75319	51792	113722	63628	56412	80782
2001	648139	135500	85460	61449	136493	75472	61451	93611
2002	779241	162507	89518	71095	156051	78446	70797	115637
2003	990277	207208	116063	86964	182067	92494	83287	131991
2004	1107284	253444	135233	106023	219578	110338	100609	162082
2005	1282537	266129	170725	126046	254512	130113	116787	181622
2006	1482092	301707	216831	146374	295303	150411	136582	207543
2007	1780270	342376	277182	176981	354304	180884	164922	241607
2008	2108310	383346	356840	211330	425249	214692	199506	296270
2009	2361631	501604	397438	235786	459648	230389	212976	321773
2010	2763436	568590	476603	290927	550623	280515	247081	386640
2011	3324417	593131	592707	348967	656774	336009	298742	472981

历年各县市区人均地区生产总值

1—14 单位：元

年份	全市	市本级	柯城区	衢江区	江山市	常山县	开化县	龙游县
1949	61	46		47	65	62	70	76
1950	69	58		54	73	76	73	81
1951	75	66		60	73	86	75	96
1952	85	80		66	81	101	88	103
1953	86	122		62	82	96	95	91
1954	92	121		63	92	103	92	108
1955	85	90		60	86	100	84	104
1956	88	103		57	93	107	91	100
1957	98	168		62	96	95	103	112
1958	130	237		99	124	96	122	153
1959	158	365		102	140	131	133	188
1960	169	510		91	150	153	115	171
1961	127	349		71	123	109	110	115
1962	129	335		75	125	104	125	120
1963	144	355		82	144	120	144	131
1964	153	438		86	143	117	140	142
1965	172	565		85	156	118	132	184
1966	197	689		100	201	132	128	177
1967	163	459		85	172	148	125	149
1968	150	260		89	180	150	132	150
1969	188	564		94	213	142	141	167
1970	209	717		103	225	128	179	161
1971	220	677		123	232	155	176	196
1972	245	775		131	254	169	196	217
1973	247	772		133	249	173	190	231
1974	226	635		138	222	152	202	223
1975	220	566		153	217	130	198	223
1976	220	538		168	205	119	210	236
1977	261	717		186	247	158	222	257
1978	311	915		206	275	252	278	268
1979	362	1007		259	307	292	338	317

历年各县市区人均地区生产总值

1—14 续表　　　　单位：元

年　　份	全　市	市本级	柯城区	衢江区	江山市	常山县	开化县	龙游县
1980	381	1127		265	332	287	361	328
1981	415	1203		287	357	294	408	346
1982	486	1397		331	398	352	490	438
1983	522	1593		275	464	367	560	452
1984	607	1704		347	542	433	693	526
1985	735		2147	494	681	509	816	646
1986	828		2239	542	843	557	895	734
1987	962		2755	593	965	682	1006	838
1988	1213		3514	587	1277	875	1181	1006
1989	1383		4185	722	1471	1103	1287	1125
1990	1600		4409	1040	1433	1228	1567	1378
1991	1713		5066	1071	1645	1366	1595	1475
1992	1961		5688	1177	1917	1593	1715	1679
1993	2696		7412	1539	2524	2395	2208	2240
1994	3680		9418	2627	3482	3322	2915	3402
1995	4756		11940	3276	4626	4250	3839	4266
1996	5350		13398	3817	5092	4736	4354	4831
1997	5442		14235	3818	5075	5003	4392	4899
1998	5708		14669	4006	5395	5204	4529	5132
1999	5934		15015	4217	5799	5373	4708	5459
2000	6415		16033	4575	6161	5709	4904	5938
2001	7172		17887	5188	6977	6044	5275	6592
2002	8136		14057	5908	7867	6516	5814	7577
2003	9754		16947	7045	9111	7676	6618	8768
2004	11437		20390	8537	10921	9308	7957	10618
2005	13370		23776	9740	12758	10755	9308	12452
2006	15726		28768	11197	15073	12469	10715	14877
2007	19371		35978	13232	18361	15320	13008	18146
2008	23365		43751	15398	22360	18260	15736	22366
2009	25127		47257	16749	23849	18875	16882	24232
2010	30153		57333	20975	28552	22843	19992	29340
2011	36508		65208	25595	33869	27765	23128	36413

历年各县市区人均生产总值指数

1—15 单位：%

年　份	全　市	市本级	柯城区	衢江区	江山市	常山县	开化县	龙游县
1949								
1950	113.1	113.2		114.9	112.3	122.1	104.3	106.6
1951	108.7	111.0		111.1	100.0	112.3	102.7	118.5
1952	113.3	117.8		110.0	109.6	118.8	117.3	107.3
1953	96.5	103.9		87.9	107.5	87.7	140.9	128.2
1954	111.0	105.9		86.2	126.7	91.5	110.5	100.0
1955	95.6	93.4		96.0	96.3	98.9	94.2	99.2
1956	106.9	107.1		91.7	102.9	103.3	103.1	92.4
1957	111.8	124.9		104.6	100.0	85.0	106.0	106.6
1958	122.1	131.7		163.0	126.9	100.0	116.3	134.9
1959	126.0	113.6		102.7	103.7	135.2	106.7	121.8
1960	105.6	121.2		88.3	105.6	115.8	84.0	85.4
1961	71.6	76.2		66.2	80.7	63.1	89.8	62.4
1962	105.8	94.4		106.7	101.7	96.2	117.4	105.3
1963	114.1	104.7		112.5	118.7	118.5	120.7	112.6
1964	105.5	114.0		105.6	101.4	99.4	98.4	109.7
1965	113.0	122.7		98.3	106.8	100.0	92.9	129.3
1966	114.4	120.0		114.3	127.9	109.0	94.7	94.7
1967	81.9	74.8		84.4	86.1	112.9	96.3	84.4
1968	91.4	79.6		105.6	104.0	103.2	106.4	101.3
1969	126.9	147.0		105.3	118.2	92.5	106.6	110.4
1970	110.6	120.5		110.0	106.5	91.4	127.1	97.1
1971	105.7	113.1		118.2	103.1	120.9	96.0	121.8
1972	110.4	110.6		105.1	108.9	108.2	108.8	110.5
1973	100.8	100.0		101.2	97.7	102.4	97.5	105.9
1974	91.9	95.6		104.8	89.6	87.9	107.4	93.6
1975	97.4	95.6		110.3	96.9	85.3	99.6	103.2
1976	100.0	99.3		109.4	94.9	91.7	109.0	105.7
1977	118.2	116.7		110.5	120.4	133.5	110.1	108.8
1978	123.1	118.3		162.1	109.0	109.8	115.8	108.8
1979	114.1	109.1		126.6	112.0	116.7	107.8	118.0

历年各县市区人均生产总值指数

1—15 续表　　　　单位：%

年份	全市	市本级	柯城区	衢江区	江山市	常山县	开化县	龙游县
1980	104.4	112.3		101.7	108.5	95.7	97.7	97.9
1981	105.0	105.2		139.6	105.8	104.9	104.4	99.7
1982	114.5	117.0		110.3	109.1	114.2	116.6	120.2
1983	106.3	118.2		84.6	113.0	101.7	108.3	97.2
1984	110.3	96.1		117.7	114.9	111.1	110.8	128.8
1985	112.9		100.0	124.1	117.8	111.0	112.5	115.4
1986	107.9		100.8	109.5	115.2	103.9	105.6	110.2
1987	108.4		111.7	109.4	106.4	110.2	104.8	105.6
1988	106.4		107.7	94.7	110.6	106.3	104.4	103.2
1989	106.5		105.9	109.1	113.0	107.4	99.2	102.2
1990	102.4		97.0	113.9	94.7	104.6	109.4	109.5
1991	116.2		117.9	109.7	114.0	127.6	105.5	121.6
1992	98.8		102.7	91.4	104.9	98.8	102.8	95.8
1993	114.2		108.2	125.4	111.0	131.9	107.7	118.6
1994	115.1		108.4	124.2	111.5	114.7	101.0	115.8
1995	113.1		113.7	110.7	116.0	114.2	114.2	110.3
1996	110.3		111.0	113.2	109.8	111.6	109.8	107.7
1997	104.7		108.5	102.0	101.2	109.8	103.5	104.4
1998	106.9		107.5	107.6	107.5	107.8	105.6	106.7
1999	108.6		106.7	107.8	108.9	109.1	107.1	108.8
2000	108.5		109.3	107.7	109.2	108.1	105.4	108.3
2001	111.3		110.5	112.7	111.7	111.4	108.5	112.1
2002	112.4		111.8	114.6	113.2	113.8	109.7	112.4
2003	114.5		115	115.1	114.4	112.3	111.1	114.4
2004	114.8		115.8	116.0	115.4	113.8	113.4	115.5
2005	113.5		113.9	111.2	113.2	113.6	113.8	114.9
2006	116.0		118.3	113.7	116.6	115.2	113.6	117.6
2007	116.3		117.7	113.5	115.8	116.5	115.9	115.5
2008	112.7		115.9	110.1	113.4	112.5	112.9	114.0
2009	110.5		111.0	111.2	111.3	109.9	110.7	111.4
2010	113.0		113.3	114.8	113.1	112.4	113.1	114.1
2011	110.8		104.8	111.7	111.0	110.0	109.2	113.1

全市生产总值按行业分

1—16　　单位：万元

行业名称	2011年	2010年	2011年为2010年%
全市生产总值	**9196209**	**7554826**	**111.4**
第一产业	761548	646776	104.4
第二产业	5110244	4144614	112.1
工　业	4396554	3494637	114.6
建筑业	713690	649977	98.6
第三产业	3324417	2763436	111.8
交通运输、仓储及邮政业	324764	301525	105.1
信息传输、计算机服务和软件业	94546	85917	109.9
批发和零售业	646846	516907	115.3
住宿和餐饮业	182612	146933	116.4
金融业	526149	371107	120.3
房地产业	357766	307684	104.1
租赁和商务服务业	84699	77958	105.3
科学研究、技术服务和地质勘查业	49402	42931	111.7
水利、环境和公共设施管理业	35888	31647	107.6
居民服务和其他服务业	123526	101407	118.0
教　育	244918	215654	111.1
卫生、社会保障和社会福利业	192361	163944	108.6
文化、体育和娱乐业	49361	41926	115.0
公共管理和社会组织	411579	357896	110.5

注：地区生产总值为当年价，指数按可比价计算，下同。

市区生产总值按行业分

1—17　　　　单位：万元

行业名称	2011年	2010年	2011年为2010年%
市区生产总值	**3833061**	**3262294**	**107.2**
第一产业	262086	220633	104.5
第二产业	2036170	1705541	109.7
工　业	1716080	1409044	112.4
建筑业	320090	296497	96.9
第三产业	1534805	1336120	104.5
交通运输、仓储及邮政业	127789	112433	110.6
信息传输、计算机服务和软件业	44296	41294	104.3
批发和零售业	325680	272507	103.4
住宿和餐饮业	72458	62510	110.8
金融业	275512	190982	125.0
房地产业	162212	165151	86.4
租赁和商务服务业	35285	42500	78.1
科学研究、技术服务和地质勘查业	25251	24128	101.9
水利、环境和公共设施管理业	9981	9075	104.2
居民服务和其他服务业	55722	42604	116.2
教　育	95019	95694	94.5
卫生、社会保障和社会福利业	107305	86624	115.7
文化、体育和娱乐业	31051	24742	120.9
公共管理和社会组织	167244	165875	95.9

柯城区生产总值按行业分

1—18

单位：万元

行业名称	2011年	2010年	2011年为2010年%
柯城区生产总值	**983473**	**773708**	**111.7**
第一产业	82776	70252	104.1
第二产业	307990	226853	117.2
工　业	235091	162853	123.1
建筑业	72899	64000	102.2
第三产业	592707	476603	110.2
交通运输、仓储及邮政业	31890	26970	112.3
信息传输、计算机服务和软件业	21223	18846	106.2
批发和零售业	224429	160710	116.4
住宿和餐饮业	55565	49010	107.6
金融业	40389	32314	114.3
房地产业	54974	46353	100.5
租赁和商务服务业	20370	17247	108.6
科学研究、技术服务和地质勘查业	8477	8125	102.3
水利、环境和公共设施管理业	2350	1955	113.4
居民服务和其他服务业	42368	34062	108.1
教　育	31388	27720	104.8
卫生、社会保障和社会福利业	6308	5572	109.9
文化、体育和娱乐业	9656	8739	108.3
公共管理和社会组织	43320	38979	105.1

衢江区生产总值按行业分

1—19 单位：万元

行　业　名　称	2011年	2010年	2011年为2010年%
衢江区生产总值	**1018198**	**828204**	**112.3**
第一产业	176257	147225	105.1
第二产业	492974	390052	114.0
工　业	397374	305745	117.4
建筑业	95600	84307	101.8
第三产业	348967	290927	113.6
交通运输、仓储及邮政业	41900	37000	111.8
信息传输、计算机服务和软件业	8543	10384	82.2
批发和零售业	51391	42604	114.3
住宿和餐饮业	16893	13500	122.6
金融业	39700	26835	134.1
房地产业	33025	29108	101.8
租赁和商务服务业	12615	8979	136.1
科学研究、技术服务和地质勘查业	5402	4414	118.6
水利、环境和公共设施管理业	2601	2383	103.5
居民服务和其他服务业	13354	8542	148.3
教　育	29671	26974	104.4
卫生、社会保障和社会福利业	15695	13635	111.5
文化、体育和娱乐业	3837	781	424.2
公共管理和社会组织	74340	65788	107.2

江山市生产总值按行业分

1—20　　　　单位：万元

行业名称	2011年	2010年	2011年为2010年%
江山市生产总值	**2031875**	**1702176**	**111.7**
第一产业	191728	162677	104.6
第二产业	1183373	988876	112.3
工　业	1071695	891276	113.3
建筑业	111678	97600	102.7
第三产业	656774	550623	112.8
交通运输、仓储及邮政业	98525	90369	107.6
信息传输、计算机服务和软件业	16597	14976	110.7
批发和零售业	109615	89536	116.0
住宿和餐饮业	35183	26983	122.3
金融业	102341	74512	123.7
房地产业	66105	57897	101.0
租赁和商务服务业	22718	17475	126.0
科学研究、技术服务和地质勘查业	11024	9711	110.0
水利、环境和公共设施管理业	5024	4347	112.0
居民服务和其他服务业	30000	23851	121.9
教　育	50479	45711	107.0
卫生、社会保障和社会福利业	30723	27444	108.5
文化、体育和娱乐业	5528	4662	114.9
公共管理和社会组织	72912	63149	109.5

常山县生产总值按行业分

1—21 单位：万元

行业名称	2011年	2010年	2011年为2010年%
常山县生产总值	**924146**	**754852**	**110.8**
第一产业	71892	61739	104.8
第二产业	516245	412598	109.4
工　业	421834	325598	112.7
建筑业	94411	87000	97.4
第三产业	336009	280515	114.0
交通运输、仓储及邮政业	31622	28061	111.2
信息传输、计算机服务和软件业	11618	11267	103.0
批发和零售业	52783	42400	116.3
住宿和餐饮业	18745	15235	113.5
金融业	39864	27443	132.1
房地产业	31189	31603	98.1
租赁和商务服务业	9033	8702	99.0
科学研究、技术服务和地质勘查业	4957	2956	148.1
水利、环境和公共设施管理业	3766	3165	115.3
居民服务和其他服务业	9865	8504	112.4
教　育	30762	25712	115.9
卫生、社会保障和社会福利业	16200	11937	119.9
文化、体育和娱乐业	4431	3208	122.0
公共管理和社会组织	71174	60322	114.3

开化县生产总值按行业分

1—22 单位：万元

行业名称	2011年	2010年	2011年为2010年%
开化县生产总值	**816724**	**702277**	**109.8**
第一产业	111795	97474	104.1
第二产业	406187	357722	108.6
工　业	330301	287706	110.4
建筑业	75886	70016	101.5
第三产业	298742	247081	113.8
交通运输、仓储及邮政业	31257	27912	109.8
信息传输、计算机服务和软件业	9691	9372	103.3
批发和零售业	45871	37112	117.2
住宿和餐饮业	21108	15701	128.0
金融业	39517	26958	130.9
房地产业	25671	23741	108.6
租赁和商务服务业	9339	6672	127.3
科学研究、技术服务和地质勘查业	3692	3136	110.5
水利、环境和公共设施管理业	8341	7253	108.0
居民服务和其他服务业	10857	9870	104.8
教　育	25360	22559	106.7
卫生、社会保障和社会福利业	18950	17203	104.5
文化、体育和娱乐业	4600	4000	111.4
公共管理和社会组织	44488	35592	111.1

龙游县生产总值按行业分

1—23 单位：万元

行业名称	2011年	2010年	2011年为2010年%
龙游县生产总值	**1469600**	**1182738**	**113.2**
第一产业	124047	104253	104.1
第二产业	872572	691845	115.2
工　业	760663	592981	117.4
建筑业	111909	98864	101.9
第三产业	472981	386640	112.2
交通运输、仓储及邮政业	48450	42750	112.5
信息传输、计算机服务和软件业	14818	13825	107.1
批发和零售业	113425	85352	118.7
住宿和餐饮业	23978	17587	122.6
金融业	68916	51212	112.1
房地产业	33938	29716	104.4
租赁和商务服务业	9615	8120	114.7
科学研究、技术服务和地质勘查业	5198	4120	112.3
水利、环境和公共设施管理业	6776	5806	110.7
居民服务和其他服务业	16258	13481	104.7
教　育	44312	36415	115.5
卫生、社会保障和社会福利业	20573	17974	108.6
文化、体育和娱乐业	3962	3670	104.6
公共管理和社会组织	62762	56612	105.2

一、综合主要统计指标解释

国内（地区）生产总值：是按市场价格计算的国内生产总值的简称。它是一个国家（地区）所有常住单位生产活动的最终成果。国内生产总值有三种表现形态，即价值形态、收入形态和产品形态。从价值形态看，它是所有常住单位在一定时期内所生产的全部货物和服务的价值超过同期投入的全部非固定资产货物和服务价值的差额，即所有常住单位的增加值之和；从收入形态看，它是所有常住单位在一定时期内所创造并分配给常住单位和非常住单位的初次分配收入之和；从产品形态看，它是最终使用的货物和服务加上净出口的货物和服务，包括总消费（城乡居民消费、社会消费）、总投资（固定资产形成、存货增加）、出口和进口的差额。在实际核算中，国内生产总值的三种表现形态表现为三种计算方法，即生产法、收入法和支出法。三种方法分别从不同的方面反映国内生产总值及其构成。在实际工作中，用生产法与收入法核算国内生产总值的生产额，用支出法来核算国内生产总值的使用额。

三次产业：是根据社会生产活动历史发展的顺序对国民经济部门的一种划分。产品直接取自自然界的部门称为第一产业，对初级产品进行再加工的部门称为第二产业，为生产和消费提供各种服务的部门称为第三产业。它是世界上通用的产业结构分类，但各国的划分不尽一致。我国的三次产业划分是：

第一产业：农业（包括种植业、林业、牧业和渔业）和农林牧渔服务业。

第二产业：工业（包括采掘业、制造业、电力、燃气及水的生产和供应业）和建筑业。

第三产业：除了第一产业、第二产业外的其他产业，包括交通运输仓储及邮政业、信息传输计算机服务和软件业、批发和零售业、住宿和餐饮业、金融业、房地产业、租赁和商务服务业、科学研究技术服务和地质勘查业、水利环境和公共设施管理业、居民服务和其他服务业、教育、卫生社会保障和社会福利业、文化体育娱乐业、公共管理和社会组织等行业。

当年价格：指报告期的实际价格，如工厂的出厂价格、农产品的收购价格、商业的零售价格等。按当年价格计算，是指一些以货币表现的物量指标，如工农业总产值、国内生产总值等，按照当年的实际价格来计算总量。使用当年价格计算的数字，是为了使国民经济各项指标相互衔接，便于考察当年社会经济效益，便于对生产和流通、生产和分配、生产和消费进行经济核算和综合平衡。

可比价格：指在不同时期的价值指标对比时，扣除了价格变动的因素，以确切表示物量的变化。按可比价格计算有两种方法：一种是直接按产品产量乘以不变价格计算；一种是用价格指数换算。

不变价格：指用同类产品的年平均价格作为固定价格，来计算各个时期的产品价值。按不变价格计算的产品价值消除了价格变动因素，不同时期对比可以反映生产发展速度。目前使用的是2005年不变价格。

本《年鉴》所列“国内（地区）生产总值指数”、“农业总产值指数”就是按可比价格计算的。如计算有关年份增长情况，可用指数直接进行对比。

平均每年增长速度：在我国计算平均增长速度有两种方法，一种是习惯上经常使用的“水平法”，又称几何平均法，是以间隔期最后一年的水平同基期水平对比来计算平均每年增长（或下降）速度。另一种是“累计法”，又称代数平均法或方程法，是以间隔期内各年水平的总和同基期水平对比来计算平均每年增长（或下降）速度。

在一般正常情况下，两种方法计算的平均每年增长速度比较接近，但在经济发展不平衡，出现大起大落时，两种方法计算结果差别较大。

第二篇　人口与劳动力

历年全市年末户数与人口情况

2—1

年　　份	总户数（万户）	总人口（万人）	按性别分（万人）		按农业与非农业分（万人）	
			男性	女性	农业人口	非农业人口
1949	23.00	101.06	53.98	47.08	92.17	8.89
1950	27.06	110.05	58.43	51.62	98.56	11.49
1951	27.99	112.41	59.67	52.74	101.52	10.89
1952	28.60	115.10	61.66	53.44	105.38	9.72
1953	28.45	117.40	62.71	54.69	104.17	13.23
1954	29.14	120.09	64.01	56.08	106.85	13.24
1955	30.15	122.19	65.63	56.56	110.62	11.57
1956	30.61	125.67	67.02	58.65	111.50	14.17
1957	30.90	129.84	68.95	60.89	113.77	16.07
1958	30.95	131.40	69.68	61.72	113.55	17.85
1959	31.44	137.53	73.45	64.08	117.82	19.71
1960	32.04	143.30	77.69	65.61	116.25	27.05
1961	33.00	140.85	75.65	65.20	120.05	20.80
1962	32.77	144.72	73.84	70.88	123.53	21.19
1963	33.38	149.46	79.82	69.64	132.23	17.23
1964	33.74	152.42	81.22	71.20	135.79	16.63
1965	34.33	157.77	83.87	73.90	140.54	17.23
1966	34.86	162.94	86.68	76.26	146.68	16.26
1967	35.48	167.50	89.18	78.32	150.54	16.96
1968	36.16	171.38	91.16	80.22	154.21	17.17
1969	37.09	176.36	93.83	82.53	159.89	16.47
1970	38.99	180.46	96.06	84.40	163.71	16.75
1971	39.45	185.04	98.55	86.49	167.12	17.92
1972	40.06	189.10	100.59	88.51	170.43	18.67
1973	40.98	193.39	102.70	90.69	174.28	19.11
1974	42.07	196.76	104.38	92.38	177.97	18.79
1975	42.98	199.93	106.09	93.84	180.97	18.96
1976	44.00	202.85	107.42	95.43	183.67	19.18
1977	45.14	205.56	108.94	96.62	186.71	18.85
1978	45.98	208.22	110.85	97.37	188.96	19.26
1979	46.23	210.25	111.26	98.99	189.60	20.65

历年全市年末户数与人口情况

2—1 续表

年份	总户数（万户）	总人口（万人）	按性别分（万人）		按农业与非农业分（万人）	
			男性	女性	农业人口	非农业人口
1980	46.94	211.87	112.40	99.47	190.77	21.10
1981	48.83	213.90	113.02	100.88	191.66	22.24
1982	50.69	216.74	114.61	102.13	193.61	23.13
1983	52.02	218.97	115.91	103.06	195.36	23.61
1984	53.76	220.48	116.70	103.78	195.80	24.68
1985	56.09	221.74	117.18	104.56	193.83	27.91
1986	58.78	223.15	117.94	105.21	196.16	26.99
1987	61.80	225.32	118.82	106.50	197.81	27.51
1988	64.35	227.81	120.26	107.55	199.78	28.03
1989	65.87	229.53	121.16	108.36	200.81	28.72
1990	66.95	230.73	121.86	108.87	201.73	29.00
1991	67.68	231.61	122.18	109.43	202.29	29.32
1992	68.45	232.93	122.80	110.12	201.99	30.93
1993	69.46	234.40	123.63	110.77	202.35	32.05
1994	70.83	235.27	124.20	111.07	202.59	32.68
1995	71.92	236.39	124.71	111.68	202.70	33.69
1996	72.99	237.97	125.92	112.05	202.80	35.17
1997	74.14	238.97	126.35	112.62	202.90	36.07
1998	74.67	240.13	126.37	113.76	203.27	36.86
1999	75.08	241.35	127.41	113.94	203.51	37.84
2000	76.07	242.60	127.99	114.61	203.37	39.23
2001	76.9	243.57	128.56	115.01	202.94	40.63
2002	77.74	244.15	128.58	115.57	202.81	41.34
2003	78.27	244.83	128.76	116.07	203.03	41.8
2004	79.53	245.61	128.8	116.81	203.27	42.35
2005	80.47	245.57	127.99	117.58	202.59	42.98
2006	81.81	246.68	128.27	118.41	196.21	50.47
2007	82.79	247.74	128.55	119.19	196.5	51.24
2008	84.04	248.85	128.90	119.95	196.89	51.95
2009	85.17	249.86	129.23	120.63	197.43	52.43
2010	86.29	251.24	129.73	121.51	198.08	53.16
2011	87.53	252.55	130.15	122.40	198.90	53.65

历年全市人口变动情况

2—2

年份	按城乡人口分(万人)		人口出生率(‰)	人口死亡率(‰)	人口自然增长率(‰)	平均人口(万人)
	市镇人口	乡村人口				
1949	15.06	86.00	43.27	32.80	10.47	100.99
1950	16.13	93.92	41.42	30.95	10.47	105.56
1951	16.19	96.22	45.47	24.51	20.96	111.24
1952	17.08	98.02	49.89	25.38	24.51	113.80
1953	17.63	99.77	43.79	20.92	22.87	116.26
1954	18.58	101.51	53.33	20.26	33.07	118.76
1955	19.17	103.02	37.26	15.77	21.49	121.16
1956	20.23	105.44	36.98	14.42	22.56	123.95
1957	21.55	108.29	33.76	11.14	22.62	127.78
1958	22.97	108.43	31.43	11.76	19.67	130.63
1959	24.62	112.91	29.31	11.82	17.49	134.48
1960	26.63	116.67	22.61	11.27	11.34	140.11
1961	24.23	116.62	20.71	11.04	9.67	140.77
1962	22.48	122.24	36.45	9.43	27.02	142.81
1963	23.10	126.36	40.80	8.67	32.13	147.10
1964	21.92	130.50	39.42	10.14	29.28	151.24
1965	22.45	135.32	38.46	9.15	29.31	155.38
1966	22.62	140.32	36.42	8.35	28.07	160.36
1967	23.62	143.88	32.60	7.92	24.68	165.23
1968	23.90	147.48	30.77	7.15	23.62	169.46
1969	23.91	152.45	31.59	6.68	24.91	173.89
1970	24.05	156.41	28.65	6.77	21.88	178.42
1971	24.83	160.21	27.88	6.95	20.93	182.76
1972	25.63	163.47	27.37	6.90	20.47	187.08
1973	26.25	167.14	27.46	6.80	20.66	191.26
1974	26.69	170.07	23.76	6.68	17.08	195.09
1975	27.13	172.80	23.19	6.57	16.62	198.36
1976	27.40	175.45	20.72	6.25	14.47	201.41
1977	27.36	178.20	19.33	6.66	12.67	204.21
1978	27.98	180.24	16.72	5.42	11.30	206.90
1979	28.94	181.31	16.52	6.11	10.41	209.21

历年全市人口变动情况

2—2 续表

年份	按城乡人口分(万人)		人口出生率(‰)	人口死亡率(‰)	人口自然增长率(‰)	平均人口(万人)
	市镇人口	乡村人口				
1980	29.65	182.22	16.24	6.84	9.40	211.08
1981	29.68	184.22	15.88	6.10	9.78	212.89
1982	29.95	186.79	17.97	6.20	11.77	215.33
1983	30.56	188.41	15.42	6.37	9.05	217.86
1984	36.37	184.11	12.99	6.25	6.74	219.73
1985	61.92	159.82	11.63	5.98	5.65	221.11
1986	74.26	148.89	12.41	5.84	6.57	222.45
1987	121.63	103.69	13.32	6.04	7.28	224.23
1988	124.44	103.37	12.89	6.10	6.79	226.56
1989	125.46	104.07	12.40	6.02	6.38	228.67
1990	126.53	104.20	12.26	6.01	6.25	230.13
1991	130.26	101.35	11.28	5.81	5.47	231.17
1992	170.75	62.18	11.64	5.98	5.66	232.28
1993	172.02	62.38	12.38	6.00	6.38	233.66
1994	175.05	60.22	11.56	5.95	5.61	234.83
1995	176.09	60.30	11.81	6.34	5.47	235.83
1996	174.88	63.09	11.62	6.15	5.47	237.18
1997	176.86	62.11	10.94	5.81	5.13	238.47
1998	177.96	62.17	10.06	6.09	3.97	239.55
1999	178.70	62.65	10.53	5.77	4.76	240.74
2000	180.41	62.19	12.53	6.86	5.67	241.97
2001	181.42	62.15	10.23	5.69	4.54	243.09
2002	200.93	43.22	10.01	5.48	4.53	243.86
2003	188.68	56.15	10.42	5.96	4.46	244.49
2004			11.92	7.70	4.22	245.22
2005			10.15	5.35	4.80	245.59
2006			10.92	6.64	4.28	246.13
2007			10.10	6.21	3.89	247.21
2008			9.94	6.50	3.44	248.30
2009			9.70	6.81	2.89	249.36
2010			10.80	7.25	3.55	250.55
2011			9.91	6.56	3.35	251.90

历年各县市区年末总人口

2—3　　　　单位：万人

年　份	全　市	市本级	柯城区	衢江区	江山市	常山县	开化县	龙游县
1949	101.06		8.97	23.07	27.38	13.06	11.43	17.15
1950	110.05		9.82	25.25	29.11	13.10	12.93	19.84
1951	112.41		10.04	25.83	29.61	13.53	13.26	20.14
1952	115.10		10.33	26.58	30.11	13.88	13.54	20.66
1953	117.40		10.72	27.58	30.32	14.03	13.81	20.94
1954	120.09		11.03	28.38	30.51	14.38	14.20	21.59
1955	122.19		11.21	28.83	30.78	14.82	14.41	22.14
1956	125.67		11.66	29.98	31.11	15.24	14.63	23.05
1957	129.84		12.18	31.32	31.61	15.75	15.54	23.44
1958	131.40		12.49	32.10	31.69	15.81	15.67	23.64
1959	137.53		12.84	34.81	31.97	15.66	18.51	23.74
1960	143.30		13.60	34.98	35.82	16.54	20.09	22.27
1961	140.85		13.23	34.02	33.97	17.62	20.22	21.79
1962	144.72		13.56	34.87	34.18	18.01	20.45	23.65
1963	149.46		14.14	35.60	35.50	18.67	20.90	24.65
1964	152.42		13.98	36.23	35.80	19.16	21.85	25.40
1965	157.77		14.31	37.31	37.51	19.83	22.67	26.14
1966	162.94		14.37	38.90	38.75	20.56	23.32	27.04
1967	167.50		15.15	39.59	39.79	21.18	23.93	27.86
1968	171.38		15.29	40.35	40.56	21.77	24.56	28.85
1969	176.36		15.42	41.76	41.61	22.52	25.29	29.76
1970	180.46		15.42	42.44	42.96	23.13	25.25	31.26
1971	185.04		15.82	44.01	44.22	23.77	25.71	31.51
1972	189.10		16.62	44.39	45.16	24.35	26.42	32.16
1973	193.39		16.93	45.23	46.18	25.09	27.03	32.93
1974	196.76		17.47	45.58	47.21	25.43	27.56	33.51
1975	199.93		17.76	46.17	48.07	25.97	28.13	33.83
1976	202.85		17.91	46.72	48.86	26.51	28.61	34.24
1977	205.56		17.77	47.49	49.59	27.00	29.03	34.68
1978	208.22		18.12	47.90	50.06	27.49	29.43	35.22
1979	210.25		18.67	48.07	50.49	27.83	29.82	35.37

注：市本级人口统计在柯城区内，下同。

历年各县市区年末总人口

2—3 续表

单位：万人

年份	全市	市本级	柯城区	衢江区	江山市	常山县	开化县	龙游县
1980	211.87		19.28	48.06	50.80	28.01	30.18	35.54
1981	213.90		19.18	48.60	51.25	28.36	30.54	35.97
1982	216.74		19.44	49.09	51.83	28.84	31.07	36.47
1983	218.97		19.70	49.52	52.28	29.21	31.41	36.85
1984	220.48		19.96	49.94	52.63	29.32	31.50	37.13
1985	221.74		20.73	49.75	52.72	29.53	31.77	37.24
1986	223.15		21.08	49.87	53.04	29.71	32.02	37.43
1987	225.32		21.55	50.11	53.46	29.98	32.45	37.77
1988	227.81		21.92	50.53	53.88	30.35	32.87	38.26
1989	229.53		22.34	50.82	54.00	30.61	33.15	38.61
1990	230.73		22.67	50.97	54.38	30.72	33.26	38.73
1991	231.61		22.92	51.11	54.56	30.88	33.36	38.78
1992	232.93		23.54	51.22	54.83	31.04	33.14	39.16
1993	234.40		24.04	51.49	55.08	31.16	33.28	39.35
1994	235.27		24.37	51.61	55.20	31.30	33.40	39.39
1995	236.39		24.68	51.71	55.44	31.42	33.56	39.58
1996	237.97		25.40	51.94	55.64	31.49	33.71	39.79
1997	238.97		25.70	52.11	56.00	31.53	33.71	39.92
1998	240.13		26.12	52.20	56.17	31.68	33.78	40.18
1999	241.35		26.71	52.27	56.32	31.79	33.89	40.36
2000	242.60		27.30	52.27	56.61	31.96	34.06	40.40
2001	243.57		27.76	52.23	56.79	32.13	34.17	40.49
2002	244.15		40.00	40.00	56.97	32.22	34.28	40.69
2003	244.83		40.40	39.83	57.19	32.33	34.36	40.72
2004	245.61		40.70	39.89	57.69	32.46	34.28	40.59
2005	245.57		40.86	39.60	58.08	32.48	34.50	40.05
2006	246.68		41.11	39.93	58.36	32.55	34.66	40.07
2007	247.74		41.43	40.03	58.67	32.58	34.86	40.17
2008	248.85		41.66	40.17	58.94	32.77	34.99	40.31
2009	249.86		41.87	40.31	59.38	32.93	35.06	40.31
2010	251.24		43.04	39.67	59.86	33.16	35.20	40.31
2011	252.55		43.30	39.89	60.13	33.41	35.43	40.41

历年各县市区年末非农业人口

2—4　　　　单位：万人

年　份	全　市	市本级	柯城区	衢江区	江山市	常山县	开化县	龙游县
1949	8.89		3.44	0.55	1.45	1.56	0.55	1.34
1950	11.49		3.80	0.69	2.62	1.47	0.57	2.34
1951	10.89		3.87	0.67	2.66	0.81	0.62	2.26
1952	9.72		3.82	0.06	1.68	1.08	0.67	2.41
1953	13.23		4.12	0.67	4.69	0.74	0.79	2.22
1954	13.24		4.36	1.17	4.18	1.13	0.72	1.68
1955	11.57		4.33	0.77	2.41	1.20	0.88	1.98
1956	14.17		4.67	1.49	2.85	1.47	1.03	2.66
1957	16.07		5.03	2.21	2.29	2.13	1.67	2.74
1958	17.85		5.51	3.64	2.53	1.89	1.69	2.59
1959	19.71		4.86	3.99	2.88	1.78	2.11	4.09
1960	27.05		6.30	5.22	6.32	2.50	3.08	3.63
1961	20.80		5.82	3.83	3.62	2.45	2.55	2.53
1962	21.19		5.82	3.31	5.25	1.64	1.85	3.32
1963	17.23		5.97	2.22	3.35	1.83	1.48	2.38
1964	16.63		5.57	1.86	2.65	1.63	1.48	3.44
1965	17.23		5.99	1.71	2.89	1.69	1.49	3.46
1966	16.26		5.58	2.18	2.98	1.78	1.37	2.37
1967	16.96		5.98	2.02	3.08	1.89	1.45	2.54
1968	17.17		6.07	1.81	2.96	1.96	1.43	2.94
1969	16.47		5.91	2.00	2.67	1.94	1.61	2.34
1970	16.75		5.80	2.23	2.83	2.04	1.78	2.07
1971	17.92		5.94	2.70	2.81	2.19	1.84	2.44
1972	18.67		6.56	2.33	3.24	2.09	1.95	2.50
1973	19.11		6.69	2.41	3.16	2.31	1.93	2.61
1974	18.79		7.05	2.03	3.06	2.13	1.89	2.63
1975	18.96		6.91	0.79	3.09	2.23	1.93	4.01
1976	19.18		7.21	1.99	3.17	2.24	1.99	2.58
1977	18.85		6.91	2.08	3.15	2.20	2.00	2.51
1978	19.26		7.19	2.02	3.16	2.35	2.05	2.49
1979	20.65		7.74	2.15	3.42	2.40	2.25	2.69

历年各县市区年末非农业人口

2—4 续表　　　　单位：万人

年　份	全　市	市本级	柯城区	衢江区	江山市	常山县	开化县	龙游县
1980	21.10		8.15	1.99	3.58	2.36	2.24	2.78
1981	22.24		8.24	2.30	3.99	2.47	2.34	2.90
1982	23.13		8.33	2.34	4.29	2.47	2.53	3.17
1983	23.61		8.44	2.16	4.42	2.67	2.62	3.30
1984	24.68		8.67	2.34	4.49	2.63	2.65	3.90
1985	27.91		9.65	2.75	5.10	2.95	3.17	4.29
1986	26.99		9.95	2.28	4.65	2.94	3.17	4.00
1987	27.51		10.29	2.24	4.71	2.94	3.23	4.10
1988	28.03		10.57	2.20	4.85	2.95	3.26	4.20
1989	28.72		10.95	2.21	4.90	3.00	3.35	4.31
1990	29.00		11.24	2.03	5.04	3.00	3.34	4.35
1991	29.32		11.44	1.99	5.14	3.03	3.32	4.40
1992	30.93		12.13	2.14	5.50	3.18	3.11	4.87
1993	32.05		12.74	2.15	5.68	3.23	3.18	5.07
1994	32.68		13.19	2.13	5.81	3.30	3.22	5.03
1995	33.69		13.59	2.09	5.99	3.44	3.28	5.30
1996	35.17		14.04	2.10	6.13	3.51	3.45	5.94
1997	36.07		14.38	2.15	6.37	3.57	3.53	6.07
1998	36.86		15.11	2.19	6.55	3.79	3.61	5.61
1999	37.84		15.59	2.16	6.76	3.84	3.75	5.74
2000	39.23		16.02	2.17	7.28	3.98	3.94	5.84
2001	40.63		16.55	2.14	7.80	4.09	4.07	5.98
2002	41.34		17.18	1.77	8.07	4.15	4.09	6.08
2003	41.80		17.21	1.74	8.41	4.19	4.15	6.10
2004	42.35		17.45	1.72	8.69	4.21	4.14	6.14
2005	42.98		17.62	1.85	8.96	4.22	4.14	6.19
2006	50.47		22.44	3.99	9.32	4.23	4.20	6.29
2007	51.24		22.72	4.03	9.59	4.22	4.30	6.38
2008	51.95		22.93	4.07	9.87	4.26	4.37	6.46
2009	52.43		23.16	4.13	9.90	4.33	4.39	6.52
2010	53.16		23.94	3.65	10.10	4.43	4.46	6.57
2011	53.65		24.15	3.70	10.26	4.47	4.46	6.61

历年全市全社会年末从业人员数

2—5　　　　单位：万人

指　标	全社会从业人员	第一产业	第二产业	第三产业	从业人员中：职工
1949	37.80	33.32	1.92	2.56	1.67
1950	38.95	34.28	2.20	2.47	1.91
1951	40.00	35.18	2.44	2.38	2.14
1952	42.87	36.74	3.10	3.03	2.69
1953	43.58	37.48	3.49	2.61	3.03
1954	45.57	39.30	4.15	2.12	3.60
1955	46.18	39.61	4.70	1.87	4.08
1956	47.42	39.79	5.85	1.78	5.08
1957	50.77	41.69	6.71	2.37	5.82
1958	54.15	42.18	10.40	1.57	9.02
1959	52.52	40.85	10.44	1.23	9.06
1960	53.82	41.25	11.36	1.21	11.59
1961	51.88	40.42	10.12	1.34	8.77
1962	47.62	38.45	7.64	1.53	6.62
1963	50.43	41.15	7.42	1.86	6.44
1964	53.47	43.39	8.15	1.93	6.63
1965	52.49	42.67	7.79	2.03	6.76
1966	55.93	45.78	8.07	2.08	7.00
1967	57.94	47.29	8.56	2.09	7.43
1968	60.48	49.55	8.80	2.13	7.63
1969	64.36	53.00	9.10	2.26	7.90
1970	68.46	56.07	9.93	2.46	8.61
1971	71.44	58.32	10.65	2.47	9.24
1972	73.70	59.62	11.57	2.51	10.04
1973	75.65	60.77	11.33	3.55	9.83
1974	77.94	63.68	11.65	2.61	10.10
1975	78.96	64.60	11.73	2.63	10.18
1976	80.59	65.41	12.38	2.80	10.74
1977	84.21	67.91	12.75	3.55	11.06
1978	90.48	70.85	15.16	4.47	13.15
1979	92.13	71.50	15.38	5.25	13.34

历年全市全社会年末从业人员数

2—5 续表　　　　单位：万人

指　　标	全社会从业人员	第一产业	第二产业	第三产业	从业人员中：职　工
1980	93.98	71.79	16.43	5.76	14.25
1981	96.11	74.08	17.48	6.55	14.85
1982	100.66	75.79	17.48	7.39	15.17
1983	104.53	78.30	17.48	8.75	15.16
1984	108.46	79.67	17.97	10.82	15.59
1985	112.60	80.97	18.81	12.82	16.32
1986	116.04	86.50	17.27	12.27	17.21
1987	120.12	84.70	22.47	12.95	18.21
1988	123.61	86.08	23.43	14.10	19.21
1989	126.82	94.20	19.29	13.33	19.07
1990	126.35	88.75	23.52	14.08	19.47
1991	131.08	82.80	23.78	14.50	20.38
1992	133.45	90.42	23.76	19.27	20.64
1993	133.92	85.50	23.37	25.05	21.21
1994	142.06	84.33	28.13	29.60	21.52
1995	146.35	81.84	32.75	31.76	21.26
1996	143.34	83.87	28.50	30.97	20.72
1997	141.59	77.90	31.55	32.14	19.52
1998	141.32	78.63	28.75	33.94	18.05
1999	141.54	77.97	28.13	35.44	16.44
2000	140.57	73.46	27.57	39.54	14.87
2001	140.04	70.69	28.65	40.70	13.38
2002	121.18	66.23	29.13	25.82	12.32
2003	120.34	62.45	30.35	27.54	12.23
2004	124.30	61.17	33.43	29.70	13.36
2005	125.46	60.01	34.45	31.00	12.84
2006	119.49	55.70	35.16	28.63	13.04
2007	120.97	55.20	35.42	30.35	13.62
2008	122.56	55.05	35.34	32.17	13.77
2009	125.31	54.99	36.31	34.01	14.66
2010	128.13	55.12	37.13	35.88	15.38
2011	131.30	54.24	39.12	37.94	16.41

注：1、2002 年起按常住人口统计。

2、2006 年-2009 年已根据市六次人口普查有关数据作调整。

各县市区年末总户数和总人口数

2—6

(2011 年)

年份	总户数(户)	总人口(人)	按性别分(人)		按农业与非农业分(人)	
			男性	女性	农业人口	非农业人口
全市	**875333**	**2525527**	**1301531**	**1223996**	**1989039**	**536488**
市区	303658	831879	426994	404885	553310	278569
#:柯城区	166591	432976	220471	212505	191438	241538
衢江区	137067	398903	206523	192380	361872	37031
江山市	197018	601273	310844	290429	498685	102588
常山县	103869	334053	174229	159824	289356	44697
开化县	114726	354271	183617	170654	309717	44554
龙游县	156062	404051	205847	198204	337971	66080

各县市区年末人口自然变动情况

2—7

(2011 年)

年份	出生人数(人)	出生率(‰)	死亡人数(人)	死亡率(‰)	自然增长人数(人)	自然增长率(‰)
全市	**24975**	**9.91**	**16532**	**6.56**	**8443**	**3.35**
市区	7706	9.29	5012	6.04	2694	3.25
#:柯城区	3706	8.59	2522	5.84	1184	2.74
衢江区	4000	10.06	2490	6.26	1510	3.80
江山市	5917	9.86	4174	6.96	1743	2.91
常山县	3840	11.54	2427	7.29	1413	4.25
开化县	3894	11.03	2142	6.07	1752	4.96
龙游县	3618	8.96	2777	6.88	841	2.08

各县市区分行业城镇单位（不含私营）在岗职工年末人数

2—8　　（2011 年）　　单位：人

行业名称	全市	市本级	柯城区	衢江区
总计	**164118**	**49202**	**20277**	**13853**
一、按机构类型分组				
1、企业	100223	41745	10418	4954
2、事业	38721	3525	7693	4351
3、机关	24224	3736	2022	4472
4、民间非营利组织	285	196	71	
5、其他	665		73	76
二、按国民经济行业分组				
1、农林牧渔业	354			
2、采矿业				
3、制造业	62500	33064	693	3418
4、电力煤气及水的生产和供应业	4067	1722	87	103
5、建筑业	8555	1410	267	570
6、交通运输仓储和邮政业	4347	454	1983	264
7、信息传输计算机服务和软件业	1303	749	140	12
8、批发与零售业	5607	11	3695	271
其中：零售业	2202		1273	111
9、住宿和餐饮业	2154		826	
10、金融业	8239	4280	312	354
其中：银行业	5970	2849	312	329
11、房地产业	1077	149	269	92
12、租赁与商务服务业	2314	102	1366	14
13、科学研究技术服务与地质勘查	2046	103	977	58
14、水利环境和公共设施管理业	1170	37	380	82
15、居民服务和其他服务业	186		9	45
16、教育	21307	2775	2899	2812
其中：初等教育	8667	243	1588	1235
中等教育	10738	1498	1004	1560
17、卫生社会保障和社会福利业	10577	60	3330	862
其中：卫生	10219		3213	862
18、文化体育与娱乐业	1560	324	485	18
19、公共管理与社会组织	26755	3962	2559	4878

各县市区分行业城镇单位(不含私营)在岗职工年末人数

2—8 续表　　(2011 年)　　单位：人

行　业　名　称	江山市	常山县	开化县	龙游县
总　　计	**28158**	**14066**	**10441**	28121
一、按机构类型分组				
1、企业	15110	6934	3583	17479
2、事业	8648	4445	4156	5903
3、机关	3950	2640	2665	4739
4、民间非营利组织	18			
5、其他	432	47	37	
二、按国民经济行业分组				
1、农林牧渔业	44		269	41
2、采矿业				
3、制造业	10679	2287	1488	10871
4、电力煤气及水的生产和供应业	987	319	455	394
5、建筑业	841	2365	54	3048
6、交通运输仓储和邮政业	391	168	446	641
7、信息传输计算机服务和软件业	132	75	82	113
8、批发与零售业	514	214	225	677
其中：零售业	168	155	44	451
9、住宿和餐饮业	332	736	34	226
10、金融业	971	467	554	1301
其中：银行业	864	416	469	731
11、房地产业	341	47	50	129
12、租赁与商务服务业	177	434	5	216
13、科学研究技术服务与地质勘查	301	160	116	331
14、水利环境和公共设施管理业	219	111	192	149
15、居民服务和其他服务业	33	32	32	35
16、教育	4813	2322	2277	3409
其中：初等教育	2030	1084	1025	1462
中等教育	2509	1160	1175	1832
17、卫生社会保障和社会福利业	2433	1212	1241	1439
其中：卫生	2336	1192	1229	1387
18、文化体育与娱乐业	146	251	152	184
19、公共管理与社会组织	4804	2866	2769	4917

各县市区分行业城镇国有单位在岗职工年末人数

2—9　　(2011年)　　单位：人

行业名称	全市	市本级	柯城区	衢江区
总计	**88178**	**24647**	**13999**	**8951**
一、按机构类型分组				
1、企业	27257	17475	4380	263
2、事业	36661	3434	7586	4216
3、机关	24224	3736	2022	4472
4、民间非营利组织	7	2	5	
5、其他	29		6	
二、按国民经济行业分组				
1、农林牧渔业	310			
2、采矿业				
3、制造业	14538	13795		115
4、电力煤气及水的生产和供应业	3697	1698	87	66
5、建筑业	1015	835		
6、交通运输仓储和邮政业	2241	258	1030	91
7、信息传输计算机服务和软件业	191		104	
8、批发与零售业	1755		1275	53
其中：零售业				
9、住宿和餐饮业	248		214	
10、金融业	2009	1055		
其中：银行业	1836	969		
11、房地产业	403	30	136	
12、租赁与商务服务业	1576		1049	14
13、科学研究技术服务与地质勘查	1696	103	768	58
14、水利环境和公共设施管理业	1003	37	330	64
15、居民服务和其他服务业	186		9	45
16、教育	20046	2490	2833	2806
其中：初等教育	8552	243	1588	1235
中等教育	9754	1213	938	1558
17、卫生社会保障和社会福利业	9258	60	3213	757
其中：卫生	8900		3096	757
18、文化体育与娱乐业	1534	324	459	18
19、公共管理与社会组织	26472	3962	2492	4864

各县市区分行业城镇国有单位在岗职工年末人数

2—9 续表　　(2011 年)　　单位：人

行业名称	江山市	常山县	开化县	龙游县
总计	**13210**	**7461**	**7791**	**12119**
一、按机构类型分组				
1、企业	1451	756	970	1962
2、事业	7786	4065	4156	5418
3、机关	3950	2640	2665	4739
4、民间非营利组织				
5、其他	23			
二、按国民经济行业分组				
1、农林牧渔业			269	41
2、采矿业				
3、制造业	48			580
4、电力煤气及水的生产和供应业	864	233	455	294
5、建筑业		11		169
6、交通运输仓储和邮政业	326	168	84	284
7、信息传输计算机服务和软件业	12	75		
8、批发与零售业	156	42	84	145
其中：零售业				
9、住宿和餐饮业			34	
10、金融业	197	94	90	573
其中：银行业	151	73	70	573
11、房地产业	84	37	28	88
12、租赁与商务服务业	107	356	5	45
13、科学研究技术服务与地质勘查	243	160	116	248
14、水利环境和公共设施管理业	199	111	192	70
15、居民服务和其他服务业	33	32	32	35
16、教育	4323	2166	2277	3151
其中：初等教育	1933	1084	1025	1444
中等教育	2274	1004	1175	1592
17、卫生社会保障和社会福利业	1750	906	1241	1331
其中：卫生	1653	886	1229	1279
18、文化体育与娱乐业	146	251	152	184
19、公共管理与社会组织	4722	2819	2732	4881

各县市区分行业城镇集体单位在岗职工年末人数

2—10　　(2011年)　　单位：人

行业名称	全市	市本级	柯城区	衢江区
总计	**2986**	**224**	**796**	**135**
一、按机构类型分组				
1、企业	1677	224	689	
2、事业	1309		107	135
3、机关				
4、民间非营利组织				
5、其他				
二、按国民经济行业分组				
1、农林牧渔业	44			
2、采矿业				
3、制造业	93			
4、电力煤气及水的生产和供应业				
5、建筑业	292	28	226	
6、交通运输仓储和邮政业	234	196		
7、信息传输计算机服务和软件业				
8、批发与零售业	11			
其中：零售业				
9、住宿和餐饮业				
10、金融业	800		312	
其中：银行业	800		312	
11、房地产业				
12、租赁与商务服务业	310		172	
13、科学研究技术服务与地质勘查	83			
14、水利环境和公共设施管理业	38			18
15、居民服务和其他服务业				
16、教育	123			6
其中：初等教育	18			
中等教育	2			2
17、卫生社会保障和社会福利业	932		86	105
其中：卫生	932		86	105
18、文化体育与娱乐业				
19、公共管理与社会组织	26			6

各县市区分行业城镇集体单位在岗职工年末人数

2—10 续表　　(2011 年)　　单位：人

行业名称	江山市	常山县	开化县	龙游县
总计	629	567	278	357
一、按机构类型分组				
1、企业	99	218	278	169
2、事业	530	349		188
3、机关				
4、民间非营利组织				
5、其他				
二、按国民经济行业分组				
1、农林牧渔业	44			
2、采矿业				
3、制造业				93
4、电力煤气及水的生产和供应业				
5、建筑业	38			
6、交通运输仓储和邮政业	31			7
7、信息传输计算机服务和软件业				
8、批发与零售业		3	8	
其中：零售业				
9、住宿和餐饮业				
10、金融业		218	270	
其中：银行业		218	270	
11、房地产业				
12、租赁与商务服务业	29	40		69
13、科学研究技术服务与地质勘查				83
14、水利环境和公共设施管理业	20			
15、居民服务和其他服务业				
16、教育	99			18
其中：初等教育				18
中等教育				
17、卫生社会保障和社会福利业	348	306		87
其中：卫生	348	306		87
18、文化体育与娱乐业				
19、公共管理与社会组织	20			

各县市区分行业城镇其他单位(不含私营)在岗职工年末人数

2—11　　(2011 年)　　单位：人

行　业　名　称	全　市	市本级	柯城区	衢江区
总　计	**72954**	**24331**	**5482**	**4767**
一、按机构类型分组				
1、企业	71289	24046	5349	4691
2、事业	751	91		
3、机关				
4、民间非营利组织	278	194	66	
5、其他	636		67	76
二、按国民经济行业分组				
1、农林牧渔业				
2、采矿业				
3、制造业	47869	19269	693	3303
4、电力煤气及水的生产和供应业	370	24		37
5、建筑业	7248	547	41	570
6、交通运输仓储和邮政业	1872		953	173
7、信息传输计算机服务和软件业	1112	749	36	12
8、批发与零售业	3841	11	2420	218
其中：零售业	2202		1273	111
9、住宿和餐饮业	1906		612	
10、金融业	5430	3225		354
其中：银行业	3334	1880		329
11、房地产业	674	119	133	92
12、租赁与商务服务业	428	102	145	
13、科学研究技术服务与地质勘查	267		209	
14、水利环境和公共设施管理业	129		50	
15、居民服务和其他服务业				
16、教育	1138	285	66	
其中：初等教育	97			
中等教育	982	285	66	
17、卫生社会保障和社会福利业	387		31	
其中：卫生	387		31	
18、文化体育与娱乐业	26		26	
19、公共管理与社会组织	257		67	8

各县市区分行业城镇其他单位(不含私营)在岗职工年末人数

2—11 续表　　　　(2011 年)　　　　单位：人

行业名称	江山市	常山县	开化县	龙游县
总计	**14319**	**6038**	**2372**	**15645**
一、按机构类型分组				
1、企业	13560	5960	2335	15348
2、事业	332	31		297
3、机关				
4、民间非营利组织	18			
5、其他	409	47	37	
二、按国民经济行业分组				
1、农林牧渔业				
2、采矿业				
3、制造业	10631	2287	1488	10198
4、电力煤气及水的生产和供应业	123	86		100
5、建筑业	803	2354	54	2879
6、交通运输仓储和邮政业	34		362	350
7、信息传输计算机服务和软件业	120		82	113
8、批发与零售业	358	169	133	532
其中：零售业	168	155	44	451
9、住宿和餐饮业	332	736		226
10、金融业	774	155	194	728
其中：银行业	713	125	129	158
11、房地产业	257	10	22	41
12、租赁与商务服务业	41	38		102
13、科学研究技术服务与地质勘查	58			
14、水利环境和公共设施管理业				79
15、居民服务和其他服务业				
16、教育	391	156		240
其中：初等教育	97			
中等教育	235	156		240
17、卫生社会保障和社会福利业	335			21
其中：卫生	335			21
18、文化体育与娱乐业				
19、公共管理与社会组织	62	47	37	36

各县市区分行业私营单位在岗职工年末人数

2—12　　(2011年)　　单位：人

行业名称	全市	市本级	柯城区	衢江区
总计	**190991**	**20596**	**21217**	**22281**
二、按国民经济行业分组				
1、农林牧渔业	185			
2、采矿业	32			
3、制造业	79466	11092	3470	8362
4、电力煤气及水的生产和供应业	292	3		185
5、建筑业	95442	8836	12361	12624
6、交通运输仓储和邮政业	1679		143	234
7、信息传输计算机服务和软件业	135		87	
8、批发与零售业	6884		3388	550
其中:零售业	3839		1315	201
9、住宿和餐饮业	1728		687	147
10、金融业	87		15	11
其中：银行业				
11、房地产业	2196	651	379	127
12、租赁与商务服务业	1070		138	41
13、科学研究技术服务与地质勘查	415		347	
14、水利环境和公共设施管理业	676	14		
15、居民服务和其他服务业	160		127	
16、教育	217			
其中：初等教育				
中等教育	87			
17、卫生社会保障和社会福利业	251		71	
其中：卫生	251		71	
18、文化体育与娱乐业	76		4	
19、公共管理与社会组织				

注：本表“私营单位”包括规模以上（限额以上）加规模以下（限额以下）100人以上私营单位。

各县市区分行业私营单位在岗职工年末人数

2—12 续表　　　　（2011 年）　　　　单位：人

行业名称	江山市	常山县	开化县	龙游县
总计	**52142**	**17822**	**27262**	**29671**
二、按国民经济行业分组				
1、农林牧渔业	185			
2、采矿业				32
3、制造业	22882	10720	5915	17025
4、电力煤气及水的生产和供应业	56	24		24
5、建筑业	25193	5990	19871	10567
6、交通运输仓储和邮政业	1021	155	48	78
7、信息传输计算机服务和软件业	44		4	
8、批发与零售业	1338	527	478	603
其中:零售业	1139	489	448	247
9、住宿和餐饮业	216		376	302
10、金融业	7		54	
其中：银行业				
11、房地产业	368	186	296	189
12、租赁与商务服务业	75	27	144	645
13、科学研究技术服务与地质勘查	35			33
14、水利环境和公共设施管理业	439		50	173
15、居民服务和其他服务业	33			
16、教育	98	119		
其中：初等教育				
中等教育		87		
17、卫生社会保障和社会福利业	106	74		
其中：卫生	106	74		
18、文化体育与娱乐业	46		26	
19、公共管理与社会组织				

注：本表“私营单位”包括规模以上（限额以上）加规模以下（限额以下）100 人以上私营单位。

各县市区城镇单位(不含私营)工业、建筑业企业在岗职工年末人数

2—13 (2011年) 单位：人

行业名称	全市	市本级	柯城区	衢江区
总计	**75122**	**36196**	**1047**	**4091**
一、采矿业				
有色金属矿采选业				
二、制造业	62500	33064	693	3418
农副食品加工业	490			137
食品制造业	408		75	
饮料制造业	1447	940		143
纺织业	3195	708		48
纺织服装、鞋、帽制造业	2241	1175		
皮革毛皮羽绒及其制品业	1118	1118		
木材加工及木竹藤棕草制品业	469	67		
家具制造业	893			23
造纸及纸品业	2653	149		884
印刷业、记录媒介的复制	82		82	
文教体育用品制造业	97			12
化学原料及化学制品制造业	17940	14148	39	29
医药制造业	1076	148		495
橡胶制品业				
塑料制品业	96	26	13	39
非金属矿物制品业	4787	271	266	154

各县市区城镇单位(不含私营)工业、建筑业企业在岗职工年末人数

2—13 续表 1 (2011 年) 单位：人

行业名称	江山市	常山县	开化县	龙游县
总计	**12507**	**4971**	**1997**	**14313**
一、采矿业				
有色金属矿采选业				
二、制造业	10679	2287	1488	10871
农副食品加工业	96			257
食品制造业	206			127
饮料制造业	164			200
纺织业	743	88		1608
纺织服装、鞋、帽制造业	421	456		189
皮革毛皮羽绒及其制品业				
木材加工及木竹藤棕草制品业	362			40
家具制造业				870
造纸及纸品业				1620
印刷业、记录媒介的复制				
文教体育用品制造业				85
化学原料及化学制品制造业	1600	207	1123	794
医药制造业	68		365	
橡胶制品业				
塑料制品业	18			
非金属矿物制品业	1938	752		1406

各县市区城镇单位(不含私营)工业、建筑业企业在岗职工年末人数

2—13 续表 2　　(2011 年)　　单位：人

行业名称	全市	市本级	柯城区	衢江区
黑色金属冶炼及压延加工业	7350	7100		
有色金属冶炼及压延加工业	494	187	154	
金属制品业	630			11
通用设备制造业	7048	5493		544
专用设备制造业	1229	767		
交通运输设备制造业	82			38
电气机械及器材制造业	5651	509	64	156
通信设备计算机及其他电子设备	1471	185		149
仪器仪表及文化、办公用机械制造业				
工艺品及其他制造业	1528	73		556
三、电力煤气热水的生产和供应业	4067	1722	87	103
电力蒸汽热水的生产和供应业	3317	1395	87	60
燃气生产和供应业	42	24		
自来水的生产和供应业	708	303		43
四、建筑业	8555	1410	267	570
房屋和土木工程建筑业	6079	1332	226	570
建筑安装业	201	50	41	
其他建筑业	2275	28		

各县市区城镇单位(不含私营)工业、建筑业企业在岗职工年末人数

2—13 续表 3　　(2011 年)　　单位：人

行业名称	江山市	常山县	开化县	龙游县
黑色金属冶炼及压延加工业	73	76		101
有色金属冶炼及压延加工业		115		38
金属制品业				619
通用设备制造业	125	573		313
专用设备制造业		20		442
交通运输设备制造业				44
电气机械及器材制造业	4689			233
通信设备计算机及其他电子设备	151			986
仪器仪表及文化、办公用机械制造业				
工艺品及其他制造业				899
三、电力煤气热水的生产和供应业	987	319	455	394
电力蒸汽热水的生产和供应业	762	233	386	394
燃气生产和供应业	18			
自来水的生产和供应业	207	86	69	
四、建筑业	841	2365	54	3048
房屋和土木工程建筑业	841	62		3048
建筑安装业		56	54	
其他建筑业		2247		

二、人口与劳动力主要统计指标解释

人口数：指一定时点全市行政管辖范围内的有生命的个人的总和。年度统计的年末人口数是指 12 月 31 日 24 时常住户口和未落户口的人口数。

出生率（又称粗出生率）：指一定时期内（通常为一年）平均每千人所出生的人数的比率，一般以千分率表示。计算公式：

出生率=全年出生人数/年平均人数×1000‰

出生人数指活产婴儿，即胎儿脱离母体时（不管怀孕月数），有过呼吸或其他生命现象。

年平均人数是年初、年末人口数的平均数，也可用年中人口数代替。

死亡率（又称粗死亡率）：指一定时期内（通常为一年）一定地区的死亡人数与同期平均人数（或期中人数）之比，一般以千分率表示。计算公式：

死亡率=全年死亡人数/年平均人数×1000‰

人口自然增长率=指一定时期内（通常为一年）人口自然增加数（出生人数减死亡人数）与该时期平均人数（或期中人数）之比，一般以千分率表示。计算公式：人口自然增长率=（年内出生人数一年内死亡人数）/年平均人数×1000‰。或：

人口自然增长率=人口出生率一人口死亡率

人口密度：指在一定时点一定地区的人口数与该地区的面积数之比，即一定时点的单位土地面积上的人口数，通常以每平方公里的居民人数来表示。计算公式：

人口密度=人口数/土地面积数

从业人员：指从事一定社会劳动并取得劳动报酬或经营收入的人员。包括国有经济单位、城镇集体经济单位、其他各种经济类型单位的全部职工，再就业的离退休人员，私营业主，个体户主，私营和个体从业人员，乡镇企业从业人员，农村从事农业或家庭经营副业其收入相当于当地一个从业人员最低收入水平或参加社会劳动累计在三个月以上的乡、村从业人员，其他从业人员（包括民办教师、宗教职业者，现役军人等）。单位从业人员。是指在各级国家机关、政党机关、社会团体及企业、事业单位中工作，并取得劳动报酬的全部人员。包括：在岗职工、再就业的离退休人员、民办教师以及在各单位中工作的外方人员和港澳台方人员、兼职人员、聘用的外单位下岗人员、借用的外单位人员和第二职业者。不包括离开本单位仍保留劳动关系的职工。

在岗职工：是指在本单位工作并由单位支付劳动报酬的职工。包括由单位派出学习、劳务及病伤产假且仍由单位支付劳动报酬的人员。

第三篇　农　　业

历年各县市区耕地面积

3—1 单位：千公顷

年份	全市	市本级	柯城区	衢江区	江山市	常山县	开化县	龙游县
1949	117.19	10.00		30.01	26.26	12.24	14.25	24.43
1950	125.54	10.00		30.01	26.29	14.07	14.23	30.94
1951	125.85	9.69		29.08	26.26	14.23	14.82	31.77
1952	125.46	9.79		29.39	26.28	13.91	14.76	31.33
1953	125.51	9.81		29.43	26.46	13.53	14.74	31.54
1954	125.16	9.77		29.33	26.25	13.51	14.87	31.43
1955	125.23	9.85		29.55	26.53	13.75	14.69	30.86
1956	126.80	10.31		30.91	26.28	13.81	14.63	30.86
1957	126.50	10.31		30.83	26.22	13.63	14.75	30.76
1958	122.31	9.63		28.87	24.91	13.56	14.49	30.85
1959	115.40	9.19		27.57	24.76	12.11	14.32	27.45
1960	112.24	8.77		26.32	24.65	12.07	14.36	26.07
1961	112.30	8.77		26.30	24.69	12.15	14.22	26.17
1962	114.75	8.94		26.82	25.32	12.33	14.83	26.51
1963	114.01	8.78		26.35	25.03	12.33	14.56	26.96
1964	113.07	8.87		26.61	24.64	12.29	14.63	26.03
1965	112.41	8.72		26.14	24.44	12.21	14.59	26.31
1966	108.53	8.42		25.27	23.77	12.11	14.22	24.74
1967	108.89	8.42		25.25	24.37	12.07	14.07	24.71
1968	109.33	8.51		25.53	24.33	11.95	14.14	24.87
1969	106.92	8.29		24.85	24.09	11.81	13.77	24.11
1970	107.00	8.26		24.77	24.14	11.88	13.82	24.13
1971	106.63	8.26		24.75	23.97	11.85	13.80	24.00
1972	106.28	8.17		24.53	23.92	11.85	13.82	23.99
1973	106.54	8.25		24.73	23.89	11.85	13.83	23.99
1974	106.60	8.25		24.77	23.90	11.86	13.83	23.99
1975	106.36	8.18		24.54	23.94	11.87	13.84	23.99
1976	106.38	8.19		24.55	23.97	11.87	13.81	23.99
1977	106.47	8.20		24.59	24.00	11.87	13.84	23.97
1978	106.16	8.35		24.09	24.09	11.86	13.83	23.94
1979	106.03	8.32		24.08	24.02	11.84	13.76	24.01

历年各县市区耕地面积

3—1 续表　　　　单位：千公顷

年份	全市	市本级	柯城区	衢江区	江山市	常山县	开化县	龙游县
1980	105.60	8.30		24.00	23.78	11.82	13.69	24.01
1981	105.57	8.30		24.00	23.74	11.81	13.67	24.05
1982	105.46	8.27		23.96	23.72	11.79	13.66	24.06
1983	105.30	8.22		23.96	23.71	11.79	13.63	23.99
1984	104.86	8.15		23.96	23.65	11.79	13.52	23.79
1985	102.70	1.22	6.57	23.37	23.31	11.55	13.25	23.43
1986	101.85	1.16	6.44	23.13	23.19	11.51	13.15	23.27
1987	101.58	1.16	6.37	23.08	23.21	11.51	13.10	23.15
1988	101.30	1.14	6.33	23.00	23.21	11.49	13.09	23.04
1989	101.15	1.13	6.25	22.95	23.23	11.46	13.11	23.02
1990	100.35	1.12	6.13	22.30	23.29	11.48	13.08	22.95
1991	100.44	1.13	6.09	22.30	23.46	11.49	13.10	22.87
1992	99.23	1.09	5.86	21.53	23.58	11.47	13.05	22.65
1993	98.39	1.06	5.87	21.06	23.61	11.41	12.96	22.42
1994	97.19	1.02	5.70	20.50	23.48	11.34	12.90	22.25
1995	97.36	1.10	5.64	20.49	23.43	11.30	12.89	22.51
1996	97.59	1.10	5.60	20.59	23.46	11.29	12.89	22.66
1997	97.79	1.46	5.24	20.62	23.47	11.33	12.92	22.75
1998	97.81	1.45	5.16	20.62	23.56	11.36	12.89	22.77
1999	97.57	1.43	5.23	20.43	23.38	11.34	12.89	22.87
2000	98.28	1.35	5.36	20.36	23.57	11.31	12.94	23.39
2001	98.9	1.3	5.66	20.38	23.46	11.54	12.9	23.66
2002	100.47	1.39	9.11	17.3	23.58	12.13	12.92	24.04
2003	100.66	1.38	9.06	17.37	23.84	12.23	12.92	23.85
2004	100.73	1.38	9.06	17.38	23.85	12.26	12.95	23.85
2005	101.76	1.49	9.16	17.34	24.29	12.34	13.01	24.13
2006	102.39	1.47	9.14	17.43	24.29	12.34	13.01	24.13
2007	103.87	1.46	9.44	17.96	24.55	12.47	13.36	24.63

注：柯城区1949—1984年耕地面积统计在市本级内。耕地面积统计到2007年为止。

历年全市农林牧渔业总产值

3—2 （当年价） 单位：万元

指标	合计	农业	林业	牧业	渔业
1949	7426	5441	555	1338	92
1950	8452	6300	638	1413	101
1951	9545	7364	703	1382	96
1952	10879	8181	897	1700	101
1953	9942	7294	929	1623	96
1954	10625	7800	1094	1631	100
1955	10368	7786	1114	1362	106
1956	10559	7832	1102	1522	103
1957	10768	7720	1365	1545	138
1958	11775	8166	1772	1673	164
1959	13502	9755	2037	1553	157
1960	11331	8243	1684	1163	241
1961	12396	9223	1456	1531	186
1962	13814	9913	1834	1815	252
1963	17065	11978	2198	2711	178
1964	17407	11533	2383	3360	131
1965	18961	12396	2434	3968	163
1966	22049	14697	2294	4858	200
1967	20108	12547	2377	5031	153
1968	22477	15447	2300	4570	160
1969	23878	16523	2235	4953	167
1970	26559	18073	2388	5888	210
1971	29620	19333	2281	7855	151
1972	32595	21689	3101	7622	183
1973	32893	22154	2431	8156	152
1974	34371	23211	2698	8342	120
1975	35113	23621	2550	8776	166
1976	35591	24890	2128	8436	137
1977	39177	27994	2307	8716	160
1978	45579	31756	3213	10455	155
1979	59161	40553	4402	13993	213

历年全市农林牧渔业总产值

3—2 续表 （当年价） 单位：万元

指标	合计	农业	林业	牧业	渔业
1980	59150	39644	4126	15121	259
1981	63094	43151	5278	14413	252
1982	74535	53987	4754	15481	313
1983	73672	52287	4565	16471	349
1984	87807	62506	6431	18344	526
1985	100860	67563	7609	24797	891
1986	105072	69351	6573	28141	1007
1987	122529	82559	8199	30549	1222
1988	142224	87279	11308	41852	1785
1989	162625	99354	12947	47839	2485
1990	189617	122548	12913	51531	2625
1991	200839	129660	15472	52106	3601
1992	193002	113813	16624	58490	4075
1993	246463	156443	21792	63271	4957
1994	375235	238207	29125	101158	6745
1995	459619	299693	36470	115117	8339
1996	511347	341657	35856	123938	9896
1997	511018	331428	38201	130830	10559
1998	517031	319062	35459	151212	11298
1999	512666	325421	38943	135350	12952
2000	502553	296454	38988	152145	14966
2001	538205	313093	45214	163552	16346
2002	541151	297665	48758	175887	18841
2003	594850	323597	48029	199525	23699
2004	673262	368728	49227	225033	26951
2005	735447	400835	56391	242874	29707
2006	780322	448315	62844	230896	32323
2007	857952	441264	70602	314776	25005
2008	963383	449296	77833	399445	29978
2009	1011307	484185	72367	414161	33789
2010	1092264	515743	82795	446400	38174
2011	1298813	578492	98222	566944	45449

历年各县市区农林牧渔业总产值

3—3 （当年价） 单位：万元

年份	全市	市本级	柯城区	衢江区	江山市	常山县	开化县	龙游县
1949	7426	534		1645	2093	893	928	1333
1950	8452	615		1900	2396	1069	977	1495
1951	9545	694		2145	2487	1230	1073	1916
1952	10879	795		2456	2881	1467	1255	2025
1953	9942	710		2195	2748	1285	1284	1720
1954	10625	756		2332	2775	1437	1249	2076
1955	10368	741		2288	2742	1324	1179	2094
1956	10559	724		2238	2912	1506	1266	1913
1957	10768	764		2357	2776	1327	1407	2137
1958	11775	766		2366	3088	1377	1601	2577
1959	13502	789		2439	3412	1430	1932	3500
1960	11331	754		2271	3520	1255	1729	1802
1961	12396	821		2467	4009	1376	2099	1624
1962	13814	971		2897	4075	1602	2536	1733
1963	17065	1129		3437	4887	2395	3065	2152
1964	17407	1175		3640	4756	2388	3076	2372
1965	18961	1178		3601	5352	2439	2978	3413
1966	22049	1520		4660	7367	2562	2951	2989
1967	20108	1341		4212	6697	2280	2891	2687
1968	22477	1509		4685	7704	2484	3182	2913
1969	23878	1605		4968	8358	2288	3507	3152
1970	26559	1765		5449	8979	2360	4705	3301
1971	29620	2233		6854	7950	3286	4361	4936
1972	32595	2349		7378	8976	3776	4709	5407
1973	32893	2339		7353	9142	3922	4538	5599
1974	34371	2502		7888	9069	4028	4907	5977
1975	35113	2828		8867	9127	3723	4716	5852
1976	35591	3203		9931	8436	3423	4911	5687
1977	39177	3585		11163	9313	3997	5194	5925
1978	45579	3908		12252	10649	5825	5883	7062
1979	59161	4924		15501	14911	7119	8124	8582

注：柯城区 1949—1985 年农业总产值统计在市本级内。

历年各县市区农林牧渔业总产值

3—3 续表 （当年价） 单位：万元

年份	全市	市本级	柯城区	衢江区	江山市	常山县	开化县	龙游县
1980	59150	4840		15308	15518	6091	7546	9847
1981	63094	4804		15535	16020	6502	9116	11117
1982	74535	5911		18527	16319	8208	10759	14811
1983	73672	5285		16576	17343	8677	10568	15223
1984	87807	6928		19871	19656	10184	16479	14689
1985	100860	1080	6576	25723	21508	11558	18065	16350
1986	105072	1057	6822	25538	24593	11121	18729	17212
1987	122529	1205	8590	29158	29012	14087	21755	18722
1988	142224	1166	9181	33162	38100	15518	24237	20860
1989	162625	1228	11946	36299	41401	20901	27145	23705
1990	189617	1563	13128	47537	45708	23239	30006	28436
1991	200839	1694	13258	50836	48152	25599	30854	30446
1992	193002	1803	10439	41154	50846	26199	31237	31324
1993	246463	2027	15077	57968	55884	33128	39038	43341
1994	375235	3377	22771	91349	81676	49704	62467	63891
1995	459619	3320	30792	105050	110001	62685	70148	77623
1996	511347	3174	33542	124259	119252	68756	73960	88404
1997	511018	5475	29020	127681	124509	69025	73434	81874
1998	517031	5301	27008	130602	131532	64278	73396	84914
1999	512666	5456	26495	124037	133510	59031	74171	88966
2000	502553	4882	24986	117036	134845	51699	77238	91867
2001	538205	4755	28605	137181	135737	55191	80727	96009
2002	541151	4335	60713	125549	143187	46570	74595	86202
2003	594850	3543	70100	140696	150845	51486	78642	99538
2004	673262	3893	81255	159690	170402	60931	86903	110188
2005	735447	6986	84217	171062	189186	67496	96454	120046
2006	780322	6912	89533	180091	198496	75262	102993	127035
2007	857952	6534	97763	205126	219886	80214	107981	140448
2008	963383	7658	91952	238300	248607	84783	126290	165793
2009	1011307	6013	97194	248625	266037	88417	131561	173460
2010	1092264	5852	105019	269264	287307	94606	142880	187336
2011	1298813	5306	124460	328886	342518	110357	163065	224221

历年各县市区农林牧渔业总产值

3—4　　(可比价)　　单位：万元

年　　份	全　市	市本级	柯城区	衢江区	江山市	常山县	开化县	龙游县
1949	12056	963		2969	1983	1572	1669	2900
1950	13617	1100		3397	2250	1892	1717	3261
1951	15698	1250		3865	2353	2216	1847	4167
1952	17445	1399		4320	2661	2556	2126	4383
1953	16015	1269		3923	2580	2282	2222	3739
1954	17445	1365		4214	2633	2544	2185	4504
1955	17105	1348		4164	2620	2395	2024	4554
1956	17189	1313		4058	2772	2717	2169	4160
1957	18719	1483		4577	2831	2572	2631	4625
1958	19392	1419		4381	3004	2491	2763	5334
1959	21667	1433		4430	3255	2555	3406	6588
1960	17593	1327		3996	3254	2316	2969	3731
1961	16859	1261		3788	3233	2094	3122	3361
1962	18070	1392		4153	3068	2305	3567	3585
1963	22596	1656		5042	3765	3290	4432	4411
1964	23963	1771		5486	3765	3470	4609	4862
1965	26677	1794		5484	4281	3623	4498	6997
1966	29653	2315		7097	5893	3803	4457	6088
1967	26836	2043		6415	5357	3172	4377	5472
1968	29892	2298		7137	6163	3610	4752	5932
1969	31950	2445		7565	6686	3607	5228	6419
1970	34067	2688		8299	7183	3738	5437	6722
1971	36886	2888		8862	7719	4387	6066	6964
1972	40567	3037		9541	8715	5079	6567	7628
1973	40429	3025		9509	8877	5293	6171	7554
1974	42417	3235		10200	8806	5402	6709	8065
1975	41069	3157		9898	8862	4981	6417	7754
1976	39622	3070		9516	8245	4566	6704	7521

历年各县市区农林牧渔业总产值

3—4 续表　　　　　　　　　　　　(可比价)　　　　　　　　　　　　单位：万元

年　份	全　市	市本级	柯城区	衢江区	江山市	常山县	开化县	龙游县
1977	42549	3198		9962	9099	5372	7082	7836
1978	47863	3488		10937	10216	5959	7915	9348
1979	57418	4420		13914	11807	7203	8998	11076
1980	56100	4346		13746	12157	6256	8276	11319
1981	57916	4285		13859	12825	6847	8983	11117
1982	67210	5027		15757	15517	8132	10230	12547
1983	64602	4509		14145	16096	8240	9808	11804
1984	71650	5472		15695	17345	8970	10819	13349
1985	75532	708	4739	17156	18208	9263	11291	14167
1986	77020	699	4704	17491	19095	8698	11731	14602
1987	80698	741	4710	18297	20096	9378	12709	14767
1988	77369	698	4308	16341	20478	8666	12588	14290
1989	84328	716	4777	18596	22101	9792	13288	15058
1990(80价)	89935	708	5239	20726	22708	11030	13740	15784
1990(90价)	213708	1698	13384	51487	49929	25662	35450	36098
1991	227224	1804	13846	54021	51911	31023	36656	37963
1992	203137	1395	10451	38007	51878	29559	34212	37635
1993	236872	1563	15212	55560	52084	33025	36514	42914
1994	263724	1743	17566	63276	54498	36003	41143	49495
1995	286576	1899	19070	68135	58655	39514	44603	54700
1996	307600	1573	20243	75309	63231	43100	46019	58125
1997	318676	2844	19879	78455	65548	44470	47464	60016
1998	314549	2887	17410	78284	69479	41081	45106	60302
1999	337015	3376	19359	83032	73056	44575	49015	64602
2000	324795	2626	16549	69238	77598	37307	57188	64289
2001	371586	2874	20230	93035	82181	44154	59817	69295
2002	365398	2374	48556	75660	93713	34683	53170	57242
2003	401694	1912	53664	80084	103466	40395	58415	63758

注：历年各县市区农林牧渔业总产值(可比价)统计到2003年止。

历年各县市区农林牧渔业总产值指数

3—5 单位：%

年份	全市	市本级	柯城区	衢江区	江山市	常山县	开化县	龙游县
1949								
1950	113.0	114.2		114.4	113.5	120.4	102.9	112.5
1951	115.3	113.6		113.8	104.6	117.1	107.6	127.8
1952	111.1	111.9		111.8	113.1	115.3	115.1	105.2
1953	91.8	90.7		90.8	97.0	89.3	104.5	85.3
1954	108.9	107.6		107.4	102.1	111.5	98.3	120.5
1955	98.1	98.8		98.8	99.5	94.1	92.6	101.1
1956	100.5	97.4		97.5	105.8	113.4	107.2	91.4
1957	108.9	113.0		112.8	102.1	94.7	121.3	111.2
1958	103.6	95.7		95.7	106.1	96.9	105.0	115.3
1959	111.7	101.0		101.1	108.4	102.6	123.3	123.5
1960	81.2	92.6		90.2	100.0	90.7	87.2	56.6
1961	95.8	95.0		94.8	99.4	90.4	105.2	90.1
1962	107.2	110.4		109.6	94.9	110.1	114.3	106.7
1963	125.1	119.0		121.4	122.7	142.7	124.3	123.0
1964	106.1	106.9		108.8	100.0	105.5	104.0	110.2
1965	111.3	101.3		100.0	113.7	104.4	97.6	143.9
1966	111.2	129.0		129.4	137.7	105.0	99.1	87.0
1967	90.5	88.3		90.4	90.9	83.4	98.2	89.9
1968	111.4	112.5		111.3	115.1	113.8	108.6	108.4
1969	106.9	106.4		106.0	108.5	99.9	110.0	108.2
1970	106.6	109.9		109.7	107.4	103.6	104.0	104.7
1971	108.3	107.4		106.8	107.5	117.4	111.6	103.6
1972	110.0	105.2		107.7	112.9	115.8	108.3	109.5
1973	99.7	99.6		99.7	101.9	104.2	94.0	99.0
1974	104.9	106.9		107.3	99.2	102.1	108.7	106.8
1975	96.8	97.6		97.0	100.6	92.2	95.7	96.1
1976	96.5	97.2		96.1	93.0	91.7	104.5	97.0
1977	107.4	104.2		104.7	110.4	117.7	105.6	104.2
1978	112.5	109.1		109.8	112.3	110.9	111.8	119.3
1979	120.0	126.7		127.2	115.6	120.9	113.7	118.5

历年各县市区农林牧渔业总产值指数

3—5 续表　　　　单位：%

年份	全市	市本级	柯城区	衢江区	江山市	常山县	开化县	龙游县
1980	97.7	98.3		98.8	103.0	86.9	92.0	102.2
1981	103.2	98.6		100.8	105.5	109.5	108.5	98.2
1982	116.1	117.3		113.7	121.0	118.8	113.9	112.9
1983	96.1	89.7		89.8	103.7	101.3	95.9	94.1
1984	110.9	121.4		111.0	107.8	108.9	110.3	113.1
1985	105.4	12.9		109.3	105.0	103.3	104.4	106.1
1986	102.0	98.7	99.3	102.0	104.9	93.9	103.9	103.1
1987	104.8	106.0	100.1	104.6	105.2	107.8	108.3	101.1
1988	95.9	94.2	91.5	89.3	101.9	92.4	99.1	96.8
1989	109.0	102.6	110.9	113.8	107.9	113.0	105.6	105.4
1990	106.7	98.9	109.7	111.5	102.8	112.6	103.4	104.8
1991	106.3	106.2	103.5	104.9	104.0	120.9	103.4	105.2
1992	89.4	77.3	75.5	70.4	99.9	95.3	93.3	99.1
1993	116.6	112.0	145.6	146.2	100.4	111.7	106.7	114.0
1994	111.3	111.5	115.5	113.9	104.6	109.0	112.7	115.3
1995	108.7	109.0	108.6	107.7	107.6	109.8	108.4	110.5
1996	107.3	82.8	106.2	110.5	107.8	109.1	103.2	106.3
1997	103.6	180.8	98.2	104.2	103.7	103.2	103.1	103.3
1998	98.7	101.5	87.6	99.8	106.0	92.4	95.0	100.5
1999	107.1	116.9	111.2	106.1	105.2	108.5	108.7	107.1
2000	96.4	77.8	85.5	83.4	106.2	83.7	116.7	99.5
2001	114.4	109.4	122.2	134.4	105.9	118.4	104.6	107.8
2002	113.3	82.6	126.0	120.5	114.0	104.6	107.6	108.6
2003	109.9	80.5	110.5	105.9	110.4	116.5	109.9	111.4
2004	113.2	109.9	115.9	113.5	113.0	118.3	110.5	110.7
2005	109.2	179.5	103.7	107.1	111.0	110.8	111.0	109.0
2006	106.1	98.9	106.3	105.3	104.9	111.5	106.8	105.8
2007	110.0	94.5	109.2	113.9	110.8	106.6	104.8	110.6
2008	112.3	117.2	94.1	116.2	113.1	105.7	117.0	118.1
2009	105.0	78.5	105.7	104.3	107.0	104.3	104.2	104.6
2010	103.8	106.9	106.5	104.7	102.3	104.1	102.3	104.4
2011	114.2	114.1	114.6	116.1	114.3	111.8	110.6	115.1

历年全市农业主要农产品产量

3—6　　单位：吨

年份	粮食	油菜籽	棉花	柑桔	茶叶	蚕茧产量
1949	255428	2449	99	5348	290	3
1950	300784	3770	115	6306	250	6
1951	352202	5929	108	6119	330	6
1952	376204	7079	101	11066	404	3
1953	350222	6302	96	8769	421	5
1954	371115	4276	97	11764	467	8
1955	396971	2664	25	5361	568	6
1956	368901	2409	12	10663	695	2
1957	386734	2240	16	6537	691	14
1958	372250	2471	2	11265	951	64
1959	384660	1081	948	7766	1199	86
1960	333290	967	1050	8656	939	103
1961	329756	276	472	2365	411	61
1962	365616	1679	423	4658	356	44
1963	469419	2297	975	3385	432	49
1964	445750	4555	1854	4668	550	70
1965	514937	3040	1871	6826	569	91
1966	543744	2578	1485	4126	620	121
1967	441505	3407	1124	1340	711	140
1968	529300	3611	1621	920	833	223
1969	579935	4644	1157	2119	994	329
1970	595466	5063	1215	1484	1155	359
1971	626586	5311	869	1322	1452	450
1972	712409	5540	1159	3115	1704	546
1973	682454	4814	1068	2715	1937	581
1974	694854	5945	1228	5033	2401	644
1975	666494	6847	1439	3714	2417	716
1976	675125	4927	1168	3471	2963	682
1977	731660	5886	1145	2586	3311	650
1978	822556	12754	1230	3772	3751	646
1979	938379	16102	1617	10921	4218	769

历年全市农业主要农产品产量

3—6 续表　　　　单位：吨

年　份	粮　食	油菜籽	棉　花	柑　桔	茶　叶	蚕茧产量
1980	845160	17517	3828	5251	4918	965
1981	885562	21161	3967	12967	5614	1062
1982	1106629	25009	4293	15855	6351	1186
1983	1040482	20215	3266	23712	5816	1164
1984	1155719	22925	4587	23918	5724	1478
1985	1090056	26101	4451	47567	5691	2197
1986	1014438	30765	3393	57949	5978	2747
1987	1035872	17492	3594	104575	6910	3216
1988	948424	23232	2392	60918	7844	3441
1989	1013992	17045	1721	184944	7353	3519
1990	1070768	28349	2115	250010	7387	3450
1991	1093784	28510	2473	326091	7145	3549
1992	987747	31007	3139	77254	7183	3870
1993	897296	25597	2940	349339	6763	3523
1994	952015	28638	3641	436025	5623	3836
1995	951657	34213	3892	500755	5409	3407
1996	1034935	37584	4547	565666	5433	1206
1997	1018291	39313	4598	593932	5783	1018
1998	944385	33231	4448	490104	6253	1084
1999	985314	37383	2755	620570	6356	918
2000	892406	41929	2417	178788	5717	942
2001	803563	39425	2209	433749	6312	1117
2002	744790	32479	1638	562481	6451	1163
2003	655158	31550	1395	635928	6669	1032
2004	779100	32955	1734	776264	6854	1081
2005	814219	36074	1695	455234	7334	1080
2006	833308	36243	1971	624917	7423	1290
2007	728733	33950	1919	763045	8041	1258
2008	725451	46542	2434	911660	7493	1754
2009	761040	55632	2613	724738	7250	1830
2010	761480	44291	3494	618691	6090	1166
2011	793552	53206	3533	620335	6504	1068

历年各县市区粮食总产量

3—7 单位：吨

年　份	全　市	市本级	柯城区	衢江区	江山市	常山县	开化县	龙游县
1949	255428	22068		64167	58395	26915	29425	54458
1950	300784	25701		74729	68580	34670	34040	63064
1951	352202	26296		76459	79045	43570	41755	85077
1952	376204	28556		83029	84670	44475	47075	88399
1953	350222	27659		80421	80130	40055	47155	74802
1954	371115	27976		81344	82860	43855	45435	89645
1955	396971	28681		83394	98890	45620	48450	91936
1956	368901	25603		74442	91585	49060	51355	76856
1957	386734	28150		81850	89400	47020	52680	87634
1958	372250	28111		81734	85930	37015	55280	84180
1959	384660	28295		82270	86080	46935	57765	83315
1960	333290	23029		66961	82285	41735	44355	74925
1961	329756	24190		70335	79740	40880	56405	58206
1962	365616	26872		78133	88180	45115	56785	70531
1963	469419	36809		107026	106970	55590	66645	96379
1964	445750	37523		109102	92930	49830	61145	95220
1965	514937	43131		125409	114510	58780	62080	111027
1966	543744	46647		135633	119560	60395	59415	122094
1967	441505	36187		105218	91015	47390	52785	108910
1968	529300	44215		128560	113875	56510	68015	118125
1969	579935	48613		141347	121080	63430	72475	132990
1970	595466	50286		146214	129745	63405	72215	133601
1971	626586	51790		150585	133965	70995	85875	133376
1972	712409	58459		169976	157030	75100	93995	157849
1973	682454	55959		162706	148890	69110	89630	156159
1974	694854	58021		168704	147210	72910	88590	159419
1975	666494	55580		161605	147245	67475	86560	148029
1976	675125	56217		163458	141700	69375	93230	151145
1977	731660	61630		179195	158720	74160	96250	161705
1978	822556	70950		206295	175075	82520	102760	184956
1979	938379	77798		231202	209045	94340	119440	206554

历年各县市区粮食总产量

3—7 续表　　　　单位：吨

年份	全市	市本级	柯城区	衢江区	江山市	常山县	开化县	龙游县
1980	845160	66032		207358	194085	85475	97400	194810
1981	885562	68365		214195	203805	94740	104990	199467
1982	1106629	83790		273420	253850	119685	125520	250364
1983	1040482	72670		238500	264510	119175	122250	223377
1984	1155719	85245		273605	275110	134590	136080	251089
1985	1090056	7274	68408	253316	264595	129795	132200	234468
1986	1014438	8123	60078	234153	250672	114395	129485	217532
1987	1035872	7861	61071	246318	258055	117824	132278	212465
1988	948424	3269	56649	217225	250624	99321	121659	199677
1989	1013992	7708	56649	228373	261767	110489	128951	220055
1990	1070768	8694	59640	241662	267784	120311	136287	236390
1991	1093784	8299	59528	248036	267965	122147	138548	249261
1992	987747	7362	51942	209610	260276	121331	133107	204119
1993	897296	5852	43482	185783	231604	116821	126789	186965
1994	952015	7125	45017	190993	246786	122725	128077	211292
1995	951657	7129	43528	202763	244768	119958	120044	213467
1996	1034935	6372	47204	226412	259678	127524	134068	233677
1997	1018291	10906	37893	223526	261036	126549	132644	225737
1998	944385	9989	30823	200531	245818	118189	117826	221209
1999	985314	10511	34582	210803	257435	121571	126151	224261
2000	892406	8247	28488	182795	246348	112106	114162	200260
2001	803563	6087	24092	171863	230300	93622	104395	173204
2002	744790	5111	29222	159498	213185	74565	96774	166435
2003	655158	3448	23719	150299	181123	55982	93326	147261
2004	779100	4970	22320	178252	219460	70400	93966	189732
2005	814219	4596	19674	182651	234941	75047	108412	188898
2006	833308	3903	20944	180739	243546	81345	107751	195080
2007	722216	4125	17968	154676	207827	71846	95886	169888
2008	725451	4956	18157	161316	207512	72272	95563	165675
2009	761040	5011	22664	167287	219317	76759	93491	176511
2010	761480	4701	22779	168660	220992	78275	98273	167800
2011	793552	4963	24168	179176	227541	79343	101337	177024

历年各县市区柑桔总产量

3—8　　单位：吨

年份	全市	市本级	柯城区	衢江区	江山市	常山县	开化县	龙游县
1949	5348	491		1849	5	3000		3
1950	6306	525		1975	6	3800		
1951	6119	444		1668	7	4000		
1952	11066	1313		4940	5	4805		3
1953	8769	809		3045	6	4905		4
1954	11764	1313		4941	6	5500		4
1955	5361	648		2440	6	2263		4
1956	10663	1187		4465	6	5000		5
1957	6537	793		2985	6	2750		3
1958	11265	1155		4345	9	5750	1	5
1959	7766	788		2962	11	4000	4	1
1960	8656	869		3267	15	4500	5	
1961	2365	282		1059	28	993	3	
1962	4658	610		2297	29	1719	3	
1963	3385	426		1602	63	1291	1	2
1964	4668	574		2161	70	1860	2	1
1965	6826	749		2819	88	3167	1	2
1966	4126	470		1769	6	1880	1	
1967	1340	194		731	5	409	1	
1968	920	136		512	4	267	1	
1969	2119	251		944	4	919	1	
1970	1484	223		838	5	417	1	
1971	1322	238		895	3	185	1	
1972	3115	573		2153	7	377	1	4
1973	2715	419		1578	32	657	4	25
1974	5033	842		3169	18	950	6	48
1975	3714	631		2374	43	582	11	73
1976	3471	605		2275	44	475	16	56
1977	2586	441		1657	18	415	37	18
1978	3772	481		2943	24	281	28	15
1979	10921	1874		7529	286	914	194	124

注：柯城区 1949—1984 年柑桔产量统计在市本级内。

历年各县市区柑桔总产量

3—8 续表　　　　单位：吨

年　　份	全　市	市本级	柯城区	衢江区	江山市	常山县	开化县	龙游县
1980	5251	618		3832	152	494	81	74
1981	12967	1623		8954	258	1488	256	388
1982	15855	3154		9665	550	1493	583	410
1983	23712	4715		13228	1145	2690	962	972
1984	23918	4363		13405	1386	2665	1423	676
1985	47567	1452	5238	30184	1871	5829	1480	1513
1986	57949	2040	7526	31603	2850	8706	2537	2687
1987	104575	2815	13539	59370	5240	13649	5113	4849
1988	60918	703	10205	37275	2013	6391	2213	2118
1989	184944	3634	25081	106544	9941	22652	7464	9628
1990	250010	2370	39523	137796	12171	35026	8696	14428
1991	326091	3689	46871	168794	17294	49048	13191	27204
1992	77254	630	16277	34801	1428	12721	70	11327
1993	349339	2252	59693	192923	8057	50500	2538	33376
1994	436025	2252	78479	219289	15313	72201	5962	42529
1995	500755	3382	81086	235444	21873	94335	9440	55195
1996	565666	1984	83291	273094	27584	109968	9770	59975
1997	593932	6445	84165	254623	31086	131560	19599	66454
1998	490104	4607	57829	229945	24341	104491	10308	58583
1999	620570	7003	66959	294346	35198	132116	19870	65078
2000	178788	1032	14861	91273	18469	27999	2332	22822
2001	433749	3398	44942	223915	22772	93544	13322	31856
2002	562481	3520	224675	139796	28270	110961	15437	39822
2003	635928	3645	247639	155226	23618	145297	14008	46495
2004	776264	4266	306168	174766	31755	185932	20001	53376
2005	455234	3660	165103	104502	25291	106195	5483	45000
2006	624917	4355	228389	180866	27151	132244	5787	46125
2007	763045	5359	283217	215434	26978	151984	11294	68779
2008	911660	8992	359002	248784	28712	172511	9798	83861
2009	724738	6785	260288	206521	27060	138885	10419	74780
2010	618691	5413	258776	161631	26905	85427	4687	75852
2011	620335	4419	238566	158930	26672	102172	5156	84420

历年全市畜牧业生产与农村能源等情况

3—9

年　　份	猪年末存栏数（万头）	猪牛羊肉产量（吨）	水产品产量（吨）	农业机械总动力（万千瓦）	化肥施用量（吨.折纯）	农村用电量（万千瓦时）
1949	16.56	4980	1189			
1950	15.91	4878	1415			
1951	16.59	5116	1606			
1952	22.58	5883	1750		26	
1953	26.70	8734	1559		106	
1954	22.27	9412	1897		211	
1955	14.71	5597	1529		328	
1956	19.07	5526	1429		365	
1957	36.67	6487	1811		439	
1958	26.85	10706	2649	0.12	855	
1959	24.59	6306	2173	0.21	1214	
1960	25.09	5745	2844	0.31	1712	
1961	16.16	3649	1826	0.55	1169	
1962	27.89	5409	2007	0.97	1841	
1963	42.08	10391	1015	1.36	8373	248
1964	51.97	16421	834	1.82	9880	577
1965	54.54	18863	921	2.17	11676	649
1966	58.40	19045	1033	2.70	9929	896
1967	51.23	25264	1989	3.10	8482	1272
1968	47.12	19709	1736	3.55	5630	1427
1969	52.20	20720	934	3.89	10441	1463
1970	67.41	22131	635	4.67	12440	1840
1971	87.88	29425	846	5.37	13558	2812
1972	83.76	33849	1131	6.21	20146	2413
1973	89.09	32280	1421	7.54	20699	2635
1974	88.00	34449	1091	9.31	14628	3218
1975	84.11	32639	1034	10.84	13716	3096
1976	75.03	29474	1197	13.02	13781	3225
1977	80.81	27017	1309	15.27	22943	4054
1978	95.44	33460	1452	18.57	29641	5537
1979	107.34	43813	1923	22.97	31602	6958

历年全市畜牧业生产与农村能源等情况

3—9 续表

年　　份	猪年末存栏数（万头）	猪牛羊肉产量（吨）	水产品产量（吨）	农业机械总动力（万千瓦）	化肥施用量（吨.折纯）	农村用电量（万千瓦时）
1980	101.51	48265	1881	25.89	41093	6950
1981	98.24	45297	1908	28.31	41281	8578
1982	103.42	44986	2262	29.09	49011	10657
1983	104.26	50542	2456	29.74	43987	10455
1984	102.40	52500	3371	31.80	40441	11394
1985	108.19	67202	4489	33.96	41772	13405
1986	115.27	64721	5098	36.62	41724	16004
1987	110.39	63271	5889	38.60	51257	16351
1988	103.16	64783	6321	42.93	61320	20604
1989	101.82	63183	7896	43.60	68512	23055
1990	100.93	65028	8201	44.92	69556	27833
1991	99.71	65062	8502	46.34	72198	29836
1992	103.90	72631	9316	45.03	73923	29495
1993	100.39	71698	10499	44.60	64297	30036
1994	102.27	77666	11903	47.93	66252	37913
1995	103.92	81040	13200	51.13	70079	44047
1996	104.48	79092	14585	52.66	70789	43889
1997	126.44	86784	15953	53.01	72789	41812
1998	121.02	99006	16849	53.97	71375	40731
1999	113.75	91494	18339	57.03	72458	42478
2000	123.29	103037	19912	57.51	67332	43624
2001	140.51	131893	22395	58.94	67399	45370
2002	143.55	148411	25310	63.37	77611	47713
2003	145.07	150987	28617	67.16	80186	58662
2004	159.47	156137	30905	76.03	86918	62419
2005	171.17	172413	32372	82.35	87739	66014
2006	160.66	164005	35410	137.05	86898	71077
2007	185.79	196014	32723	139.09	83859	76500
2008	220.94	200797	41764	152.14	87521	81315
2009	241.31	223271	44747	155.89	81614	86144
2010	251.49	244461	48195	158.66	74551	89631
2011	274.93	269355	50910	162.04	76157	92098

全市农村基本情况

3—10 (2011年)

指 标	单 位	2011年	2010年	2011年为2010年%
一、农村基层组织				
1、乡镇个数	个	91	92	98.9
乡政府	个	45	45	100.0
镇政府	个	46	47	97.9
2、村民委员会个数	个	1741	2168	80.3
3、村民小组个数	万个	1.79	1.79	100.0
二、农村户数、人口				
1、农村常住住户数	万户	61.7	61.41	100.5
2、农村常住人口数	万人	196.05	195.51	100.3
三、农村社会基础设施				
1、自来水受益村数	个	1214	1500	80.9
2、通汽车村数	个	1737	2154	80.6
3、通电话村数	个	1741	2168	80.3
4、通电村数	个	1741	2168	80.3
四、农村劳动力资源总数	万人	130.21	129.92	100.2
五、农村从业人员数	万人	123.11	122.91	100.2
其中： 男劳动力	万人	65.17	65.85	99.0
按经济部门分				
农林牧渔业	万人	54.24	54.85	98.9
工业	万人	23.01	21.19	108.6
建筑业	万人	12.11	11.63	104.1
其他行业	万人	33.75	35.24	95.8
六、本年外出劳动力	万人	56.79	56.36	100.8
其中：外出市外	万人	25.76	26.72	96.4

全市农林牧渔业总产值分行业

3—11 (2011年)(现行价)

指　　　　标	单　位	2011年	2010年	2011年为2010年%
农林牧渔业总产值	**万元**	**1298813**	**1092264**	**118.9**
一、农　业	万元	578492	515743	112.2
粮　食	万元	160408	139007	115.4
油　料	万元	21719	17376	125.0
棉　花	万元	3704	4025	92.0
麻　类	万元	6	7	85.7
甘　蔗	万元	2391	2243	106.6
蔬　菜	万元	131906	115525	114.2
食用菌	万元	96805	86757	111.6
花卉园艺	万元	32592	29907	109.0
茶　叶	万元	29351	26711	109.9
桑　叶	万元	313	941	33.3
水　果	万元	87063	81406	106.9
其中：柑　桔	万元	61185	59409	103.0
其　他	万元	25878	21997	117.6
坚　果	万元	8266	7534	109.7
其它农作物	万元	2083	2743	75.9
二、林　业	万元	98222	82795	118.6
采集野生植物	万元	15678	13779	113.8
三、牧　业	万元	566944	446400	127.0
1. 牲畜	万元	475048	373287	127.3
2. 家禽饲养	万元	46406	38446	120.7
3. 活的畜禽产品	万元	14591	13525	107.9
4. 捕猎野兽野禽	万元	1440	1224	117.6
5. 其他动物饲养	万元	29459	19918	147.9
四、渔　业	万元	45449	38174	119.1
五、农林牧渔服务业	万元	9706	9152	106.1

全市农作物播种面积

3—12 (2011年)

指标	单位	2011年	2010年	2011年为2010年%
农作物播种面积总计	**公顷**	**226965**	**223620**	**101.5**
一、粮食	公顷	133457	132032	101.1
(一)稻谷	公顷	95635	96235	99.4
1. 早稻	公顷	34591	36574	94.6
2. 单季晚稻	公顷	34316	31442	109.1
3. 连作晚稻	公顷	26728	28219	94.7
(二)小麦	公顷	1757	1632	107.7
(三)大麦	公顷	224	219	102.3
(四)玉米	公顷	7311	6615	110.5
(五)其他谷物	公顷	612	616	99.4
(六)豆类	公顷	15378	14748	104.3
大豆	公顷	11892	11493	103.5
蚕(豌)豆	公顷	1815	1669	108.7
(七)薯类	公顷	12540	11967	104.8
二、油料	公顷	37925	38073	99.6
油菜籽	公顷	35354	35551	99.4
三、棉花	公顷	2036	1646	123.7
四、麻类	公顷	11	4	275.0
五、甘蔗	公顷	510	512	99.6
六、烟叶	公顷			
七、药材	公顷	626	510	122.7
八、蔬菜(含菜用瓜)	公顷	34916	33623	103.8
九、果用瓜	公顷	5469	5276	103.7
西瓜	公顷	4273	4104	104.1
十、花卉苗木	公顷	3738	3452	108.3
十一、其他作物	公顷	8277	8492	97.5
绿肥	公顷	4409	4568	96.5

全市农作物总产量

3—13 (2011年)

指　　标	单　位	2011年	2010年	2011年为2010年%
农作物总产量				
一、粮　食	吨	793552	761532	104.2
(一) 稻　谷	吨	644728	623401	103.4
1. 早　稻	吨	201600	202430	99.6
2. 单季晚稻	吨	261419	234070	111.7
3. 连作晚稻	吨	181709	186901	97.2
(二) 小　麦	吨	4321	3679	117.5
(三) 大　麦	吨	691	573	120.6
(四) 玉　米	吨	34319	30964	110.8
(五) 其他谷物	吨	2335	2215	105.4
(六) 豆　类	吨	35879	33973	105.6
大　豆	吨	29330	27923	105.0
蚕(豌)豆	吨	3314	2891	114.6
(七) 薯　类	吨	71279	66727	106.8
二、油　料	吨	58361	49358	118.2
油菜籽	吨	53206	44291	120.1
三、棉　花	吨	3533	3494	101.1
四、麻　类	吨	23	9	255.6
五、甘　蔗	吨	23718	24441	97.0
六、烟　叶	吨			
七、药　材	吨	2763	1800	153.5
八、蔬菜(含菜用瓜)	吨	876204	833198	105.2
九、果用瓜	吨	148668	149469	99.5
西　瓜	吨	126531	127702	99.1
十、花卉苗木	吨			
十一、其他作物	吨			
绿　肥	吨			

全 市 农 作 物 单 产

3—14　　(2011年)

指　　标	单　位	2011年	2010年	2011年为2010年%
农作物单产				
一、粮　食	公斤/公顷	5946	5768	103.1
(一) 稻　谷	公斤/公顷	6742	6478	104.1
1. 早　稻	公斤/公顷	5828	5535	105.3
2. 单季晚稻	公斤/公顷	7618	7445	102.3
3. 连作晚稻	公斤/公顷	6798	6623	102.6
(二) 小　麦	公斤/公顷	2459	2254	109.1
(三) 大　麦	公斤/公顷	3085	2616	117.9
(四) 玉　米	公斤/公顷	4694	4681	100.3
(五) 其他谷物	公斤/公顷	3815	3596	106.1
(六) 豆　类	公斤/公顷	2333	2304	101.3
大　豆	公斤/公顷	2466	2430	101.5
蚕(豌)豆	公斤/公顷	1826	1732	105.4
(七) 薯　类	公斤/公顷	5684	5576	101.9
二、油　料	公斤/公顷	1539	1296	118.8
油菜籽	公斤/公顷	1505	1246	120.8
三、棉　花	公斤/公顷	1735	2123	81.7
四、麻　类	公斤/公顷	2091	2250	92.9
五、甘　蔗	公斤/公顷	46506	47736	97.4
六、烟　叶	公斤/公顷			
七、药　材	公斤/公顷	4414	3529	125.1
八、蔬菜(含菜用瓜)	公斤/公顷	25095	24781	101.3
九、果用瓜	公斤/公顷	27184	28330	96.0
西　瓜	公斤/公顷	29612	31116	95.2
十、花卉苗木	公斤/公顷			
十一、其他作物	公斤/公顷			
绿　肥	公斤/公顷			

全市蚕茧、茶叶和水果生产情况

3—15　　　　(2011年)

指　　　　标	单　位	2011年	2010年	2011年为2010年%
一、桑园总面积	公顷	1240	1597	77.6
二、饲养蚕种张数	张	22174	21938	101.1
1. 春　蚕	张	13244	10346	128.0
2. 夏　蚕	张	2024	1561	129.7
3. 秋　蚕	张	6906	10031	68.8
三、蚕茧总产量	吨	1068	1166	91.6
1. 春　茧	吨	666	630	105.7
2. 夏　茧	吨	95	89	106.7
3. 秋　茧	吨	307	447	68.7
四、茶园总面积	公顷	10612	10634	99.8
茶叶总产量	吨	6504	6090	106.8
1. 春　茶	吨	3643	3376	107.9
2. 夏　茶	吨	1419	1428	99.4
3. 秋　茶	吨	1442	1286	112.1
五、果园面积合计	公顷	38981	39357	99.0
# 1. 柑桔园	公顷	34115	34669	98.4
2. 梨　园	公顷	566	593	95.4
3. 桃　园	公顷	319	329	97.0
4. 杨梅园	公顷	681	654	104.1
5. 枇杷园	公顷	522	527	99.1
六、水果总产量	吨	804131	799136	100.6
# 1. 柑　桔	吨	620335	618691	100.3
2. 梨　头	吨	6360	4930	129.0
3. 桃　子	吨	2432	2788	87.2
4. 杨　梅	吨	1726	1592	108.4
5. 枇　杷	吨	3306	2937	112.6

全市畜牧业和水产生产情况

3—16 (2011年)

指　　标	单　位	2011年	2010年	2011年为2010年%
一、年末存栏数				
1. 生　猪	万头	274.93	251.49	109.3
#能繁殖的母猪	万头	30.19	28.6	105.6
2. 牛	头	23907	24242	98.6
3. 羊	万只	4.49	4.41	101.8
4. 家　禽	万头	1403.7	1153.13	121.7
5. 兔	万只	4.25	3.22	132.0
6. 养蜂箱数	头	248443	257564	96.5
二、年内出栏数				
1. 生　猪	万头	474.84	440.15	107.9
2. 牛	头	14262	12103	117.8
3. 羊	万只	4.65	4.16	111.8
4. 家　禽	万只	3127.85	2508.57	124.7
三、畜产品产量				
1. 肉类产量	吨	306367	273619	112.0
#猪　肉	吨	266633	242113	110.1
牛　肉	吨	1995	1693	117.8
羊　肉	吨	727	655	111.0
禽　肉	吨	36880	29065	126.9
兔　肉	吨	99	53	186.8
2. 禽蛋产量	吨	22602	23007	98.2
3. 蜂蜜产量	吨	23367	14601	160.0
4. 蜂皇浆产量	公斤	439656	394997	111.3
5. 牛奶产量	吨	2559	2823	90.6
四、水产品产量	吨	50910	48195	105.6

全 市 农 业 现 代 化 情 况

3—17　　(2011 年)

指　　　　标	单　位	2011 年	2010 年	2011 年为 2010 年%
一、农业机械化情况				
1、当年机械耕地面积	公顷	64493	61547	104.8
2、机械收获面积	公顷	71620	66240	108.1
二、农村电气化情况				
农村用电量	万千瓦时	92098	89631	102.8
三、农村化学化情况				
1、化肥使用情况				
实物量合计	吨	280097	272691	102.7
氮　肥	吨	130331	126357	103.1
磷　肥	吨	51147	51012	100.3
钾　肥	吨	22167	21192	104.6
复 合 肥	吨	76452	74130	103.1
折纯合计	吨	76157	74551	102.2
氮　肥	吨	40700	39634	102.7
磷　肥	吨	9079	9076	100.0
钾　肥	吨	9344	9225	101.3
复 合 肥	吨	17034	16616	102.5
2、农膜使用量	吨	2293	2109	108.7
#地膜使用量	吨	1690	1562	108.2
地膜覆盖面积	公顷	6614	8492	77.9
3、农用柴油	吨	14973	14432	103.7
4、农药使用量	吨	6918	6705	103.2

各县市区农村基本情况

3—18 (2011年)

指 标	单 位	全 市	市本级	柯城区	衢江区
一、农村基层组织情况					
1. 乡镇个数	个	91		10	18
(1)乡政府	个	45		8	8
(2)镇政府	个	46		2	10
2. 村民委员会个数	个	1741	8	308	271
3. 村民小组个数	万个	1.79	0.01	0.19	0.32
二、农村户数、人口					
1. 农村常住住户数	万户	61.7	0.21	8.11	11.05
2. 农村常住人口数	万人	196.05	0.67	23.66	34.9
三、农村社会基础设施					
1. 自来水受益村数	个	1214	7	139	127
2. 通汽车村数	个	1737	7	306	270
3. 通电话村数	个	1741	8	308	271
4. 通电的村数	个	1741	8	308	271
四、农村劳动力资源总数	万人	130.21	0.43	14.39	23.3
五、农村从业人员数	万人	123.11	0.37	13.51	21.8
其中： 男劳动力	万人	65.17	0.19	7.14	11.69
按经济部门分					
农林牧渔业	万人	54.24	0.1	6.26	12.66
工 业	万人	23.01	0.16	1.7	2.63
建筑业	万人	12.11	0.03	0.94	1.2
其他行业	万人	33.75	0.08	4.61	5.31
六、本年外出从业人员数	万人	56.79	0.12	5.78	8.43
其中：外出市外	万人	25.76	0.02	1.27	3.01

各县市区农村基本情况

3—18 续表

(2011 年)

指标	单位	江山市	常山县	开化县	龙游县
一、农村基层组织情况					
1. 乡镇个数	个	18	14	18	13
(1)乡政府	个	6	7	9	7
(2)镇政府	个	12	7	9	6
2. 村民委员会个数	个	295	342	255	262
3. 村民小组个数	万个	0.42	0.27	0.26	0.32
二、农村户数、人口					
1. 农村常住住户数	万户	14.42	7.91	8.57	11.43
2. 农村常住人口数	万人	47.57	26.78	29.76	32.71
三、农村社会基础设施					
1. 自来水受益村数	个	265	217	236	223
2. 通汽车村数	个	295	342	255	262
3. 通电话村数	个	295	342	255	262
4. 通电的村数	个	295	342	255	262
四、农村劳动力资源总数	万人	31.59	18.15	20.53	21.82
五、农村从业人员数	万人	30.03	17.33	19.44	20.63
其中：男劳动力	万人	16.01	9.26	9.82	11.06
按经济部门分					
农林牧渔业	万人	9.55	6.49	8.99	10.19
工　业	万人	8.76	3.65	2.44	3.67
建筑业	万人	4.1	1.51	2.44	1.89
其他行业	万人	7.62	5.68	5.57	4.88
六、本年外出从业人员数	万人	15.76	8.48	9.5	8.72
其中：外出市外	万人	6.92	5.37	6.13	3.04

各县市区农林牧渔业总产值分行业

3—19 (2011年)(现行价)

指　　标	单　位	全　市	市本级	柯城区	衢江区
农林牧渔业总产值	**万元**	**1298813**	**5306**	**124460**	**328886**
一、农　业	万元	578492	3071	57671	118580
粮　食	万元	160408	914	4735	34321
油　料	万元	21719	116	968	3405
棉　花	万元	3704	14	14	31
麻　类	万元	6			
甘　蔗	万元	2391		4	188
蔬　菜	万元	131906	250	15784	38156
食用菌	万元	96805		1058	5143
花卉园艺	万元	32592		8929	8959
茶　叶	万元	29351	876	160	1877
桑　叶	万元	313			
水　果	万元	87063	883	25695	21560
其中：柑　桔	万元	61185	442	22664	14304
其　他	万元	25878	441	3031	7256
坚　果	万元	8266		48	3519
其它农作物	万元	2083	18	63	204
二、林　业	万元	98222		9345	17464
采集野生植物	万元	15678		153	1220
三、牧　业	万元	566944	2198	49764	182054
1. 牲畜	万元	475048	1839	44808	168883
2. 家禽饲养	万元	46406	19	2944	8704
3. 活的畜禽产品	万元	14591	340	1213	3735
4. 捕猎野兽野禽	万元	1440		20	
5. 其他动物饲养	万元	29459		779	732
四、渔　业	万元	45449	37	5649	10263
五、农林牧渔服务业	万元	9706		2031	525

各县市区农林牧渔业总产值分行业

3—19 续表

(2011 年)(现行价)

指　　标	单　位	江山市	常山县	开化县	龙游县
农林牧渔业总产值	万元	**342518**	**110357**	**163065**	**224221**
一、农　业	万元	156064	59560	113187	70359
粮　食	万元	47360	17105	22014	33959
油　料	万元	5850	2848	2781	5751
棉　花	万元	946	84	71	2544
麻　类	万元			5	1
甘　蔗	万元	1270	303	245	381
蔬　菜	万元	35511	12351	17726	12128
食用菌	万元	46469	7924	36156	55
花卉园艺	万元	2691	1176	9500	1337
茶　叶	万元	4296	559	17298	4285
桑　叶	万元	2	24	287	
水　果	万元	9617	16317	4382	8609
其中：柑　桔	万元	3467	12925	763	6620
其　他	万元	6150	3392	3619	1989
坚　果	万元	1690	538	1228	1243
其它农作物	万元	337	278	1117	66
二、林　业	万元	14850	17181	23758	15624
采集野生植物	万元	2962	2089	8182	1072
三、牧　业	万元	161004	26660	21630	123634
1. 牲畜	万元	117972	21358	15409	104779
2. 家禽饲养	万元	16015	3711	1184	13829
3. 活的畜禽产品	万元	2951	1226	448	4678
4. 捕猎野兽野禽	万元	418	67	879	56
5. 其他动物饲养	万元	23648	298	3710	292
四、渔　业	万元	8300	4596	3230	13374
五、农林牧渔服务业	万元	2300	2360	1260	1230

各县市区农作物播种面积

3—20　　(2011年)

指　　标	单　位	全　市	市本级	柯城区	衢江区
农作物播种面积总计	**公顷**	**226965**	**1817**	**10838**	**54681**
一、粮　食	公顷	133457	1058	4328	31245
(一) 稻　谷	公顷	95635	551	1593	22966
1. 早　稻	公顷	34591	193	275	10607
2. 单季晚稻	公顷	34316	122	1222	3845
3. 连作晚稻	公顷	26728	236	96	8514
(二) 小　麦	公顷	1757	17	37	65
(三) 大　麦	公顷	224		2	6
(四) 玉　米	公顷	7311	110	377	1066
(五) 其他谷物	公顷	612	6	50	41
(六) 豆　类	公顷	15378	118	1387	4155
大　豆	公顷	11892	104	1066	3414
蚕 (豌) 豆	公顷	1815	6	109	378
(七) 薯　类	公顷	12540	256	882	2946
二、油　料	公顷	37925	210	1323	6323
油菜籽	公顷	35354	173	1054	5715
三、棉　花	公顷	2036	13	6	24
四、麻　类	公顷	11			7
五、甘　蔗	公顷	510		2	41
六、烟　叶	公顷				
七、药　材	公顷	626		66	450
八、蔬菜 (含菜用瓜)	公顷	34916	138	4235	10251
九、果用瓜	公顷	5469	122	456	2462
西　瓜	公顷	4273	104	370	1825
十、花卉苗木	公顷	3738	234	342	847
十一、其他作物	公顷	8277	42	80	3031
绿　肥	公顷	4409		35	1717

各县市区农作物播种面积

3—20 续表

(2011年)

指　　标	单　　位	江山市	常山县	开化县	龙游县
农作物播种面积总计	公顷	**59743**	**22440**	**31639**	**45807**
一、粮　　食	公顷	36696	13861	16800	29469
(一) 稻　　谷	公顷	27305	10704	8014	24502
1. 早　　稻	公顷	9945	4798	547	8226
2. 单季晚稻	公顷	8931	3854	7338	9004
3. 连作晚稻	公顷	8429	2052	129	7272
(二) 小　　麦	公顷	421	492	404	321
(三) 大　　麦	公顷	67	2		147
(四) 玉　　米	公顷	2202	463	2376	717
(五) 其他谷物	公顷	334	36	89	56
(六) 豆　　类	公顷	3145	1430	2890	2253
大　　豆	公顷	1829	1088	2582	1809
蚕 (豌) 豆	公顷	784	199	89	250
(七) 薯　　类	公顷	3222	734	3027	1473
二、油　　料	公顷	10082	3786	7082	9119
油 菜 籽	公顷	9292	3609	6823	8688
三、棉　　花	公顷	751	54	57	1131
四、麻　　类	公顷			4	
五、甘　　蔗	公顷	212	109	78	68
六、烟　　叶	公顷				
七、药　　材	公顷	18	20	69	3
八、蔬菜 (含菜用瓜)	公顷	8255	3452	4840	3745
九、果 用 瓜	公顷	635	412	525	857
西　　瓜	公顷	547	331	431	665
十、花卉苗木	公顷	417	174	1398	326
十一、其他作物	公顷	2677	572	786	1089
绿　　肥	公顷	1523	491	452	191

各县市区农作物总产量

3—21 (2011年)

指　　标	单　位	全　市	市本级	柯城区	衢江区
农作物总产量					
一、粮　食	吨	793552	4963	24168	179176
(一) 稻　谷	吨	644728	3538	10725	149232
1. 早　稻	吨	201600	1131	1566	61688
2. 单季晚稻	吨	261419	979	8544	29176
3. 连作晚稻	吨	181709	1428	615	58368
(二) 小　麦	吨	4321	51	132	172
(三) 大　麦	吨	691		5	15
(四) 玉　米	吨	34319	528	1908	5052
(五) 其他谷物	吨	2335	6	212	183
(六) 豆　类	吨	35879	200	3327	10633
大　豆	吨	29330	175	2771	9095
蚕(豌)豆	吨	3314	10	181	808
(七) 薯　类	吨	71279	640	7859	13889
二、油　料	吨	58361	327	2281	9969
# 油菜籽	吨	53206	270	1726	8534
三、棉　花	吨	3533	14	14	26
四、麻　类	吨	23			15
五、甘　蔗	吨	23718		58	2353
六、烟　叶	吨				
七、药　材	吨	2763		286	2097
八、蔬菜(含菜用瓜)	吨	876204	1416	91965	305250
九、果用瓜	吨	148668	2149	12855	68063
西　瓜	吨	126531	1872	11172	54604
十、花卉苗木	吨				
十一、其他作物	吨				
绿　肥	吨				

各县市区农作物总产量

3—21 续表

(2011 年)

指　　标	单　　位	江山市	常山县	开化县	龙游县
农作物总产量					
一、粮　　食	吨	227541	79343	101337	177024
(一) 稻　　谷	吨	191921	68511	62307	158494
1. 早　　稻	吨	59729	28612	3258	45616
2. 单季晚稻	吨	71180	27125	58242	66173
3. 连作晚稻	吨	61012	12774	807	46705
(二) 小　　麦	吨	1061	1299	772	834
(三) 大　　麦	吨	155	5		511
(四) 玉　　米	吨	9435	2005	12332	3059
(五) 其他谷物	吨	1209	107	368	250
(六) 豆　　类	吨	6883	3183	6195	5458
大　　豆	吨	4634	2558	5557	4540
蚕 (豌) 豆	吨	1274	340	206	495
(七) 薯　　类	吨	16877	4233	19363	8418
二、油　　料	吨	15448	6696	7050	16590
# 油菜籽	吨	13827	6386	6637	15826
三、棉　　花	吨	1134	80	57	2208
四、麻　　类	吨			7	1
五、甘　　蔗	吨	10363	4335	2450	4159
六、烟　　叶	吨				
七、药　　材	吨	98	51	222	9
八、蔬菜 (含菜用瓜)	吨	224752	85181	88631	79009
九、果 用 瓜	吨	22796	13708	10759	18338
西　　瓜	吨	20923	12458	9594	15908
十、花卉苗木	吨				
十一、其他作物	吨				
绿　　肥	吨				

各县市区农作物单产

3—22 (2011年)

指标	单位	全市	市本级	柯城区	衢江区
农作物单产					
一、粮食	公斤/公顷	5946	4688	5585	5735
(一) 稻谷	公斤/公顷	6742	6421	6732	6498
1. 早稻	公斤/公顷	5828	5858	5695	5816
2. 单季晚稻	公斤/公顷	7618	8035	6992	7588
3. 连作晚稻	公斤/公顷	6798	6061	6406	6856
(二) 小麦	公斤/公顷	2459	3000	3568	2646
(三) 大麦	公斤/公顷	3085		2500	2500
(四) 玉米	公斤/公顷	4694	4808	5061	4739
(五) 其他谷物	公斤/公顷	3815	1000	4240	4463
(六) 豆类	公斤/公顷	2333	1695	2400	2560
大豆	公斤/公顷	2466	1680	2599	2664
蚕(豌)豆	公斤/公顷	1826	1667	1661	2138
(七) 薯类	公斤/公顷	5684	2500	8912	4714
二、油料	公斤/公顷	1539	1559	1724	1576
油菜籽	公斤/公顷	1505	1565	1638	1493
三、棉花	公斤/公顷	1735	1077	2333	1083
四、麻类	公斤/公顷	2091			2143
五、甘蔗	公斤/公顷	46506		29000	57390
六、烟叶	公斤/公顷				
七、药材	公斤/公顷	4414		4333	4660
八、蔬菜(含菜用瓜)	公斤/公顷	25095	10245	21715	29778
九、果用瓜	公斤/公顷	27184	17615	28191	27634
西瓜	公斤/公顷	29612	18000	30195	29920
十、花卉苗木	公斤/公顷				
十一、其他作物	公斤/公顷				
绿肥	公斤/公顷				

各县市区农作物单产

3—22 续表

(2011 年)

指　　标	单　　位	江山市	常山县	开化县	龙游县
农作物单产					
一、粮　　食	公斤/公顷	6201	5725	6032	6007
(一) 稻　　谷	公斤/公顷	7029	6401	7775	6469
1. 早　　稻	公斤/公顷	6006	5963	5956	5545
2. 单季晚稻	公斤/公顷	7970	7038	7937	7349
3. 连作晚稻	公斤/公顷	7238	6225	6256	6423
(二) 小　　麦	公斤/公顷	2520	2640	1911	2598
(三) 大　　麦	公斤/公顷	2313	2500		3476
(四) 玉　　米	公斤/公顷	4285	4330	5190	4266
(五) 其他谷物	公斤/公顷	3620	2972	4135	4464
(六) 豆　　类	公斤/公顷	2189	2225	2144	2421
大　　豆	公斤/公顷	2534	2351	2152	2510
蚕 (豌) 豆	公斤/公顷	1626	1709	2315	1979
(七) 薯　　类	公斤/公顷	5238	5767	6397	5718
二、油　　料	公斤/公顷	1532	1769	995	1819
油菜籽	公斤/公顷	1488	1769	973	1822
三、棉　　花	公斤/公顷	1510	1481	1000	1952
四、麻　　类	公斤/公顷			1750	
五、甘　　蔗	公斤/公顷	48882	39771	31410	61162
六、烟　　叶	公斤/公顷				
七、药　　材	公斤/公顷	5444	2550	3217	3000
八、蔬菜 (含菜用瓜)	公斤/公顷	27226	24676	18312	21097
九、果用瓜	公斤/公顷	35899	33272	20493	21398
西　　瓜	公斤/公顷	38250	37637	22260	23922
十、花卉苗木	公斤/公顷				
十一、其他作物	公斤/公顷				
绿　　肥	公斤/公顷				

各县市区蚕茧、茶叶和水果生产情况

3—23 (2011年)

指标	单位	全市	市本级	柯城区	衢江区
一、桑园总面积	公顷	1240			106
二、饲养蚕种张数	张	22174			1075
1. 春蚕	张	13244			645
2. 夏蚕	张	2024			430
3. 秋蚕	张	6906			
三、蚕茧总产量	吨	1068			49
1. 春茧	吨	666			25
2. 夏茧	吨	95			24
3. 秋茧	吨	307			
四、茶园总面积	公顷	10612	174	131	1033
茶叶总产量	吨	6504	314	65	683
1. 春茶	吨	3643	93	48	565
2. 夏茶	吨	1419	1	11	92
3. 秋茶	吨	1442	220	6	26
五、果园面积合计	公顷	38981	422	9210	10931
# 1. 柑桔园	公顷	34115	419	8979	10117
2. 梨园	公顷	566		15	14
3. 桃园	公顷	319		25	64
4. 杨梅园	公顷	681	3	23	84
5. 枇杷园	公顷	522		1	180
六、水果总产量	吨	804131	6595	252913	231104
# 1. 柑桔	吨	620335	4419	238566	158930
2. 梨头	吨	6360		299	494
3. 桃子	吨	2432		166	239
4. 杨梅	吨	1726	27	221	256
5. 枇杷	吨	3306		19	2158

各县市区蚕茧、茶叶和水果生产情况

3—23 续表　　(2011 年)

指　　标	单　　位	江山市	常山县	开化县	龙游县
一、桑园总面积	公顷	23	55	1056	
二、饲养蚕种张数	张	220	837	20042	
1. 春　蚕	张	124	426	12049	
2. 夏　蚕	张	21	124	1449	
3. 秋　蚕	张	75	287	6544	
三、蚕茧总产量	吨	7	35	977	
1. 春　茧	吨	4	21	616	
2. 夏　茧	吨	1	6	64	
3. 秋　茧	吨	2	8	297	
四、茶园总面积	公顷	1554	470	5806	1444
茶叶总产量	吨	1271	117	1274	2780
1. 春　茶	吨	749	96	736	1356
2. 夏　茶	吨	325	15	203	772
3. 秋　茶	吨	197	6	335	652
五、果园面积合计	公顷	4711	8171	1660	3876
# 1. 柑桔园	公顷	2487	7782	1074	3257
2. 梨　园	公顷	154	65	53	265
3. 桃　园	公顷	119	41	35	35
4. 杨梅园	公顷	236	116	198	21
5. 枇杷园	公顷	256	26	54	5
六、水果总产量	吨	59267	117370	28796	108086
# 1. 柑　桔	吨	26672	102172	5156	84420
2. 梨　头	吨	937	196	596	3838
3. 桃　子	吨	858	309	499	361
4. 杨　梅	吨	409	113	675	25
5. 枇　杷	吨	681	95	332	21

各县市区畜牧业和水产生产情况

3—24 (2011年)

指　　标	单　位	全　市	市本级	柯城区	衢江区
一、年末存栏头数					
1. 生猪	万头	274.93	1.3	17.78	93.45
#能繁殖的母猪	万头	30.19	0.13	1.28	8.79
2. 牛	头	23907	607	2945	6121
3. 羊	万只	4.49	0.03	0.7	1.21
4. 家　禽	万只	1403.7	0.96	71.06	254.26
5. 兔	万只	4.25		0.2	0.89
6. 养蜂箱数	箱	248443		7109	5345
二、年内出栏数					
1. 生　猪	万头	474.84	1.35	30.55	184.82
2. 牛	头	14262	48	2825	4011
3. 羊	万只	4.65	0.02	0.78	1.34
4. 家　禽	万只	3127.85	0.9	158.9	458.09
三、畜产品产量					
1. 肉类产量	吨	306367	934	23824	105465
#猪　肉	吨	266633	912	21216	98542
牛　肉	吨	1995	8	496	607
羊　肉	吨	727	5	149	207
禽　肉	吨	36880	9	1949	6091
兔　肉	吨	99		3	18
2. 禽蛋产量	吨	22602	42	1648	5976
3. 蜂蜜产量	吨	23367		787	661
4. 蜂皇浆产量	公斤	439656		10369	21976
5. 牛奶产量	吨	2559	1021	168	628
四、水产品产量	吨	50910		6077	9964

各县市区畜牧业和水产生产情况

3—24 续表　　(2011 年)

指　　标	单　位	江山市	常山县	开化县	龙游县
一、年末存栏头数					
1. 生猪	万头	69.98	12.38	9.39	70.65
#能繁殖的母猪	万头	9.58	0.83	0.35	9.23
2. 牛	头	5604	2110	2541	3979
3. 羊	万只	0.71	0.63	0.15	1.06
4. 家　禽	万只	327.78	157.16	40.76	551.72
5. 兔	万只	1.15	0.2	0.65	1.16
6. 养蜂箱数	箱	229244	2401	2163	2181
二、年内出栏数					
1. 生　猪	万头	134.87	18.2	9.67	95.38
2. 牛	头	3120	781	830	2647
3. 羊	万只	0.86	0.68	0.11	0.86
4. 家　禽	万只	863.1	248.43	51.38	1347.05
三、畜产品产量					
1. 肉类产量	吨	74288	14623	9640	77593
#猪　肉	吨	63052	12049	8571	62291
牛　肉	吨	327	92	112	353
羊　肉	吨	107	78	30	151
禽　肉	吨	10789	2401	886	14755
兔　肉	吨	13	3	41	21
2. 禽蛋产量	吨	3959	1872	702	8403
3. 蜂蜜产量	吨	21226	174	254	265
4. 蜂皇浆产量	公斤	390554	3112	4912	8733
5. 牛奶产量	吨	680	36		26
四、水产品产量	吨	11398	4902	3449	15120

各县市区农业现代化情况

3—25

(2011年)

指标	单位	全市	市本级	柯城区	衢江区
一、农业机械化情况					
1、当年机械耕地面积	公顷	64493		2920	11547
2、机械收获面积	公顷	71620		2593	12640
二、农村电气化情况					
农村用电量	万千瓦时	92098	85	11000	20269
三、农村化学化情况					
1、化肥使用情况					
实物量合计	吨	280097	3744	35237	59165
氮肥	吨	130331	1234	9965	26109
磷肥	吨	51147	945	5329	8471
钾肥	吨	22167	214	1125	5854
复合肥	吨	76452	1351	18818	18731
折纯合计	吨	76157	780	8539	14613
氮肥	吨	40700	229	2890	8094
磷肥	吨	9079	106	853	1609
钾肥	吨	9344	65	540	1242
复合肥	吨	17034	380	4256	3668
2、农膜使用量	吨	2293	8	165	553
#地膜使用量	吨	1690	7	78	385
地膜覆盖面积	公顷	6614	79	166	1732
3、农用柴油	吨	14973	29	1194	2029
4、农药使用量	吨	6918	26	737	1516

各县市区农业现代化情况

3—25 续表 (2011 年)

指标	单位	江山市	常山县	开化县	龙游县
一、农业机械化情况					
1、当年机械耕地面积	公顷	17107	8827	9053	15040
2、机械收获面积	公顷	16993	9647	8413	21333
二、农村电气化情况					
农村用电量	万千瓦时	23376	19026	5780	12562
三、农村化学化情况					
1、化肥使用情况					
实物量合计	吨	50274	36118	20571	74988
氮　　肥	吨	26423	14863	12014	39723
磷　　肥	吨	11984	6401	2970	15047
钾　　肥	吨	3649	2430	2551	6344
复 合 肥	吨	8218	12424	3036	13874
折纯合计	吨	15474	10070	8272	18409
氮　　肥	吨	8453	5104	5205	10725
磷　　肥	吨	2529	1024	745	2213
钾　　肥	吨	2250	1216	1302	2729
复 合 肥	吨	2242	2726	1020	2742
2、农膜使用量	吨	405	375	263	524
#地膜使用量	吨	345	295	132	448
地膜覆盖面积	公顷	2320	926	310	1081
3、农用柴油	吨	4018	1829	1602	4272
4、农药使用量	吨	719	1358	487	2075

各县市区农业机械年末拥有量

3—26

(2011 年)

指　　　　标	单　　位	全　　市	市 本 级	柯 城 区	衢 江 区
农业机械总动力	**千瓦**	**1620352**		**262410**	**311004**
一、耕作机械动力	千瓦	149417		9079	25625
1. 大中型拖拉机	台	400		49	162
2. 小型拖拉机	台	15233		856	2795
二、收获机械动力	千瓦	179583		6104	35214
1. 联合机动收获机	台	868		38	139
2. 机动打稻机	台	65931		1418	12290
三、植保机械动力	千瓦	130208		64631	30826
# 机动喷雾 (粉) 机	架	40458		14285	11183
四、排灌机械动力	千瓦	322891		66196	93376
1. 农用水泵数量	台	135012		22644	42803
2. 喷灌机械数量	套	4504		863	703
五、农副产品加工机械动力	千瓦	132862		10881	23012
1. 粮食加工机械	台	20146		363	2863
2. 棉花加工机械	台	447		5	175
3. 油料加工机械	台	1695		70	250
六、运输机械动力	千瓦	412722		70497	59266
1. 农用汽车数量	辆	10637		6387	915
2. 运输拖拉机	辆	10654		1666	2307
七、其他农业机械	千瓦	1118113		176016	162217
# 渔业机械动力	千瓦	5073		959	1477

各县市区农业机械年末拥有量

3—26 续表

(2011 年)

指标	单位	江山市	常山县	开化县	龙游县
农业机械总动力	**千瓦**	**376470**	**171969**	**169961**	**328538**
一、耕作机械动力	千瓦	28940	7657	22441	55675
1. 大中型拖拉机	台	46	48	4	91
2. 小型拖拉机	台	2294	532	2544	6212
二、收获机械动力	千瓦	58661	7198	12134	60272
1. 联合机动收获机	台	220	105	68	298
2. 机动打稻机	台	22224	736	4889	24374
三、植保机械动力	千瓦	6977	19439	1224	7111
# 机动喷雾 (粉) 机	架	3073	7894	268	3755
四、排灌机械动力	千瓦	47979	43844	21530	49966
1. 农用水泵数量	台	23717	20710	7608	17530
2. 喷灌机械数量	套	308	197	1813	620
五、农副产品加工机械动力	千瓦	34466	12380	24706	27417
1. 粮食加工机械	台	7796	1159	4470	3495
2. 棉花加工机械	台	93	40	21	113
3. 油料加工机械	台	322	223	514	316
六、运输机械动力	千瓦	119633	57939	55316	50071
1. 农用汽车数量	辆	1055	894	653	733
2. 运输拖拉机	辆	2450	1647	1302	1282
七、其他农业机械	千瓦	319080	139390	143242	178168
# 渔业机械动力	千瓦	651	111	109	1766

各县市区农田水利基本情况

3—27 (2011年)

指　　标	单　位	全　市	市本级	柯城区	衢江区
一、乡镇、村水电站个数	个	236	5	13	76
水电站容量	千瓦	360047	36750	9055	88850
水电站发电量	千瓦时	78011	10229	1574	21165
二、灌溉面积	千公顷	110.91		11.35	20.38
其中：有效灌溉面积	千公顷	96.3		8.55	17.9
三、旱涝保收面积	千公顷	72.31		8.13	13.59
四、机电排灌面积	千公顷	35.41		5.72	6.87
五、机电井	眼	182		58	2
已配套机电井	眼	182		58	2
装机容量	千瓦	1.06		0.29	0.02
六、完成投资额	万元	132726	1529	9892	23130
其中：基本建设项目投资	万元	51028	1529	3849	22980
七、投入工日	万工	14.9056	0.05	0.905	0.817

各县市区农田水利基本情况

3—27 续表　　　　　　　　(2011 年)

指　　　　标	单　　位	江山市	常山县	开化县	龙游县
一、乡镇、村水电站个数	个	36	20	58	28
水电站容量	千瓦	101530	39180	44082	40600
水电站发电量	千瓦时	18657	6634	8980	10772
二、灌溉面积	千公顷	26.96	12.33	11.44	28.45
其中：有效灌溉面积	千公顷	23.7	10.98	10.92	24.25
三、旱涝保收面积	千公顷	16.28	7	9.08	18.23
四、机电排灌面积	千公顷	7.28	2.6	4.31	8.63
五、机电井	眼	16		5	101
已配套机电井	眼	16		5	101
装机容量	千瓦	0.07		0.06	0.62
六、完成投资额	万元	22120	13826	19420	42809
其中：基本建设项目投资	万元	9930			12740
七、投入工日	万工	1.73	1.045	6.65	3.7086

三、农业主要统计指标解释

农业总产值：是以货币表现的农林牧渔四业全部产品的总量，它反映一定时期内农业生产的总规模和总成果：

农、林、牧、渔四业的统计范围是：

⑴ **种植业**：包括粮食、棉花、油料、糖类、麻类、烟叶，蔬菜、药材、瓜类和其他农作物的种植，以及茶园、桑园、果园的生产经营、采集野生植物。

⑵ **林业**：包括林木的栽培（不包括茶园、桑园和果园的栽培、管理和收获等活动）、林产品的采集和村及村以下的竹木采伐。

⑶ **牧业**：包括除渔业养殖以外的一切动物饲养和放牧以及捕猎野兽野禽。

⑷ **渔业**：包括水生动物和海藻类植物的养殖和捕捞。

农业总产值的计算方法，通常是以农林牧渔业产品及其副产品的产量乘以该项产品的单位价格，而得该项产品的产值。少数生产周期较长，当年没有产品或产品产量不易统计的，则采用间接方法匡算产值。四业产品产值之和即为农业总产值。

1957年以前的农业总产值中包括了厩肥和农民自给性手工业（如农民自制衣服、鞋、袜，自己从事粮食初步加工等）。1958年及以后的农业总产值，林业中增加了村及村以下竹木采伐产量；牧业中取消了厩肥产值；副业中取消了农民自给性手工业产值，增加了村级村以下办的工业产值；渔业中增加了机械化捕鱼产值。1980年及以后的农业总产值，在副业中增加了农民商品性家庭手工业的产值。从1985年起村及村以下办工业产值划归工业。1993年起把副业分解到种植业和牧业中去，并对1993年以前的农业总产值均按此口径作了调整，表中出现的都是调整后的数值。

粮食产量：指全社会的产量，包括国营农场等国有经济经营、集体统一经营的和农民家庭经营的产量，还包括工矿企业家属办的农场和其他生产单位的产量。粮食除包括稻谷、小麦、大麦、玉米、高粱、及其他杂粮外，还包括薯类和豆类。其产量计算方法，豆类按去豆荚后的干豆计算，薯类按5公斤鲜薯折1公斤粮食计算，其他粮食一律按脱粒后的原粮计算。粮食产量统计方法主要有两种：全面统计和农产量抽样调查。从1988年起，国家统计局统一规定，全国和各省（直辖市、自治区）的粮食产量一律以农产量抽样调查数为准。从2001年起，马铃薯从粮食中划出归入蔬菜类。

猪、牛、羊肉产量：指当年出栏并已屠宰的猪、牛、羊的肉产量。即屠宰后除去头蹄下水后带骨的（即胴体重）重量。

水产品产量：指本年度内捕捞的水产品（包括人工养殖和天然生产）产量。它可分为海水产品和淡水产品两大类。海水产品包括海水的鱼类、虾蟹类、贝类和藻类；淡水产品包括淡水的鱼类、虾蟹贝类，不包括淡水水生植物。

有效灌溉面积：指具有一定的水源，地块比较平整，灌溉工程或设备已经配套，在一般年景下当年能够进行正常灌溉的耕地面积。

农业机械总动力：指主要用于农、林、牧、渔耕作机械、排灌机械、收获机械、农产品加工、运输机械、植保机械、牧业机械、林业机械、机械和其他农业机械等各种动力机械的动力。电动机功率按千瓦计算，内燃机功率按引擎折成千瓦计算。

农用化肥施用量：指在本年度内实际用于农业化肥数量。包括氮肥、磷肥、钾肥及复合肥。施用量按标准量及折纯量两种方法计算。按折纯量计算化肥数量，即把氮肥、磷肥、钾肥分别按含氮、含五氧化二磷、含氧化钾百分之百计算。

第四篇　工　　业

历年各县市区全部工业总产值

4—1　　(当年价)　　单位：万元

年份	全市	市本级	柯城区	衢江区	江山市	常山县	开化县	龙游县
1949	1090	459		64	180	127	182	78
1950	1581	639		78	281	178	278	127
1951	2071	873		96	304	246	347	205
1952	2475	1119		96	316	232	398	314
1953	3243	1422		97	486	329	536	373
1954	3876	1630		105	804	309	572	456
1955	3108	1090		97	608	429	484	400
1956	3750	1395		101	750	410	594	500
1957	5535	2396		125	961	546	811	696
1958	9437	2900		1513	1942	547	1148	1387
1959	13353	5512		1644	2243	999	1422	1533
1960	17564	8743		1248	3136	1087	1443	1907
1961	11191	5952		259	2331	706	849	1094
1962	11772	6267		280	2581	642	727	1275
1963	12883	7224		244	2818	552	652	1393
1964	15540	9517		246	2917	557	649	1654
1965	20384	13493		385	3078	532	696	2200
1966	25890	17297		409	3976	769	673	2766
1967	19595	11395		190	3360	1654	779	2217
1968	13956	5979		181	3130	1577	831	2258
1969	25286	14837		209	4587	1982	864	2807
1970	30314	19714		253	5068	1687	1070	2522
1971	30772	18279		242	5747	1795	1388	3321
1972	36620	21998		276	6405	2025	2120	3796
1973	37143	21748		270	6289	2254	2454	4128
1974	31432	18142		313	5068	1957	2662	3290
1975	29106	16144		371	4934	1422	3039	3196
1976	29208	15185		428	5005	1345	3601	3644
1977	40255	21257		582	7092	2559	4022	4743
1978	50778	26969		741	8696	3518	4849	6005
1979	55599	29005		1004	9548	3480	6047	6515

历年各县市区全部工业总产值

4—1 续表　　（当年价）　　单位：万元

年份	全市	市本级	柯城区	衢江区	江山市	常山县	开化县	龙游县
1980	66503	35697		1119	11086	3727	7004	7870
1981	73247	38776		1545	12400	4145	7816	8565
1982	79524	41215		1204	15066	4531	8539	8969
1983	88049	43866		1631	18143	5271	9370	9768
1984	102403	50996		2678	20393	5773	10636	11927
1985	134738	55867	2443	4682	30879	7953	14591	18323
1986	160726	59681	3470	7390	39790	9826	17073	23496
1987	207932	75041	4834	11424	52482	12786	19989	31376
1988	297609	103189	6316	17371	78432	20202	26634	45465
1989	378143	128293	8092	23421	97931	29321	33777	57308
1990	396622	142729	8950	25484	90010	30128	36972	62349
1991	480278	172614	12924	32964	105794	40852	45061	70069
1992	616434	198847	20421	55574	134420	57176	58244	91752
1993	938578	261296	41100	91895	207248	92665	89727	159135
1994	1430002	350894	83532	141102	318408	143634	129107	263325
1995	1685283	394508	87068	178114	345233	143079	170480	366802
1996	1744552	372657	90476	173809	353922	146162	190318	417208
1997	1742657	382681	96821	174181	329114	173216	219335	367309
1998	1919749	410061	112308	204400	366486	189690	264512	372292
1999	2038545	336717	118106	236204	429833	213440	317860	386385
2000	893898	352905	30064	70096	190723	69499	63168	117443
2001	1116833	399410	44018	100968	248699	99232	70971	153533
2002	1316643	456920	34468	129397	294161	122017	91109	188571
2003	1688461	577309	42141	164091	360977	163914	116099	263930
2004	2488813	919649	72041	219333	524669	222888	153120	377114
2005	3212086	1177426	102049	267661	704668	293600	200866	465816
2006	4272056	1592106	119011	326567	963677	370799	280314	619582
2007	5709322	2131508	161499	370594	1340025	489440	397781	818475
2008	7433034	2627318	234345	494542	1826711	605092	539840	1105186
2009	8325949	2988626	316725	531076	2040088	605959	576125	1267349
2010	10871164	3654779	520837	816756	2663318	806153	755213	1654109
2011	13008618	4530207	667196	970843	2981723	898177	875756	2084715

注：全部工业总产值统计到1999年止，2000年起为规上工业产值。2011年起规上工业统计范围由主营业务收入500万元及以上调整为2000万元及以上的工业法人企业。

历年各县市区全部工业总产值指数

4—2 （以上年为100） 单位：%

年份	全市	市本级	柯城区	衢江区	江山市	常山县	开化县	龙游县
1949								
1950	132.41	128.55		111.22	143.72	128.38	134.72	149.14
1951	119.43	124.11		111.93	97.18	127.21	115.61	144.51
1952	130.85	140.02		109.84	115.65	106.42	125.59	171.20
1953	118.95	115.80		91.79	139.60	124.37	122.63	107.71
1954	115.45	113.03		106.50	163.20	92.12	103.16	120.82
1955	85.97	71.05		98.47	79.87	141.67	91.01	92.82
1956	114.98	120.93		98.45	116.80	99.54	115.53	118.18
1957	130.65	152.88		110.24	114.03	122.40	118.70	123.73
1958	159.95	114.61		1142.86	201.65	98.35	138.88	184.52
1959	133.43	168.19		96.19	122.15	171.06	118.24	113.69
1960	131.45	167.05		79.92	133.59	111.86	98.22	122.26
1961	60.25	61.47		18.78	68.60	67.18	61.41	60.86
1962	99.42	98.74		101.30	105.41	88.14	80.50	120.59
1963	106.50	112.58		85.04	110.82	79.82	90.57	108.43
1964	117.62	128.64		98.49	103.92	106.57	96.60	118.08
1965	134.40	149.56		164.80	110.38	97.99	114.07	127.77
1966	126.09	128.46		106.50	129.16	125.44	93.03	127.88
1967	77.13	66.39		46.80	84.52	178.08	116.15	80.45
1968	76.18	56.76		103.11	93.14	98.90	107.18	100.58
1969	169.25	229.15		106.63	146.57	124.40	102.23	127.60
1970	117.09	129.99		118.64	110.48	88.25	117.73	92.19
1971	120.39	117.68		121.43	123.36	113.14	121.41	134.9
1972	117.49	118.5		112.16	111.46	111.81	147.15	111.93
1973	102.39	100.41		99.3	98.19	110.52	114.46	108.37
1974	84.78	83.47		115.85	80.58	88.14	107.33	79.47
1975	92.96	89.42		119.15	97.37	73.68	111.06	99.05
1976	100.12	93.95		115.31	101.45	95.03	115.55	113.37
1977	137.47	140.15		136.28	141.70	182.81	112.32	129.14
1978	123.39	124.08		124.51	122.61	124.67	121.46	122.38
1979	110.36	107.23		135.07	108.17	114.08	122.81	111.61

历年各县市区全部工业总产值指数

4—2 续表　　（以上年为 100）　　单位：%

年　份	全　市	市本级	柯城区	衢江区	江山市	常山县	开化县	龙游县
1980	118.00	123.04		111.39	117.46	102.31	109.18	115.55
1981	109.14	108.55		137.95	111.21	109.88	110.94	103.06
1982	110.94	109.16		80.03	118.89	103.47	109.34	118.49
1983	112.47	110.48		140.58	119.23	112.88	110.54	108.94
1984	107.73	102.71		140.87	112.70	105.76	115.82	109.96
1985	124.84	106.33		167.46	139.90	137.83	127.88	137.43
1986	114.73	103.14	141.85	158.04	124.04	114.24	106.00	128.06
1987	121.34	114.45	128.92	158.09	129.34	121.55	108.77	121.76
1988	127.58	121.77	131.34	141.83	134.07	131.02	123.60	124.82
1989	113.97	106.63	121.64	124.18	116.47	128.73	113.92	113.94
1990	106.86	110.68	112.70	114.55	95.55	109.02	112.36	110.70
1991	119.40	114.06	123.92	129.30	120.35	134.42	123.50	116.00
1992	127.20	115.55	158.35	162.39	123.00	141.04	130.98	128.61
1993	131.35	116.72	178.09	140.08	121.10	150.32	133.65	149.39
1994	136.14	116.42	186.99	140.68	139.99	133.91	132.36	153.15
1995	111.58	110.15	107.28	119.84	97.65	95.38	130.34	125.53
1996	108.56	96.73	101.63	95.28	119.10	114.68	113.25	116.91
1997	107.17	107.39	107.47	109.09	99.46	126.78	121.60	97.19
1998	119.85	118.7	143.0	123.41	121.43	95.8	117.93	126.32

注：1999 年起为规模以上工业指数。2002 年起柯城区、衢江区为新区划统计历史数据未调整。

历年全市工业主要产品产量

4—3

年 份	配混合饲料 (吨)	食用植物油 (吨)	啤 酒 (吨)	纱 (吨)	硫 酸 (吨)	合 成 氨 (吨)
1949		1446				
1950		801				
1951		1103				
1952		2311				
1953		2697				
1954		2073				
1955		2061				
1956		1991				
1957		1835				
1958		3368			1	
1959		3260			95	
1960		2726			887	
1961		1570			1292	
1962		1392			11856	1772
1963		2233			73022	21223
1964		2268			102842	38597
1965		2390			123555	77323
1966		1249		470	135513	98082
1967		915		981	79457	46703
1968		1101		1114	6891	8641
1969		1058		1646	109277	52089
1970		1646		1576	99770	65044
1971		2810		1474	126611	77710
1972		3804		1578	130846	106920
1973		4351		1660	127747	104378
1974		3554		1172	101732	82595
1975		3934		314	58475	71002
1976		3285		233	60125	66355
1977		3366		1418	70605	106117
1978		6811		1589	123938	130889
1979		7771	505	1601	154021	151555

历年全市工业主要产品产量

4—3 续表 1

年　份	配混合饲料（吨）	食用植物油（吨）	啤　酒（吨）	纱（吨）	硫　酸（吨）	合成氨（吨）
1980		6722	1316	1597	170991	165687
1981		8545	2114	1535	156846	155903
1982		13528	5524	1774	145893	168268
1983		9341	8706	2024	153789	161348
1984		10542	10892	1775	170751	160333
1985		12854	16535	1855	169119	154075
1986		16066	24728	3793	158004	151789
1987		16211	36725	6278	163519	149586
1988		13583	54626	7667	156828	141178
1989		12749	40998	7674	138704	142793
1990		14408	45744	8120	155329	146067
1991		20176	47228	9567	201693	151318
1992		25171	51127	10632	186236	156822
1993		29200	82500	11085	196300	151100
1994		23592	75177	13814	201521	151025
1995		34266	81961	15266	208738	160754
1996		20234	92706	13418	198826	159955
1997		23178	90578	15952	190478	174891
1998	142729	9254	115530	16303	185146	182616
1999	124221	7633	125999	18475	217883	198636
2000	114831	422	138966	24663	217491	188008
2001	139474	1818	125409	26086	239017	186982
2002	116668	1586	114148	28761	241404	191696
2003	132443	3308	110532	33919	243896	155444
2004	164635	3409	118061	43187	253881	155139
2005	196063	3762	113404	55773	307603	175257
2006	209960	5792	117645	72097	301581	153513
2007	278413	6143	162083	75797	303757	159086
2008	444864	16513	106386	98749	283700	125720
2009	661113	9267	78297	116543	264118	162322
2010	512528	7990	71461	140053	309824	197319
2011	440682	8727	63045	139024	324114	409428

历年全市工业主要产品产量

4—3 续表 2

年份	机制纸及纸板（吨）	农用化肥（吨）	化学农药（吨）	气体压缩机（台）	水泥（万吨）	发电量（万千瓦时）
1949						5
1950	4					4
1951	8					5
1952	8					22
1953	17					41
1954	11					48
1955	16					102
1956	19					184
1957	30					451
1958	31				0.08	1418
1959	49	143			2.13	6596
1960	262	817	1268		11.13	11632
1961	1199	834	2780		8.54	11832
1962	2203	2379	5413		10.26	13642
1963	3365	20141	7707		16.05	10309
1964	4538	36471	8255		19.74	14921
1965	6607	69701	14411		21.16	18087
1966	7022	86392	17697		23.49	21340
1967	7998	41971	9952		11.71	17954
1968	8207	10964	2232		10.27	12752
1969	8398	52099	16482		19.84	21990
1970	5969	55885	21453		24.30	34511
1971	8787	62579	24048		30.83	43143
1972	9955	82506	24107		31.85	43850
1973	9509	81667	23246		32.42	46720
1974	6105	61010	20928		21.49	28208
1975	5377	50166	15840		26.92	37063
1976	7530	47854	12853		24.4184	39159
1977	8616	76824	15643		40.66	39516
1978	11439	96972	21275		44.47	52047
1979	13771	112933	21789		50.62	56503

历年全市工业主要产品产量

4—3 续表 3

年份	机制纸及纸板（吨）	农用化肥（吨）	化学农药（吨）	气体压缩机（台）	水泥（万吨）	发电量（万千瓦时）
1980	16684	119826	20260		59.39	92647
1981	15651	116272	19368		71.30	106735
1982	16912	111754	17516		82.90	101729
1983	17945	107786	3753		99.80	144390
1984	18245	97585	983		100.41	118474
1985	23474	86806	992		128.65	121418
1986	27880	109707	1017		132.54	106758
1987	31665	108827	1067		151.52	117179
1988	35075	106090	898		169.33	152448
1989	35908	102611	877		178.87	141920
1990	39944	112673	799		187.05	128372
1991	43163	118954	933		213.27	115757
1992	50609	121628	1226		251.51	190489
1993	62400	105000	891		301.03	180452
1994	67139	107276	1557		349.58	187007
1995	100195	117435	1101		452.17	223508
1996	73202	100140	3460		470.91	168064
1997	103041	103323	2097		410.08	225031
1998	90664	107743	5808	10604	412.14	267828
1999	97417	112086	68	16440	430.75	247175
2000	124144	92315	287	28984	490.86	215207
2001	82595	93248	1436	40072	615.7	244667
2002	131879	85754	2552	96989	758.85	280849
2003	129410	57405	4084	169470	906.49	262827
2004	151374	54187	7621	227602	1162.06	233465
2005	241425	72065	8399	189125	1316.13	298493
2006	353084	84914	10483	212636	1630.11	407239
2007	460432	86342	13410	235719	1815.93	431019
2008	529197	114395	15324	203275	1708.14	436472
2009	614859	120688	6711	202149	1887.61	502228
2010	791680	118552	4434	233913	1857.07	546686
2011	958023	115681	3113	241456	1929.38	464298

注：1998 年以后工业主要产品产量统计范围为规模以上工业企业。

4—4

年 份	企业单位数（个）	工业总产值（当年价）	工业销售产值（当年价）	出口交货值	资产总计	流动资产合计	固定资产合计	负债合计
1998	254	778617	748437	76922	1273051	540445	660657	769477
1999	259	776356	761991	84371	1415013	590951	736266	791680
2000	264	893898	860310	101086	1596256	687086	662633	1077162
2001	376	1250900	1082985	129612	1889682	796569	753810	1258577
2002	433	1316643	1296438	161269	2144531	923115	905464	1443436
2003	518	1688461	1653308	222689	2541118	1147478	1033500	1741557
2004	651	2488813	2421214	328642	3147357	1343423	1341662	1897429
2005	722	3212086	3145485	358195	3828488	1631473	1816977	2495988
2006	838	4272056	4185925	420093	4636460	1903252	2174317	2968097
2007	933	5709322	5586995	608899	5769432	2383489	2741355	3621405
2008	1114	7433034	7225684	724858	6901172	3044169	2983367	4195712
2009	1230	8325949	8094155	558976	8281356	3589372	3353112	4767616
2010	1411	10871164	10634889	783978	9681701	4352079	3938003	5825071
2011	861	13008618	12783464	915892	11535694	5578533	4423448	6602782

注：2010 年及以前规上工业为主营业务收入 500 万元及以上的工业法人企业，2011 年调整为主营业务收入 2000 万元及

工业主要指标

单位:万元

主营业务收入	主营业务成本	主营业务税金及附加	利税总额	利润总额	亏损企业亏损额	本年应付工资总额	本年应交增值税	全部从业人员年平均人数(人)
703657	573963	6363	56912	8518	8678	67425	42031	85982
764083	614291	7506	72293	19346	4466	73260	45441	80288
863524	706708	8679	88339	27815	6040	83520	51846	78937
1068141	867079	9710	119851	48913	5295	93265	61229	86380
1253233	1019169	10302	139216	56397	9232	114743	72517	89100
1620075	1335466	13190	182477	89237	5244	128711	80050	94253
2672800	2337815	16330	202813	96351	26653	141795	90132	93230
3131754	2711652	21128	269433	122288	15345	177604	126017	104134
4187297	3558636	25182	396049	216644	9167	212353	154224	109309
5610486	4751454	30541	537360	307222	14809	252016	199597	114185
7592074	6636827	49640	718168	430097	36946	334737	238431	133508
8634071	7232780	76702	763145	466126	48686	360313	220316	138998
11089709	9492305	63543	1175267	812014	31016	546399	299710	158463
13009414	10684013	62973	1709873	1232282	35731	614811	414618	148996

以上的工业法人企业

各县市区工业用电量

4—5　　　　(2011年)　　　　单位：万千瓦时

指　　标	全　市	柯城分局	衢江分局	巨化公司
工业用电量合计	**922303**	**157867**	**86316**	**253091**
1、轻工业	168488	19912	34647	9319
2、重工业	753815	137955	51669	243773
(一) 采矿业	10890	708	2823	
(二) 制造业	846194	145297	74480	235232
食品、饮料和烟草制造业	14311	2325	6990	
纺织业	37280	6973	1675	
服装鞋帽、皮革羽绒及其制品业	4980	651	1797	
木材加工及制品和家具制造业	19570	2008	1291	
造纸及纸制品业	54418	695	18932	
印刷业和记录媒介的复制	975	234	109	
文体用品制造业	1220	69	227	
石油加工、炼焦及核燃料加工业	78	12	32	
化学原料及化学制品制造业	272914	6073	1825	220938
医药制造业	7683	4415	607	792
化学纤维制造业	9864	528	634	7699
橡胶及塑料制品业	15545	2072	2947	
非金属矿制品业	203428	18780	14067	5317
黑色金属冶炼及压延加工业	86300	78683		356
有色金属冶炼及压延加工业	18385	1991	353	
金属制品业	19434	2565	4499	
通用及专用设备制造业	42692	13833	10271	130
交通运输电气电子设备制造业	31767	2688	7707	
工艺品及其他制造业	4582	245	511	
废弃资源和废旧材料回收加工业	768	457	7	
(三) 电力、燃气及水的生产和供应业	65219	11862	9013	17859

各县市区工业用电量

4—5 续表　　(2011 年)　　单位：万千瓦时

指　　标	江山供电局	常山供电局	开化供电局	龙游供电局
工业用电量合计	**159189**	**94589**	**44038**	**124067**
1、轻工业	23081	14034	7267	60228
2、重工业	136107	80555	36771	63840
(一) 采矿业	1792	2052	701	2815
(二) 制造业	148177	89199	40357	113452
食品、饮料和烟草制造业	1693	919	564	1820
纺织业	3341	9253	452	15585
服装鞋帽、皮革羽绒及其制品业	310	51	231	1940
木材加工及制品和家具制造业	11760	1180	386	2946
造纸及纸制品业	1174	2411	23	31182
印刷业和记录媒介的复制	94	11	324	203
文体用品制造业	201	57	355	311
石油加工、炼焦及核燃料加工业		1	0	33
化学原料及化学制品制造业	22957	7364	9860	3896
医药制造业	139	105	1238	387
化学纤维制造业	437	30	7	530
橡胶及塑料制品业	6690	922	878	2036
非金属矿制品业	75093	50180	8768	31223
黑色金属冶炼及压延加工业				7260
有色金属冶炼及压延加工业	1054	451	14266	270
金属制品业	5619	1256	492	5004
通用及专用设备制造业	1647	13853	749	2208
交通运输电气电子设备制造业	14873	982	1493	4025
工艺品及其他制造业	1068	100	250	2408
废弃资源和废旧材料回收加工业	27	73	21	184
(三) 电力、燃气及水的生产和供应业	9220	3338	2980	7801

各县市区规模以上工业主要产品产量

4—6 （2011 年）

指　　标	单　位	全　市	市本级	柯城区	衢江区
食用植物油	吨	8727		1196	5315
配混合饲料	吨	440682	133402		220828
罐头	吨	27791			
啤酒	千升	63045			
纱	吨	139024	16655	1832	3972
服装	万件	2280	651	133	149
轻革	万平方米	847.68	786.14		61.54
人造板	立方米	257991		45361	20809
机制纸	吨	958023	89266	15998	270081
硫酸（折１００%）	吨	324114	261246		
烧碱（折１００%）	吨	409428	409428		
合成氨	吨	162012	162012		
农用化肥	吨	115681	109531		
化学农药	吨	3113			
水泥	万吨	1929.38	25.96		94.97
钢材	万吨	302.84	266.61		
气体压缩机	台	241456	236228		4095
轴承	万套	7042			
变压器	万千伏安	1979.86	330.80		
高低压开关板	面	95414	7192		
发电量	万千瓦时	464298	361464		33853
其中：水电	万千瓦时	94636	56209		11716

各县市区规模以上工业主要产品产量

4—6 续表 （2011 年）

指标	单位	江山市	常山县	开化县	龙游县
食用植物油	吨		497	513	1206
配混合饲料	吨	40979			45473
罐头	吨	5703		7386	14702
啤酒	千升	63045			
纱	吨	9786	43952		62827
服装	万件	500	50		797
轻革	万平方米				
人造板	立方米	150599			41222
机制纸	吨		98046		484632
硫酸（折１００%）	吨				62868
烧碱（折１００%）	吨				
合成氨	吨				
农用化肥	吨				6150
化学农药	吨				3113
水泥	万吨	1005.51	476.31	17.54	309.09
钢材	万吨	8.47	1.43		26.34
气体压缩机	台			1133	
轴承	万套		7042		
变压器	万千伏安	1649.06			
高低压开关板	面	88222			
发电量	万千瓦时	31507	3867		33607
其中：水电	万千瓦时	11509	2870		12332

4—7 （2011

指标代码	企业单位数（个）	亏损企业	工业总产值（当年价）	工业销售产值（当年价）	出口交货值
衢州市	861	68	13008618	12783464	915892
市辖区	96	22	4530207	4517744	376402
柯城区	49	4	667196	663092	24148
衢江区	104	13	970843	949812	92778
常山县	91	15	898177	868737	75765
开化县	77	9	875756	832134	56761
龙游县	173	2	2084715	1996871	138394
江山市	271	3	2981723	2955076	151644
按登记注册类型分组					
内资企业	809	60	11887975	11689803	827680
国有企业	14	4	325703	323949	688
地方企业	13	4	307049	305295	688
股份合作企业	1		9852	8317	
有限责任公司	95	14	3824694	3806872	231857
国有独资公司	3	1	260063	253602	
其他有限责任公司	92	13	3564631	3553270	231857
股份有限公司	20		1042151	1018814	169813
私营企业	676	42	6515127	6362479	425313
私营独资企业	86	2	549154	539760	14022
私营合伙企业	8	1	46451	44148	3309
私营有限责任公司	564	38	5615596	5488543	400367
私营股份有限公司	18	1	303927	290028	7616
其他企业	3		170447	169372	9
港、澳、台商投资公司	21	2	455153	450138	33529
内地与港澳台合资经营企业	14	1	144972	140892	18416
内地与港澳台合作经营企业	1		4532	4145	1434
港澳台商独资经营企业	6	1	305649	305102	13679
外商投资企业公司	31	6	665490	643524	54683
中外合资经营企业	23	5	383260	360129	36255
外商独资经营企业	6	1	249440	252211	7623
外商投资股份有限公司	2		32790	31183	10805
按企业规模（主营业务收入）分组：					
2000–3000 万	197	17	491380	475868	29069
3000–5000 万	197	20	768177	739503	62583
5000–1 亿	239	18	1718921	1671148	134648
1 亿–5 亿	192	13	4118829	4011978	304787
5 亿–10 亿	21		1447120	1412569	146553
10 亿–50 亿	13		2140436	2124481	93044
100 亿及以上	2		2323754	2347918	145208

主要财务指标

年)　　　　　　　　　　　　　　　　　　　　　　　　　　单位:万元

资产总计	流动资产合计	产成品	固定资产合计	固定资产原价	累计折旧	本年折旧	负债合计
11535694	5578533	588936	4423448	5827169	1819872	425180	6602782
4581894	2112537	182086	1750091	2438057	843716	162171	2594875
529302	324419	21435	107871	135986	38089	13953	358786
1101431	499223	71569	500289	632117	167134	43533	674939
725075	299490	46089	338996	439153	120071	37758	409792
845142	477545	74721	321885	391885	97861	44193	455036
1712154	880777	105454	652000	814349	236640	56030	1018387
2040696	984542	87583	752316	975622	316362	67542	1090967
10345705	4989092	534201	4018406	5328969	1700224	387755	6021489
333356	80466	5939	207896	363360	164366	21463	145565
278996	70171	5939	166915	251044	93032	16889	138200
17860	8568	895	7639	7765	866	866	7952
3922997	1542166	123187	1845134	2554160	855730	168443	2447769
306745	84014	4846	195070	224651	53861	17799	176566
3616252	1458152	118342	1650064	2329508	801869	150644	2271204
1154045	658656	57436	251141	345918	134514	30571	477400
4849842	2673099	342454	1672708	2034874	542081	164836	2886525
317586	167661	17785	117303	138586	26629	9201	173065
16843	8899	1578	7392	7892	3049	773	10376
4335944	2388168	307689	1485603	1804227	486163	147602	2588623
179470	108370	15402	62411	84170	26241	7259	114462
67606	26137	4290	33888	22892	2667	1576	56278
433754	216284	14941	107202	128218	28155	9169	271263
153598	71325	8787	56452	64306	13748	4193	92963
2049	1558	901	491	1129	638	110	1095
278107	143402	5253	50259	62782	13768	4866	177204
756235	373156	39794	297840	369982	91493	28256	310030
432737	197970	28964	207913	253356	56570	19732	201207
265587	135825	8501	80316	94959	22868	6855	85498
57911	39362	2330	9611	21667	12056	1669	23325
729691	243819	29438	409910	502011	124734	19322	444621
752573	410209	75644	235760	288918	90404	21847	412872
1218482	651276	79832	452429	571043	160523	45461	736659
3569180	1864717	234076	1364364	1753883	539717	146015	2073253
1077276	567113	67643	379053	471248	118669	34184	637517
1907786	981455	54721	535636	680055	194759	54834	885206
2280706	859945	47581	1046296	1560011	591066	103518	1412654

4—7 续表 1

(2011

指　标　代　码	企业单位数（个）	亏损企业	工业总产值（当年价）	工业销售产值（当年价）	出口交货值
按隶属关系分组					
中央属	3		275677	269290	
省　属	7	3	1176486	1179388	145896
地（市）属	3	1	59134	58633	
县（市）属	8	1	290543	294799	
其　他	840	63	11206778	10981355	769996
在总计中：亏损企业	68	68	474623	463217	30072
在总计中：国有控股企业	22	5	1823437	1818027	167110
在总计中：集体控股企业	5		125245	119493	9525
在总计中：私人控股企业	793	57	10032668	9834356	666690
在总计中：港澳台控股企业	17	2	378996	376366	21326
在总计中：外商控股企业	21	3	476222	463872	49166
在总计中：其他控股企业	3	1	172048	171352	2077
在总计中：轻工业	316	25	3560467	3464242	382080
在总计中：重工业	545	43	9448151	9319223	533812
在总计中：大型企业	11		3562555	3571032	269098
在总计中：中型企业	77	13	2549187	2472290	237980
在总计中：小型企业	729	48	6666734	6506868	393459
在总计中：微型企业	44	7	230142	233275	15355
按工业行业类别分					
一、采掘业	2		5970	5970	
非金属矿采选业	2		5970	5970	
二、制造业	839	63	12650968	12424038	915892
农副食品加工业	34	2	416002	412195	5869
饲料加工	16		317399	317668	5088
植物油加工	8	2	29036	27980	168
屠宰及肉类加工	1		4000	4000	
食品制造业	26	1	117027	115443	21007
方便食品制造	4		16111	17666	
罐头制造	7		28749	26602	9316
酒、饮料和精制茶制造业	11	1	249519	255272	16361
软料制造	2		188584	194363	
精制茶加工	8		48456	48086	16361
纺织业	46	7	529153	509907	73900
棉纺织及印染精加工	32	5	409021	393691	31644
针织或钩针编织物及其制品制造	5		65482	62070	29306
纺织服装、服饰业	15	3	61560	60482	8812

主要财务指标

年)

单位:万元

资产总计	流动资产合计	产成品	固定资产合计	固定资产原价	累计折旧	本年折旧	负债合计
356998	90946	4837	235418	336255	125118	22350	181991
1473479	580804	31901	571169	1113034	458442	65769	788576
68952	16796	302	40059	68441	28382	4089	40281
278581	110171	5242	120462	161790	49706	11917	95821
9357684	4779815	546654	3456340	4147649	1158225	321055	5496113
971751	299817	48236	585073	729613	181149	39820	714321
2175234	785852	45842	965342	1717909	703020	106413	1153772
173171	91789	12749	78966	96432	31579	11266	59098
8209869	4180448	481550	3099367	3664372	986130	282758	4877970
380774	188478	11519	86893	101978	22058	6554	237771
517898	301099	32255	153074	212889	69696	15691	209836
78749	30867	5021	39807	33588	7390	2499	64335
3123369	1697611	232571	1069435	1267160	323009	103014	1798621
8412325	3880922	356365	3354013	4560008	1496863	322166	4804161
3429403	1526465	97923	1282353	1827089	653211	124910	1912337
2778538	1266051	143037	1190862	1563652	488903	114699	1541911
5041962	2716377	344476	1757934	2175960	602959	182105	2965204
285791	69640	3500	192300	260467	74799	3466	183330
5819	1891	126	769	824	54	50	4758
5819	1891	126	769	824	54	50	4758
10911447	5497810	586607	3953585	5112225	1549824	394989	6253777
204474	126049	18182	60178	75686	20472	5930	104953
113172	78130	11449	26650	35369	11426	2780	48759
16893	10473	1123	5007	5556	1715	617	12145
3200	2000	800	1200	800	100	90	1000
69454	35592	8172	25986	29360	9049	2361	38182
6227	3549	627	2545	2779	477	282	3006
20764	13192	5169	5798	8129	2563	594	11166
267944	101353	3141	140380	157227	26333	15242	80490
209555	80593	1228	104234	118756	19382	11125	27653
30842	16322	1853	14360	13972	3005	1351	17369
415711	185157	38082	161855	181378	48686	15576	267030
317543	127875	28085	127749	139677	36716	11692	201262
62375	32366	3069	25592	31632	8486	2963	40540
65107	37506	2093	22588	28149	7874	1854	34544

4—7 续表 2

(2011

指　　标　　代　　码	企业单位数（个）	亏损企业	工业总产值（当年价）	工业销售产值（当年价）	出口交货值
皮革、毛皮、羽毛（绒）及其制品业	6	1	124881	123201	74717
皮革鞣制加工	2		102764	103910	71717
皮革制品制造	2		12616	11886	3000
木材加工及木、竹、藤、棕、草制品	74		522156	518559	49959
人造板制造	40		232558	232672	4090
木制品制造	29		264714	262045	44536
竹、藤、棕、草制品制造	3		12865	12018	1332
家具制造业	13	1	123695	123700	7069
木质家具制造	11	1	100082	99822	4638
造纸及纸制品业	41	3	933639	892138	38471
造纸	28	1	797150	763569	36879
纸制品制造	13	2	136489	128569	1592
印刷业和记录媒介的复制	8		48886	48446	1036
文教、工美、体育和娱乐用品制造业	16	1	99714	92052	5511
文教办公用品制造	5		16767	13745	2571
工艺美术品制造	4	1	23263	19065	
体育用品制造	7		59685	59242	2941
石油加工、炼焦及核燃料加工业	1	1	2443	2443	
化学原料及化学制品制造业	139	16	2675275	2644487	306959
基础化学原料制造	51	4	1888173	1885109	263231
肥料制造	2		10762	11126	
农药制造	2		27980	26103	10805
涂料、油墨、颜料及类似产品制造	12		125088	124112	441
合成材料制造	12	1	119467	115889	10643
专用化学产品制造	58	10	496337	474808	21840
医药制造业	13	1	106200	102463	26025
化学药品原药制造	4	1	58088	56266	21493
化学纤维制造业	7		48222	47958	0
橡胶和塑料制品业	29	1	245091	236468	10008
橡胶制品业	2		48425	47984	3309
塑料制品业	27	1	196666	188485	6699
非金属矿物制品业	52	2	877336	862299	4303
水泥、石灰和石膏的制造	18		697924	692012	
石膏、水泥制品及类似制品制造	15	1	104208	99766	1631
砖瓦、石材及其他建筑材料制造	7	1	21845	22313	
玻璃制品制造	7		32785	28471	770
黑色金属冶炼及压延加工业	26	1	1703365	1714225	2482
钢压延加工	17		1662047	1672893	

主要财务指标

年)

单位:万元

资产总计	流动资产合计	产成品	固定资产合计	固定资产原价	累计折旧	本年折旧	负债合计
99530	69926	7146	21696	31498	13752	2150	59431
92130	65785	6894	18544	27614	13010	1855	55911
3563	1454	49	2003	2426	434	148	908
241551	113786	14339	96042	115055	29418	8164	119520
100239	44739	6121	43057	50501	13840	3816	45914
131021	63779	7192	48441	59286	14582	3911	68655
7847	4370	957	2998	3284	499	249	4600
114680	46414	3759	49123	49612	7393	2362	63233
98672	34743	3137	46410	43806	4300	1778	56587
848002	474160	69154	307289	357498	84827	30659	549544
711125	410553	62440	240567	285528	76641	27156	461044
136877	63608	6715	66722	71970	8186	3503	88500
45209	21927	1713	20440	39247	20786	2499	20745
119083	78428	30162	30737	26819	3802	2237	60277
7351	2610	200	4032	4078	755	404	3807
97179	69021	29586	20062	14911	1745	1283	53477
14552	6798	376	6643	7830	1301	551	2993
3361	1845	1167	747	1161	511	94	2385
2741874	1159279	102032	1105292	1782911	651052	127707	1540551
1938248	803361	63677	738364	1337553	542670	84508	1090674
4801	3688	876	1000	1243	243	77	3869
56725	38836	2619	8966	20547	11680	1615	22414
98517	58586	5630	14340	23195	9904	2057	59117
119444	61891	6540	56435	67089	19131	7698	41055
517252	188614	22501	283928	328881	65270	31560	319071
162345	92316	8001	37736	49503	14483	4774	99008
98280	58253	3999	16754	23924	7455	2704	64724
23233	12414	1231	9800	10624	3263	626	13056
122541	74511	13754	39803	59044	20660	5553	56660
13784	10266	388	3491	10145	6654	1004	5110
108758	64245	13366	36311	48899	14006	4550	51550
957842	391334	27674	452412	605262	185966	47871	570887
744656	259889	12357	394357	526547	161508	40717	425255
114532	78409	8490	25448	38610	14199	3398	76493
25495	11495	3255	11197	12208	1658	1024	21169
38649	19437	2650	12835	15463	4060	1778	27269
1118519	428595	30176	607046	605444	179635	48798	804679
1077495	407887	29615	590795	588885	176084	47381	781917

4—7 续表 3

(2011

指标代码	企业单位数(个)	亏损企业	工业总产值(当年价)	工业销售产值(当年价)	出口交货值
有色金属冶炼及压延加工业	24	6	252918	242786	15273
常用有色金属冶炼	1		10459	10960	
有色金属压延加工	20	5	225042	215400	15273
金属制品业	38	2	661363	654784	22234
结构性金属制品制造	18	1	444409	440885	
建筑、安全用金属制品制造	8		73534	73512	
通用设备制造业	61	2	981233	946793	74983
泵、阀门、压缩机及类似机械制造	15		632873	619179	17674
轴承、齿轮和传动部件制造	26	1	180981	168872	55583
通用零部件制造	9		104974	99701	1401
专用设备制造业	28	2	181741	169315	7281
环保、社会公共安全及其他专用	11	1	62385	58724	5768
汽车制造业	12	4	141005	137026	10753
汽车零部件及配件制造	11	4	99614	95936	10753
铁路、船舶、航空航天和其他运输设备制造	4	1	43795	43357	
摩托车制造	3	1	31094	30932	
电气机械及器材制造业	81	3	1082051	1064726	108712
电机制造	4	1	55222	53622	8670
输配电及控制设备制造	44	2	580374	572271	40111
电线、电缆、光缆及电工器材制造	12		251764	246248	6905
电池制造	2		8681	9111	
照明器具制造	15		150537	148852	42695
计算机、通信和其他电子设备制造业	20		332780	317902	23278
广播电视设备制造	8		171591	166833	17583
仪器仪表制造业	5	1	23008	21343	500
通用仪器仪表制造	2		10898	10843	
其他制造业	8		61171	58529	389
废弃资源综合利用业	1		5741	5741	
三、电力、燃气及水的生产和供应业	20	5	351680	353457	
电力、热力的生产和供应业	17	3	334384	337005	
电力生产	11	3	50306	48984	
电力供应	4		246100	246100	
热力生产和供应	2		37978	41922	
燃气生产和供应业	2	1	11206	10361	
水的生产和供应业	1	1	6090	6090	

注：本表数据未包括衢州电力局。

主要财务指标

年)

单位:万元

资产总计	流动资产		固定资产	固定资产	累计折旧		负债合计
	合计	产成品	合计	原价		本年折旧	
186835	135901	20119	42211	46311	9530	6126	143598
3400	2829		541	342	67	22	2364
161652	114573	8259	40518	44556	8998	5935	124570
528095	292312	28268	117872	138314	29755	11466	324246
337391	183994	9661	52624	59753	14180	5656	211649
72627	33898	11696	26135	33913	8875	2768	22996
1005502	598260	59080	212012	258197	72503	19537	385331
692898	416466	24057	118962	141121	31031	10845	191345
147291	88527	17339	44705	63040	23281	4837	88360
104355	52827	13677	33646	30159	6934	2299	74631
130082	68005	8704	49452	55227	9909	3910	63739
47650	19906	1956	20998	22493	3087	1457	22358
116071	66976	8011	35039	40727	8410	3462	79592
108357	64906	7792	29717	34265	7270	2699	76585
27913	14295	1088	9350	13211	4347	1181	15196
9077	3693	124	3049	5051	2487	382	4379
812894	506910	48492	217761	253929	61358	16764	463477
17213	8898	666	6734	9744	3267	985	12558
482713	309780	31918	127138	152163	38864	10136	285261
135001	91812	7841	27232	31355	7137	2072	81045
2216	504	51	906	1044	138	121	1007
156713	86746	7390	47507	49701	9859	2661	70949
423226	331876	27212	56235	71768	20262	5778	260220
172578	132576	11218	24636	33859	11565	2972	105961
18311	10024	1845	6644	8013	1662	702	8836
7093	4024	121	2019	2553	709	262	4067
37608	19470	3107	16979	20555	4019	1545	21935
4453	3192	705	881	495	110	59	2435
618428	78831	2203	469093	714120	269994	30141	344246
563871	64170	1970	439812	666391	251546	28009	309379
355714	27896	248	301726	468588	187609	12458	204148
157640	24776	1722	103407	151541	48134	11868	68185
50517	11498		34679	46262	15803	3683	37046
19524	10467	233	7863	9172	1309	255	10683
35033	4195		21418	38558	17139	1877	24185

4—8 （2011

指标代码	主营业务收入	主营业务成本	主营业务税金及附加	管理费用
衢州市	13009414	10684013	62973	562468
市辖区	4729427	3996604	16630	267197
柯城区	680557	593997	2603	19985
衢江区	933539	758143	5544	28047
常山县	867865	703207	3750	34926
开化县	836648	688500	7612	46821
龙游县	2006121	1560268	5249	72759
江山市	2955257	2383295	21586	92734
按登记注册类型分组				
内资企业	11902901	9783687	57108	523833
国有企业	315423	272677	2001	12335
地方企业	297172	257505	1737	12335
股份合作企业	8317	6540	5	311
有限责任公司	3978903	3206506	20465	247380
国有独资公司	241784	157656	2782	7530
其他有限责任公司	3737120	3048850	17683	239849
股份有限公司	1037313	873364	2544	36658
私营企业	6391750	5257571	31982	224724
私营独资企业	540286	443841	4064	12851
私营合伙企业	44560	36744	225	1972
私营有限责任公司	5513441	4530852	27161	196536
私营股份有限公司	293463	246135	533	13365
其他企业	171195	167028	111	2425
港、澳、台商投资公司	443454	378699	1202	14540
内地与港澳台合资经营企业	131517	103649	780	7579
内地与港澳台合作经营企业	4120	3541	1	137
港澳台商独资经营企业	307818	271508	421	6824
外商投资企业公司	663058	521628	4664	24096
中外合资经营企业	371863	297714	2180	12335
外商独资经营企业	257754	196507	2422	9252
外商投资股份有限公司	33442	27407	62	2508
按企业规模（主营业务收入）分组：				
2000–3000 万	473179	382126	2764	22861
3000–5000 万	749576	610530	4327	37101
5000–1 亿	1683809	1374114	12038	70627
1 亿–5 亿	4034849	3250364	20487	165678
5 亿–10 亿	1417386	1198010	3782	26049
10 亿–50 亿	2121197	1809931	7447	48429
100 亿及以上	2529419	2058939	12129	191724

主要财务指标

年)

单位:万元

财务费用	利息收入	利息支出	利税总额	利润总额	亏损企业亏损额	本年应付工资总额	本年应交增值税	全部从业人员年平均人数(人)
239734	49884	268985	1709873	1232282	35731	614811	414618	148996
85785	39880	117941	490342	325399	20601	265853	148313	48405
7442	1388	8315	74644	45625	842	11349	26416	4317
19183	553	17888	151243	110954	1165	26504	34745	11439
19665	465	18468	103770	64014	6159	57783	36006	14999
18442	486	16169	92863	46547	5177	24409	38704	7901
42482	2457	42221	332290	282896	591	120790	44145	28391
46736	4655	47983	464722	356846	1196	108123	86290	33544
228019	47503	255657	1535426	1102117	31443	555928	376201	135362
3639	303	3915	42507	22669	2013	34323	17837	3936
3844	303	4121	36536	19648	2013	28239	15151	3467
248	0	248	603	344		288	254	380
94016	38461	126941	543363	370817	14138	240998	152082	38782
7168	1516	8579	80330	59630	853	8049	17918	1923
86848	36946	118363	463033	311186	13285	232949	134164	36859
12464	3663	15634	120940	98401		36530	19995	11170
117793	4936	108919	824942	608590	15293	239875	184370	79772
9154	611	9506	76875	59168	354	19065	13643	6950
390	0	363	6719	4606	457	3136	1888	739
104347	3805	95815	716023	524460	14461	209886	164403	69143
3902	520	3235	25325	20356	21	7789	4436	2940
−139	139		3071	1297		3914	1664	1322
6078	884	6406	53470	35771	1723	14810	16497	4717
2928	102	2844	18941	13264	91	4767	4898	1939
			324	200		134	122	31
3149	782	3562	34205	22307	1632	9908	11477	2747
5638	1497	6922	120977	94393	2565	44073	21920	8917
4739	305	5245	57326	44443	2053	24265	10703	4096
190	1171	1098	61023	47795	512	18276	10806	4276
709	22	578	2629	2156		1532	411	545
13657	297	13187	55912	38684	3206	31795	14463	11116
15603	610	14931	89795	62533	4221	43137	22936	15506
30831	1179	28655	211487	153666	9471	87866	45784	27918
83877	4533	78341	556589	411348	18834	176513	124754	47417
19338	1776	20871	202265	157851		41795	40632	10181
22062	7419	27927	287492	209374		50391	70671	14648
54367	34070	85072	306333	198826		183315	95378	22210

4—8 续表 1

(2011

指　　标　　代　　码	主营业务收入	主营业务成本	主营业务税金及附加	管理费用
按隶属关系分组				
中央属	256694	170584	2998	5617
省　属	1455029	1054461	9129	184766
地（市）属	59232	51218	377	2137
县（市）属	303483	248043	1339	8253
其　他	10934977	9159707	49131	361696
在总计中:亏损企业	477983	429872	3687	37378
在总计中:国有控股企业	2102111	1562056	14791	203635
在总计中:集体控股企业	120415	101930	614	9920
在总计中:私人控股企业	9764974	8161913	43832	316244
在总计中:港澳台控股企业	377851	325399	664	10776
在总计中:外商控股企业	471253	363340	2979	19045
在总计中:其他控股企业	172811	169375	93	2848
在总计中:轻工业	3476214	2783222	14815	124884
在总计中:重工业	9533201	7900791	48159	437584
在总计中:大型企业	3740751	3102281	13834	221591
在总计中:中型企业	2480225	1994462	12275	113704
在总计中:小型企业	6540911	5365036	35829	223429
在总计中:微型企业	247528	222234	1035	3744
按工业行业类别分				
一、采掘业	5970	4854	31	102
非金属矿采选业	5970	4854	31	102
二、制造业	12661423	10389646	61113	555684
农副食品加工业	410780	334914	1165	8958
饲料加工	311950	252562	615	5985
植物油加工	28755	23961	234	1001
屠宰及肉类加工	3900	3043	35	50
食品制造业	114746	94351	626	3664
方便食品制造	17549	14747	94	420
罐头制造	26155	20951	158	828
酒、饮料和精制茶制造业	263472	204846	2856	8984
软料制造	202089	158850	871	5539
精制茶加工	48689	38035	349	2713
纺织业	507661	419085	1352	13953
棉纺织及印染精加工	391652	323657	979	9551
针织或钩针编织物及其制品制造	62492	50744	189	2249
纺织服装、服饰业	61426	51174	479	5719

主要财务指标

年）　　　　　　　　　　　　　　　　　　　　单位：万元

财务费用	利息收入	利息支出	利税总额	利润总额	亏损企业亏损额	本年应付工资总额	本年应交增值税	全部从业人员年平均人数（人）
6996	1482	8373	86705	63504		12849	20204	1939
30977	23203	51253	236842	161370	1878	174421	66343	18053
1046	42	1085	7580	3639	400	5590	3565	620
1563	1221	2570	57843	41490	587	13492	15014	2179
199153	23936	205704	1320903	962279	32866	408459	309493	126205
23057	437	21609	-14336	-35731	35731	41563	17708	12613
44117	25612	66548	366823	250492	2865	208984	101539	22471
2293	150	2262	7946	3300		5906	4032	1554
183850	21670	189418	1194897	872789	29155	346527	278277	112364
4937	854	5342	45597	31227	1723	12413	13705	4099
4179	1443	4928	92956	74732	809	36559	15246	7092
359	156	487	1654	-258	1178	4422	1819	1416
63474	3960	61211	514751	409154	8188	175151	90783	53856
176261	45925	207774	1195122	823128	27544	439659	323835	95140
64438	36788	97566	441943	312776		233576	115332	37231
58772	7030	61408	363952	259727	17201	159600	91949	43198
113961	6002	107517	880325	646797	18008	220270	197698	68022
2563	64	2494	23654	12981	523	1365	9638	545
5	3	8	1017	888		49	98	82
5	3	8	1017	888		49	98	82
230737	49666	259790	1654472	1195992	34226	587611	397368	146341
5082	215	4686	58527	51297	7	8163	6065	4105
2644	80	2211	47056	42658		4768	3783	1372
543	6	512	3608	2180	7	648	1194	257
30		30	735	700		158		45
2306	36	1943	15203	11831	760	3687	2747	1718
117		116	2425	1829		795	502	340
820		804	3713	3039		1161	516	670
388	1180	1245	58166	41863	512	6374	13447	1878
-896	1160	47	48813	37019		3504	10923	1085
519	20	446	7474	5356		1904	1770	630
13177	545	12640	62367	48865	2529	39650	12150	10658
10666	291	10186	47535	38134	2065	23507	8422	7692
1480	231	1607	9185	7342		13674	1654	1770
1087	43	1048	5934	1953	2724	11946	3502	4017

4—8 续表 2

（2011

指　　标　　代　　码	主营业务收入	主营业务成本	主营业务税金及附加	管理费用
皮革、毛皮、羽毛（绒）及其制品业	123221	111605	294	3372
皮革鞣制加工	102595	95183	60	2536
皮革制品制造	11886	8899	179	665
木材加工及木、竹、藤、棕、草制品	520553	422206	4724	14397
人造板制造	234913	191022	2722	5301
木制品制造	260950	211227	1791	8629
竹、藤、棕、草制品制造	12866	10208	104	265
家具制造业	120691	94164	892	5854
木质家具制造	99221	79727	831	3641
造纸及纸制品业	896733	715272	1928	27890
造纸	761609	604522	1406	24088
纸制品制造	135124	110751	522	3802
印刷业和记录媒介的复制	47889	37253	337	3959
文教、工美、体育和娱乐用品制造业	95012	76057	1099	3048
文教办公用品制造	15206	12768	130	563
工艺美术品制造	19564	15371	75	870
体育用品制造	60242	47919	894	1616
石油加工、炼焦及核燃料加工业	4373	3607	43	501
化学原料及化学制品制造业	2972497	2351399	17734	242420
基础化学原料制造	2197063	1715791	12998	199371
肥料制造	22903	20426	5	248
农药制造	27541	21817	41	2253
涂料、油墨、颜料及类似产品制造	124657	89049	349	4918
合成材料制造	115667	97801	1085	8514
专用化学产品制造	477329	400163	3199	26393
医药制造业	105600	77835	709	8296
化学药品原药制造	58791	43266	433	4946
化学纤维制造业	47744	38297	79	951
橡胶和塑料制品业	238534	196756	1031	6146
橡胶制品业	47984	37535	126	2078
塑料制品业	190550	159222	905	4068
非金属矿物制品业	834801	611029	7355	30401
水泥、石灰和石膏的制造	664537	483049	6352	18381
石膏、水泥制品及类似制品制造	98063	71826	686	5874
砖瓦、石材及其他建筑材料制造	22515	17791	160	1289
玻璃制品制造	29550	22915	89	2242
黑色金属冶炼及压延加工业	1611432	1475633	4539	26018
钢压延加工	1570521	1440651	4260	23728

主要财务指标

年)

单位：万元

财务费用			利税总额	利润总额	亏损企业亏损额	本年应付工资总额	本年应交增值税	全部从业人员年平均人数(人)
	利息收入	利息支出						
1538	5	2142	5767	4637	88	6555	836	2110
1343	4	1950	2873	2193		4402	620	1395
137		137	1938	1621		650	138	245
6627	118	6456	77676	60435		22633	12518	7981
3234	33	3249	36277	28539		7603	5017	3104
3124	80	2998	37338	28782		14020	6765	4540
257	6	197	2045	1562		682	379	222
2210	19	2084	17271	14327	13	6728	2051	2688
1858	13	1736	14307	11620	13	6407	1856	2482
18237	945	18140	135801	111280	579	36640	22593	9056
16843	888	16212	117569	97181	266	29627	18982	7286
1394	57	1928	18232	14099	313	7013	3611	1770
702	61	680	5990	3600		2883	2053	817
1590	72	1135	13524	10245	9	3832	2180	2300
185	4	164	2005	1289		370	586	239
856	68	438	2704	1629	9	633	1000	423
549		533	8815	7326		2830	594	1638
166	1	160	201	-61	61	253	219	70
59654	25279	80016	380245	247122	18179	202102	115389	28794
43664	24755	64397	288216	186228	14447	180365	88989	21158
2	1	2	1824	1795		378	24	118
669	21	569	2294	2253		1115	0	390
2708	123	2838	28211	25714		2766	2147	935
811	151	832	9846	3651	97	3268	5110	1349
11638	226	11214	49638	27667	3310	12594	18772	4344
3623	376	3366	13825	8023	377	4491	5093	1931
2509	122	2051	6687	3633	377	2724	2621	952
807	10	559	7425	6700		1341	645	381
2829	55	2740	36694	26168	207	5456	9495	1975
346		333	9388	7178		630	2084	290
2483	55	2407	27306	18990	207	4826	7411	1685
28751	2739	30177	197568	144615	633	30821	45598	8869
24280	2228	25773	171232	125572	0	19576	39308	5436
2169	206	1919	19005	14106	56	5108	4213	1441
595	3	551	2014	1292	577	1483	562	687
1109	7	1099	3377	2561		3237	727	876
26204	11645	37244	121364	75318	443	36580	41508	10698
25329	11637	36481	117199	72964		32416	39975	9294

4—8 续表 3 (2011

指　标　代　码	主营业务收入	主营业务成本	主营业务税金及附加	管理费用
有色金属冶炼及压延加工业	246105	209383	950	5302
常用有色金属冶炼	10960	8435	35	234
有色金属压延加工	218573	185870	750	4661
金属制品业	668551	581394	1960	13369
结构性金属制品制造	443968	388142	1130	7673
建筑、安全用金属制品制造	73086	60851	317	975
通用设备制造业	960302	815968	2606	45202
泵、阀门、压缩机及类似机械制造	623505	536044	1594	21247
轴承、齿轮和传动部件制造	174137	143684	503	11290
通用零部件制造	103990	92811	130	4224
专用设备制造业	171447	134818	1130	9151
环保、社会公共安全及其他专用	58319	45781	598	1677
汽车制造业	134044	111922	249	6866
汽车零部件及配件制造	92556	73313	246	6447
铁路、船舶、航空航天和其他运输设备制造	43251	35542	274	1860
摩托车制造	30826	26461	200	525
电气机械及器材制造业	1056407	873656	4803	37627
电机制造	54641	45037	105	1475
输配电及控制设备制造	564650	468358	2709	20641
电线、电缆、光缆及电工器材制造	244759	214143	1025	4467
电池制造	8428	6627	25	193
照明器具制造	149167	111667	671	9430
计算机、通信和其他电子设备制造业	319755	242375	1591	18903
广播电视设备制造	166928	129943	673	11674
仪器仪表制造业	20920	16859	69	888
通用仪器仪表制造	10420	8352	7	304
其他制造业	59672	48719	200	1841
废弃资源综合利用业	3804	3529	38	146
三、电力、燃气及水的生产和供应业	342022	289514	1829	6681
电力、热力的生产和供应业	325552	276042	1768	5314
电力生产	48654	37158	448	1902
电力供应	236497	211619	1240	2002
热力生产和供应	40401	27265	80	1410
燃气生产和供应业	10380	9495	29	46
水的生产和供应业	6090	3976	32	1322

注：本表数据未包括衢州电力局。

主要财务指标

年)

单位:万元

财务费用			利税总额	利润总额	亏损企业亏损额	本年应付工资总额	本年应交增值税	全部从业人员年平均人数(人)
	利息收入	利息支出						
3851	836	4366	28412	19658	762	4299	7805	1453
65	1	48	2105	1960		147	111	60
3395	836	3930	25293	17385	706	3657	7158	1234
6431	858	6951	78750	58483	64	14807	18307	5104
4227	755	4800	53567	38369	43	6289	14068	2254
403	1	401	10557	9705		1762	535	770
9362	2913	10599	94207	70795	799	53337	20805	15282
2138	2457	4235	63127	50894		20852	10639	7718
3795	143	2937	14962	10126	98	16380	4334	4235
2419	113	2270	9253	5910		5935	3214	1511
2014	388	2205	23117	18224	817	7314	3763	2720
958	13	841	8528	6843	763	1839	1088	777
4550	90	2533	9629	5307	784	5347	4072	1866
4350	84	2353	8020	5047	784	4627	2727	1715
786	12	798	5568	3972	35	1780	1323	507
200	5	205	3775	2798	35	1084	778	327
17448	783	16558	133502	100379	3711	37058	28321	11714
853	39	680	8156	6141	46	1396	1910	640
11040	418	10603	64500	47209	3666	15903	14582	5254
3221	227	3296	27729	18878		3012	7826	880
87		87	1462	1234		113	203	100
1600	68	1350	26858	23278		14062	2909	3995
9836	402	7908	55912	41398		22826	12922	4909
5483	171	4271	23662	16364		12804	6625	2159
338	1	321	2797	2255	133	1191	473	611
241		224	1725	1596		145	122	102
1095	36	1064	8795	7295		9430	1300	2048
48		30	235	7		88	190	81
8993	216	9187	54383	35401	1506	27151	17153	2573
8367	210	8558	53585	35174	1047	25761	16643	2172
4728	83	4799	9576	4705	1047	8974	4423	966
1868	123	1988	32130	19198		15909	11691	934
1771	5	1771	11879	11271		877	528	272
15	2	15	896	627	59	117	240	98
611	4	614	-98	-400	400	1273	270	303

4—9 (2011

指标名称	企业单位数（个）	工业总产值	工业销售产值	出口交货值
衢州市	22	1823437	1818027	167110
市辖区	5	1111054	1114467	145208
柯城区	2	13759	13257	
衢江区	1	12708	12624	
常山县	3	165664	159350	
开化县	2	38930	39021	
龙游县	4	111519	110793	688
江山市	5	369803	368515	21214
按登记注册类型分组				
内资企业	21	1799055	1793933	167110
国有企业	14	325703	323949	688
地方企业	13	307049	305295	688
有限责任公司	6	1318454	1316111	145208
国有独资公司	3	260063	253602	
其他有限责任公司	3	1058391	1062509	145208
股份有限公司	1	154899	153873	21214
外商投资企业公司	1	24382	24093	
按企业规模（主营业务收入）分组：				
2000-3000 万	2	4836	4721	
3000-5000 万	4	14446	14053	688
5000-1 亿	3	17944	17625	
1 亿-5 亿	7	158201	156409	
5 亿-10 亿	2	171457	171457	
10 亿-50 亿	3	411922	404510	21214
100 亿及以上	1	1044631	1049253	145208
按隶属关系分组				
中央属	3	275677	269290	
省　属	7	1176486	1179388	145896
地（市）属	3	59134	58633	

工业企业主要财务指标

年）

单位:万元

资产合计	流动资产 合计	产成品	固定资产 合计	固定资产 原价合计	累计折旧	本年折旧	负债合计
2175234	785852	45842	965342	1717909	703020	106413	1153772
1501978	574251	31190	602554	1214889	529754	69024	798464
12008	9160	302	2318	4456	2561	376	7648
7628	6240	1604	1073	1311	238	157	5920
185089	33555	1431	121677	157712	36036	15693	95208
29484	5696	31	23163	33243	10170	3450	12661
72641	25504	1091	38409	57619	19902	3890	26876
366406	131447	10194	176148	248679	104360	13823	206995
2159381	778028	45453	957313	1708597	700202	105697	1146618
333356	80466	5939	207896	363360	164366	21463	145565
278996	70171	5939	166915	251044	93032	16889	138200
1697811	632579	34457	724372	1271196	486839	79248	937636
306745	84014	4846	195070	224651	53861	17799	176566
1391067	548565	29611	529302	1046545	432978	61449	761071
128214	64983	5057	25045	74041	48996	4986	63417
15853	7824	388	8029	9313	2818	717	7154
36494	5519		28429	34568	13688	1538	24657
27551	19577	284	7650	13448	6221	590	11108
39288	6413	846	23450	40831	18164	2127	25654
157483	54662	3786	96126	197536	103516	11765	55289
104506	14642	1722	63223	91457	28234	6558	45598
430852	145633	9894	219481	297981	102780	22762	238043
1379059	539406	29309	526984	1042089	430417	61074	753423
356998	90946	4837	235418	336255	125118	22350	181991
1473479	580804	31901	571169	1113034	458442	65769	788576
68952	16796	302	40059	68441	28382	4089	40281

4—9 续表 (2011

指标名称	企业单位数(个)	工业总产值	工业销售产值	出口交货值
县（市）属	6	129618	129509	
其他	3	182523	181206	21214
在总计中：亏损企业	5	33829	32627	
在总计中：国有控股企业	22	1823437	1818027	167110
在总计中：轻工业	6	35719	35460	688
在总计中：重工业	16	1787718	1782567	166422
在总计中：大型企业	1	1044631	1049253	145208
在总计中：中型企业	8	461340	452807	21214
在总计中：小型企业	13	317466	315967	688
按工业行业类别分				
一、制造业	14	1547757	1542461	167110
酒、饮料和精制茶制造业	1	6813	6903	
精制茶加工	1	6813	6903	
纺织服装、服饰业	2	6866	6603	688
机织服装制造	2	6866	6603	688
印刷业和记录媒介的复制	1	3242	3240	
化学原料及化学制品制造业	4	1228251	1231430	166422
基础化学原料制造	3	1223912	1227219	166422
医药制造业	1	12708	12624	
非金属矿物制品业	2	257023	250637	
水泥、石灰和石膏制造	2	257023	250637	
通用设备制造业	2	22337	21009	
电气机械及器材制造业	1	10518	10017	
电线、电缆、光缆及电工器材制造	1	10518	10017	
二、电力、燃气及水的生产和供应业	8	275680	275565	
电力、热力的生产和供应业	7	269590	269475	
电力生产	3	23490	23375	
电力供应	4	246100	246100	
水的生产和供应业	1	6090	6090	

注：本表数据未包括衢州电力局。

工业企业主要财务指标

年)

单位:万元

资产合计	流动资产合计	产成品	固定资产合计	固定资产原价合计	累计折旧	本年折旧	负债合计
128566	22979	3357	84022	114267	37884	8351	70631
147239	74327	5446	34675	85912	53194	5854	72293
94292	28259	1689	53793	85857	37185	4089	57825
2175234	785852	45842	965342	1717909	703020	106413	1153772
66457	27082	1730	29475	50934	21971	2609	38348
2108776	758769	44111	935867	1666975	681049	103805	1115424
1379059	539406	29309	526984	1042089	430417	61074	753423
547212	179472	11584	289224	465707	201335	30161	280978
248963	66974	4949	149134	210114	71268	15178	119370
1891706	741067	44120	771107	1380927	552724	86556	1029381
1432	525	31	902	1145	332	128	245
1432	525	31	902	1145	332	128	245
19192	14602	96	4481	7363	2882	295	6275
19192	14602	96	4481	7363	2882	295	6275
3172	1521		1601	2558	1380	152	1723
1528312	615666	34944	561625	1128969	484191	66919	827104
1523125	612212	34755	560057	1125442	482232	66776	823994
7628	6240	1604	1073	1311	238	157	5920
302639	80651	4837	194436	223940	53783	17777	174627
302639	80651	4837	194436	223940	53783	17777	174627
20496	14225	2307	6271	13744	8737	905	7562
8836	7639	302	717	1898	1181	224	5925
8836	7639	302	717	1898	1181	224	5925
283527	44784	1722	194235	336982	150296	19857	124391
248494	40590	1722	172817	298425	133156	17980	100206
90854	15814		69410	146884	85022	6112	32021
157640	24776	1722	103407	151541	48134	11868	68185
35033	4195		21418	38558	17139	1877	24185

全部独立核算国有控股

4—10

（2011

指标名称	主营业务收入	主营业务成本	主营业务税金及附加	管理费用
衢州市	2102111	1562056	14791	203635
市辖区	1400351	1001281	9678	182890
柯城区	13128	10339	103	1172
衢江区	13263	9857	130	277
常山县	158844	117725	1956	5166
开化县	41733	31531	342	2104
龙游县	98994	89864	455	1957
江山市	375797	301458	2127	10070
按登记注册类型分组				
内资企业	2078795	1542275	14035	202963
国有企业	315423	272677	2001	12335
地方企业	297172	257505	1737	12335
有限责任公司	1591228	1118699	11369	183470
国有独资公司	241784	157656	2782	7530
其他有限责任公司	1349445	961042	8587	175940
股份有限公司	172144	150900	666	7158
外商投资企业公司	23315	19781	756	672
按企业规模（主营业务收入）分组：				
2000–3000 万	4849	3592	24	548
3000–5000 万	14455	11049	126	3662
5000–1 亿	18302	14338	134	1989
1 亿–5 亿	159236	129194	1918	9894
5 亿–10 亿	158367	146868	706	
10 亿–50 亿	410586	306312	3400	12775
100 亿及以上	1336317	950703	8484	174767
按隶属关系分组				
中央属	256694	170584	2998	5617
省属	1455029	1054461	9129	184766
地（市）属	59232	51218	377	2137

工业企业主要财务指标

年)

单位:万元

财务费用	利息支出	利税总额	利润总额	亏损企业亏损额	本年应付工资总额	本年应交增值税	全部从业人员年平均人数(人)
44117	66548	366823	250492	2865	208984	101539	22471
31032	51195	236324	160651	1101	174671	65995	17278
6	15	1678	932		1128	644	164
131	131	2893	1703		471	1060	115
5277	5392	39062	25076	853	8661	12029	1400
305	327	9215	6185		4955	2688	354
702	760	10186	5864	325	6306	3867	1186
6664	8728	67465	50081	587	12791	15257	1974
43799	66254	363433	248820	2865	208500	100577	22379
3639	3915	42507	22669	2013	34323	17837	3936
3844	4121	36536	19648	2013	28239	15151	3467
37610	59087	308403	217621	853	169118	79413	17615
7168	8579	80330	59630	853	8049	17918	1923
30442	50508	228072	157991		161069	61495	15692
2550	3252	12524	8530		5059	3328	828
319	294	3390	1672		484	962	92
1276	1280	-283	-585	587	941	279	150
52	85	266	-773	1178	4284	913	1267
628	652	937	267	400	1351	536	650
857	1018	29400	15566	701	23157	11916	2151
1117	1190	16851	9944		7487	6201	427
9752	11830	93258	69014		11823	20845	2298
30436	50493	226394	157059		159941	60851	15528
6996	8373	86705	63504		12849	20204	1939
30977	51253	236842	161370	1878	174421	66343	18053
1046	1085	7580	3639	400	5590	3565	620

4—10续表 (2011

指标名称	主营业务收入	主营业务成本	主营业务税金及附加	管理费用
县（市）属	132467	112756	856	2928
其　他	198689	173037	1432	8188
在总计中：亏损企业	32816	23670	278	10142
在总计中：国有控股企业	2102111	1562056	14791	203635
在总计中：轻工业	36446	27097	310	4780
在总计中：重工业	2065665	1534959	14482	198855
在总计中：大型企业	1336317	950703	8484	174767
在总计中：中型企业	458854	343177	3924	22721
在总计中：小型企业	306940	268176	2384	6147
按工业行业类别分				
一、制造业	1836423	1327698	13232	199763
酒、饮料和精制茶制造业	6846	6039	60	102
精制茶加工	6846	6039	60	102
纺织服装、服饰业	7017	4870	77	2722
机织服装制造	7017	4870	77	2722
印刷业和记录媒介的复制	3230	2356	10	358
化学原料及化学制品制造业	1535984	1125207	9944	183180
基础化学原料制造	1531776	1121384	9906	182598
医药制造业	13263	9857	130	277
非金属矿物制品业	238443	155412	2734	5617
水泥、石灰和石膏制造	238443	155412	2734	5617
通用设备制造业	21743	15973	184	6694
电气机械及器材制造业	9898	7984	93	815
电线、电缆、光缆及电工器材制造	9898	7984	93	815
二、电力、燃气及水的生产和供应业	265688	234358	1560	3872
电力、热力的生产和供应业	259598	230382	1527	2550
电力生产	23100	18764	287	548
电力供应	236497	211619	1240	2002
水的生产和供应业	6090	3976	32	1322

注：本表数据未包括衢州电力局。

工业企业主要财务指标

年)

单位:万元

财务费用		利税总额	利润总额	亏损企业亏损额	本年应付工资总额	本年应交增值税	全部从业人员年平均人数(人)
	利息支出						
2213	2275	19304	11462	587	10260	6987	857
2885	3561	16391	10518		5865	4441	1002
1724	1893	-310	-2865	2865	11500	2278	2221
44117	66548	366823	250492	2865	208984	101539	22471
724	760	3547	1208	1253	4479	2029	1278
43393	65788	363276	249284	1612	204505	99510	21193
30436	50493	226394	157059	0	159941	60851	15528
10064	12308	99321	69756	2279	28947	25641	4898
3617	3747	41108	23677	587	20096	15048	2045
40567	62871	329103	229258	1878	184775	86613	20615
		413	353		43		82
		413	353		43		82
-34		-139	-763	853	2370	547	696
-34		-139	-763	853	2370	547	696
17	15	478	316		322	152	82
33374	54108	242235	166937	325	167076	65354	16937
33305	54038	242308	167262		165484	65141	16448
131	131	2893	1703		471	1060	115
7201	8579	80735	60483		6764	17517	1470
7201	8579	80735	60483		6764	17517	1470
-111	38	1288	-386	701	6923	1490	1151
-11		1201	616		806	492	82
-11		1201	616		806	492	82
3550	3677	37720	21234	987	24208	14927	1856
2939	3063	37818	21634	587	22935	14657	1553
1071	1075	5688	2436	587	7026	2965	619
1868	1988	32130	19198		15909	11691	934
611	614	-98	-400	400	1273	270	303

4—11 （2011

指标名称	企业单位数（个）	工业总产值	工业销售产值	出口交货值
衢州市	52	1120643	1093662	88211
市辖区	13	253726	257911	15573
柯城区	2	270419	271377	
衢江区	4	154819	144354	26994
常山县	5	32965	30482	18768
开化县	2	64118	61072	37
龙游县	9	175682	164653	23864
江山市	17	168916	163813	2976
按登记注册类型分组				
港、澳、台商投资公司	21	455153	450138	33529
内地与港澳台合资经营企业	14	144972	140892	18416
内地与港澳台合作经营企业	1	4532	4145	1434
港澳台商独资经营企业	6	305649	305102	13679
外商投资企业公司	31	665490	643524	54683
中外合资经营企业	23	383260	360129	36255
外商独资经营企业	6	249440	252211	7623
外商投资股份有限公司	2	32790	31183	10805
按企业规模(主营业务收入)分组：				
2000-3000万	8	17952	17579	4258
3000-5000万	9	34325	32233	5830
5000-1亿	13	94586	92908	18471
1亿-5亿	18	380240	369258	38040
5亿-10亿	2	177280	159023	21614
10亿-50亿	2	416261	422661	
在总计中：亏损企业	8	52562	51090	6654
在总计中：国有控股企业	1	24382	24093	
在总计中：私人控股企业	13	241042	229331	17720
在总计中：港澳台控股企业	17	378996	376366	21326
在总计中：外商控股企业	21	476222	463872	49166
在总计中：轻工业	25	554213	539431	37115
在总计中：重工业	27	566430	554231	51097
在总计中：大型企业	1	50157	47748	
在总计中：中型企业	12	466931	450516	59288
在总计中：小型企业	38	596078	587921	28924
在总计中：微型企业	1	7477	7477	

资工业企业主要财务指标

年)　　　　　　　　　　　　　　　　　　　　　　　　　　　　单位:万元

资产合计	流动资产合计	产成品	固定资产合计	固定资产原价合计	累计折旧	本年折旧	负债合计
1189989	589440	54735	405042	498200	119648	37425	581293
273171	145030	5738	83607	104321	24590	6435	97140
229152	126462	2684	21680	30253	8574	3313	150736
192836	76128	14037	110975	121689	17159	12766	75975
23318	14303	4890	8513	14987	6549	950	7463
40565	21690	5492	16018	21187	6080	2528	28254
216761	114280	11729	85740	116121	35559	5010	109818
214187	91547	10166	78510	89643	21138	6424	111907
433754	216284	14941	107202	128218	28155	9169	271263
153598	71325	8787	56452	64306	13748	4193	92963
2049	1558	901	491	1129	638	110	1095
278107	143402	5253	50259	62782	13768	4866	177204
756235	373156	39794	297840	369982	91493	28256	310030
432737	197970	28964	207913	253356	56570	19732	201207
265587	135825	8501	80316	94959	22868	6855	85498
57911	39362	2330	9611	21667	12056	1669	23325
35485	9560	1353	12569	12951	1594	914	19383
46426	26285	2482	11580	16575	5795	1108	19244
107997	49810	7516	47449	58613	13608	3492	76006
457332	196388	22539	207143	255827	69974	20608	197374
184115	104328	17815	76464	86915	11196	5505	101794
358635	203068	3029	49838	67319	17481	5797	167491
85596	31923	3930	46934	56927	12252	4741	78270
15853	7824	388	8029	9313	2818	717	7154
275465	92040	10573	157047	174020	25076	14464	126531
380774	188478	11519	86893	101978	22058	6554	237771
517898	301099	32255	153074	212889	69696	15691	209836
652382	297632	28651	294588	345819	72660	25125	276941
537607	291809	26084	110454	152380	46989	12301	304352
46771	25200	5727	5044	5044	1332	324	11245
513930	292566	25890	172176	214010	52677	13164	210689
613447	265152	22867	226412	277510	65394	23920	355370
15842	6522	251	1410	1636	245	17	3989

4—11 续表 (2011

指　标　名　称	企业单位数（个）	工业总产值	工业销售产值	出口交货值
按工业行业类别分				
一、制造业	51	1112887	1086712	88211
农副食品加工业	1	4721	4962	
食品制造业	1	2450	2231	1631
酒、饮料和精制茶制造业	3	201063	207186	
饮料制造	2	188584	194363	
纺织业	3	21507	21240	2729
纺织服装、服饰业	5	22652	22278	3598
木材加工及木、竹、藤、棕、草制	1	2070	2070	
家具制造业	1	11208	11523	
木质家具制造	1	11208	11523	
造纸及纸制品业	5	212693	193395	27402
造纸	4	141152	129777	27402
印刷和记录媒介复制业	1	13465	13103	1036
化学原料及化学制品制造业	12	160966	154086	16561
基础化学原料制造	8	65427	63855	5697
农药制造	1	25480	23603	10805
合成材料制造	2	18288	16608	22
专用化学产品制造	1	51771	50021	37
非金属矿物制品业	1	9556	9556	
黑色金属冶炼及压延加工业	1	2593	2582	
金属制品业	2	285377	285243	12023
结构性金属制品制造	1	265188	265688	
通用设备制造业	3	22640	20824	13545
专用设备制造业	1	6702	6702	
电气机械及器材制造业	7	73614	72693	7624
照明器具制造	4	47696	47186	719
计算机、通信和其他电子设备制造业	3	59609	57039	2063
二、电力、燃气及水的生产和供应业	1	7756	6949	
燃气生产和供应业	1	7756	6949	

资工业企业主要财务指标

年)

单位:万元

资产合计	流动资产合计	产成品	固定资产合计	固定资产原价合计	累计折旧	本年折旧	负债合计
1173467	580779	54502	398375	490292	118408	37177	572243
2162	1358	176	804	872	68	62	1358
3149	2002	1000	789	1054	271	70	2082
237101	85031	1288	126021	143254	23328	13891	63120
209555	80593	1228	104234	118756	19382	11125	27653
26265	11939	57	12322	16927	4968	1187	13005
26545	12355	1482	11440	14117	3424	818	18076
2100	300	50	1480	1500	20	20	700
25748	9443	225	13205	10855	2075	424	16651
25748	9443	225	13205	10855	2075	424	16651
223875	122011	21119	94161	106578	15788	6660	122913
143310	87722	16833	49592	58715	11750	5059	78982
14169	9297	1317	4623	20025	15402	557	3964
161539	90542	13223	49030	75023	29260	6655	83230
59772	27969	4675	21829	29291	9817	2175	26764
55326	37976	2213	8430	20011	11582	1578	22070
15860	8182	3801	7461	9299	2750	932	13492
30582	16415	2533	11310	16421	5111	1970	20904
7200	4831		2153	3136	982	354	3817
5287	1065	235	333	333	33	12	2978
235705	132865	2832	21640	28577	6945	3211	156904
226479	124443	2039	21037	27562	6525	3098	150252
17862	10991	2886	6363	10675	4313	691	5041
12350	3588	34	6765	7233	468	268	6932
103278	49864	2207	32048	33503	7876	1580	43295
85778	40100	1903	27730	27346	6038	1117	30017
69132	33297	6371	15200	16632	3186	717	28177
16521	8661	233	6667	7907	1240	249	9050
16521	8661	233	6667	7907	1240	249	9050

4—12 (2011

指标名称	主营业务收入	主营业务成本	主营业务税金及附加	管理费用
衢州市	1106513	900327	5866	38636
市辖区	270493	222131	1483	10531
柯城区	272762	243806	286	3450
衢江区	146157	110180	536	2499
常山县	31147	25876	58	1980
开化县	53207	45640	525	2806
龙游县	168324	131528	518	9809
江山市	164422	121166	2459	7561
按登记注册类型分组				
港、澳、台商投资公司	443454	378699	1202	14540
内地与港澳台合资经营企业	131517	103649	780	7579
内地与港澳台合作经营企业	4120	3541	1	137
港澳台商独资经营企业	307818	271508	421	6824
外商投资企业公司	663058	521628	4664	24096
中外合资经营企业	371863	297714	2180	12335
外商独资经营企业	257754	196507	2422	9252
外商投资股份有限公司	33442	27407	62	2508
按企业规模(主营业务收入)分组:				
2000-3000万	17630	13750	116	1236
3000-5000万	33006	25000	51	2576
5000-1亿	92505	81953	389	5268
1亿-5亿	370758	287224	4317	18299
5亿-10亿	162285	124238	250	3098
10亿-50亿	430330	368162	743	8159
在总计中：亏损企业	50183	44451	1793	3157
在总计中：国有控股企业	23315	19781	756	672
在总计中：私人控股企业	234094	191807	1467	8142
在总计中：港澳台控股企业	377851	325399	664	10776
在总计中：外商控股企业	471253	363340	2979	19045
在总计中：轻工业	549204	423681	3646	20890
在总计中：重工业	557309	476646	2220	17746
在总计中：大型企业	47748	33671	186	600
在总计中：中型企业	459966	358799	1493	18315
在总计中：小型企业	582832	492499	4181	19608
在总计中：微型企业	15967	15358	6	112

资工业企业主要财务指标

年)

单位:万元

财务费用	利息支出	利税总额	利润总额	亏损企业亏损额	本年应付工资总额	本年应交增值税	全部从业人员年平均人数(人)
11715	13328	174447	130165	4288	58883	38417	13634
2036	2598	45954	32976	3577	13009	11495	3989
1944	2840	30049	20210		1175	9552	229
2631	2610	30372	26032	11	2214	3804	613
151	36	2917	1714	91	3091	1145	686
790	707	4346	1231		1100	2590	353
1530	1988	24396	19920		9790	3958	2645
2635	2549	36414	28082	609	28504	5872	5119
6078	6406	53470	35771	1723	14810	16497	4717
2928	2844	18941	13264	91	4767	4898	1939
		324	200		134	122	31
3149	3562	34205	22307	1632	9908	11477	2747
5638	6922	120977	94393	2565	44073	21920	8917
4739	5245	57326	44443	2053	24265	10703	4096
190	1098	61023	47795	512	18276	10806	4276
709	578	2629	2156		1532	411	545
869	809	1648	1156	11	1166	376	586
635	602	4501	3767	330	3443	683	841
2273	2167	4297	941	3435	8832	2967	2991
4496	3826	67592	48368	512	36742	14908	7017
2404	3044	28884	26248		4758	2386	1067
1038	2880	67525	49685		3941	17097	1132
1956	1900	-115	-4288	4288	8366	2380	2500
319	294	3390	1672		484	962	92
2280	2764	32504	22534	1756	9427	8504	2351
4937	5342	45597	31227	1723	12413	13705	4099
4179	4928	92956	74732	809	36559	15246	7092
5429	6493	108266	84251	2394	41638	20369	8937
6286	6835	66181	45913	1894	17245	18048	4697
28	25	14928	13204		5834	1537	1300
3793	5152	87161	70738	1871	39284	14930	8326
7693	7950	72003	45926	2417	13749	21896	4004
201	201	356	295		16	54	4

4—12 续表 (2011

指标名称	主营业务收入	主营业务成本	主营业务税金及附加	管理费用
按工业行业类别分				
一、制造业	1099583	893567	5836	38590
农副食品加工业	4963	3750		148
食品制造业	2231	1856	7	154
酒、饮料和精制茶制造业	214783	166811	2507	6271
饮料制造	202089	158850	871	5539
纺织业	21150	16408	102	1033
纺织服装、服饰业	22846	20660	141	1985
木材加工及木、竹、藤、棕、草制	2070	1871	30	47
家具制造业	11029	8828	73	720
木质家具制造	11029	8828	73	720
造纸及纸制品业	195642	149034	359	4236
造纸	128762	95566	165	2655
印刷和记录媒介复制业	13046	9532	81	2119
化学原料及化学制品制造业	154192	133098	1401	7567
基础化学原料制造	70401	62542	822	2350
农药制造	25041	19871	31	2203
合成材料制造	16502	14589	126	1051
专用化学产品制造	42248	36097	422	1963
非金属矿物制品业	9556	8395	69	257
黑色金属冶炼及压延加工业	2560	2107	67	83
金属制品业	286789	253337	350	4673
结构性金属制品制造	267630	239415	265	3144
通用设备制造业	22324	18249	57	1859
专用设备制造业	6599	4714	0	855
电气机械及器材制造业	72765	54165	397	5202
照明器具制造	47186	33788	153	3814
计算机、通信和其他电子设备制造业	57039	40754	198	1381
二、电力、燃气及水的生产和供应业	6930	6760	29	46
燃气生产和供应业	6930	6760	29	46

资工业企业主要财务指标

年）

单位：万元

财务费用		利税总额	利润总额	亏损企业亏损额	本年应付工资总额	本年应交增值税	全部从业人员年平均人数（人）
	利息支出						
11716	13328	174280	130223	4230	58773	38220	13556
1		912	912		108	0	38
80	64	196	123		308	67	155
–131	799	50692	36508	512	4470	11677	1248
–896	47	48813	37019		3504	10923	1085
565	501	3682	2836	11	10763	745	774
720	666	1235	–531	1871	7594	1626	2372
18	18	245	80		157	135	45
489	494	1340	878		828	389	411
489	494	1340	878		828	389	411
3096	3377	35870	32364		6403	3147	1520
3154	2829	25316	23737		2934	1415	778
6	0	1154	463		1181	610	207
2560	2353	11356	5476	1835	3878	4479	1122
878	847	4993	2480	1738	1530	1692	344
639	539	1894	1863		985		360
359	355	986	124	97	812	737	265
684	612	3483	1010		551	2050	153
132	132	1218	575		143	573	54
15	15	387	260		154	60	65
2002	2899	33684	23403		2629	9931	585
1935	2833	29590	20001		997	9324	190
212	96	2252	1367		2957	828	703
256	242	700	700		479		94
924	857	13541	10917		10842	2227	2526
524	493	10026	8341		8697	1532	1762
772	815	15818	13893		5879	1727	1637
–1	0	167	–59	59	110	197	78
–1	0	167	–59	59	110	197	78

4—13 （2011

指　标　名　称	企业单位数（个）	工业总产值	工业销售产值	出口交货值
衢州市	88	6111742	6043322	507078
市辖区	22	3655703	3660815	232237
柯城区	2	30521	30408	9105
衢江区	9	347465	333073	47301
常山县	10	289178	268778	48597
开化县	4	114714	109604	20039
龙游县	21	670479	641447	60992
江山市	20	1003682	999197	88806
按登记注册类型分组				
内资企业	75	5594654	5545058	447790
国有企业	4	46378	45332	
地方企业	3	27725	26678	
股份合作企业	1	9852	8317	
有限责任公司	15	3083790	3089830	185933
其他有限责任公司	12	2823727	2836228	185933
股份有限公司	7	784912	772658	117777
私营企业	47	1506608	1466465	144081
私营独资企业	3	42270	41557	
私营有限责任公司	42	1294426	1265153	143190
私营股份有限公司	2	169912	159755	891
其他企业	1	163114	162457	
港、澳、台商投资公司	4	50431	49557	22451
内地与港澳台合资经营企业	2	31397	31078	12023
港澳台商独资经营企业	2	19034	18478	10428
外商投资企业公司	9	466657	448707	36836
中外合资经营企业	5	214861	195708	25314
外商独资经营企业	3	226316	229397	718
外商投资股份有限公司	1	25480	23603	10805
按企业规模（主营业务收入）分组：				
2000–3000 万	1	3228	2853	
3000–5000 万	3	11335	10932	3598
5000–1 亿	10	78098	75119	15737
1 亿–5 亿	51	1248627	1196599	171189
5 亿–10 亿	11	823649	798968	131281
10 亿–50 亿	10	1623051	1610933	40064
100 亿及以上	2	2323754	2347918	145208
按隶属关系分组				
中央属	3	275677	269290	
省　属	4	1069305	1072806	145208
地（市）属	1	6090	6090	
县（市）属	2	160926	165290	
其　他	78	4599744	4529846	361870

业主要财务指标

年)

单位:万元

资产合计	流动资产合计	产成品	固定资产合计	固定资产原价合计	累计折旧	本年折旧	负债合计
6207941	2792516	240960	2473214	3390741	1142114	239609	3454248
3739428	1613844	110742	1510534	2151547	776548	140782	2066162
26401	11454	2554	9328	10785	2602	1048	17058
398644	237067	31236	111948	133548	30327	15144	251173
308297	96083	20030	164008	217003	55199	20305	166056
178292	85671	9459	80377	101355	34599	11962	63718
683798	332356	30205	271052	328466	78378	21157	427158
873082	416040	36734	325966	448037	164463	29212	462923
5647241	2474749	209343	2295994	3171687	1088105	226121	3232315
112254	30475	1680	69110	167015	98477	7377	40996
57894	20180	1680	28128	54699	27143	2803	33632
17860	8568	895	7639	7765	866	866	7952
3149588	1193721	79214	1480637	2071864	718318	145621	1945765
2842843	1109707	74369	1285567	1847212	664457	127822	1769199
943846	551134	37853	176986	257027	101453	21130	334950
1358624	666416	85827	528570	646193	166621	49669	847503
30784	20415	2688	8091	8937	865	797	13286
1230243	590328	73449	482405	589466	153569	44610	772195
97596	55673	9690	38075	47790	12187	4262	62022
65070	24435	3874	33053	21823	2370	1459	55149
57401	26662	3361	26103	28152	6482	1439	34684
34974	17865	1018	13808	11870	2495	538	23302
22427	8797	2343	12295	16282	3987	901	11382
503300	291104	28256	151118	190902	47527	12049	187250
215566	125437	17907	85453	102699	18008	6564	119532
232408	127692	8135	57235	68191	17938	3907	45648
55326	37976	2213	8430	20011	11582	1578	22070
3802	1280	216	2129	2111	98	98	2435
19294	14789	197	3107	6414	3323	307	10491
130570	50697	5108	60056	78542	23428	5414	84192
1482506	679514	96953	645021	849122	274267	64305	838057
687272	374874	44453	224620	270028	67275	17008	401285
1603792	811417	46451	491985	624514	182658	48960	705134
2280706	859945	47581	1046296	1560011	591066	103518	1412654
356998	90946	4837	235418	336255	125118	22350	181991
1406025	558755	30999	534328	1058942	440499	62022	764809
35033	4195		21418	38558	17139	1877	24185
150015	87193	1886	36440	47523	11822	3565	25191
4259869	2051428	203239	1645611	1909464	547537	149794	2458073

全市大中型工业企

4—13 续表

(2011

指 标 名 称	企业单位数（个）	工业总产值	工业销售产值	出口交货值
在总计中：亏损企业	13	153431	145979	11391
在总计中：国有控股企业	9	1505971	1502060	166422
在总计中：集体控股企业	3	79054	73105	7651
在总计中：私人控股企业	65	3955003	3906938	285740
在总计中：港澳台控股企业	3	30242	30002	10428
在总计中：外商控股企业	7	378359	368761	36836
在总计中：其他控股企业	1	163114	162457	
在总计中：轻工业	40	1357770	1319150	221487
在总计中：重工业	48	4753972	4724172	285591
在总计中：大型企业	11	3562555	3571032	269098
在总计中：中型企业	77	2549187	2472290	237980
按工业行业类别分				
一、制造业	86	6086998	6018578	507078
农副食品加工业	1	21901	18866	613
酒、饮料和精制茶制造业	1	151073	156973	
纺织业	10	283378	276138	52592
纺织服装、服饰业	4	27520	27454	4929
皮革、毛皮、羽毛及其制品和制鞋业	1	95743	96900	71717
木材加工和木、竹、藤、棕、草制品业	3	112412	111507	14235
家具制造业	4	41280	41215	4638
造纸及纸制品业	7	517654	488528	31076
造纸	6	446113	424910	31076
文教、工美、体育和娱乐用品制造业	1	21835	21620	
化学原料及化学制品制造业	11	1411411	1402646	193575
基础化学原料制造	5	1275971	1275329	175119
医药制造业	3	59830	57485	21493
非金属矿物制品业	9	588231	579612	
黑色金属冶炼及压延加工业	4	1458419	1477650	1731
金属制品业	3	96249	95591	12023
通用设备制造业	9	725401	702810	50387
专用设备制造业	1	38897	36706	613
汽车制造业	1	6853	6406	22
电气机械及器材制造业	7	320359	316466	34945
计算机、通信和其他电子设备制造业	3	83970	81243	12100
仪器仪表制造业	1	3228	2853	
其他制造业	2	21356	19910	389
二、电力、燃气及水的生产和供应业	2	24744	24744	
电力、热力的生产和供应业	1	18654	18654	
水的生产和供应业	1	6090	6090	

注：本表数据未包括衢州电力局。

业主要财务指标

年)

单位:万元

资产合计	流动资产合计	产成品	固定资产合计	固定资产原价合计	累计折旧	本年折旧	负债合计
336920	88403	15936	216186	254582	59248	17995	247822
1926271	718878	40893	816208	1507796	631752	91235	1034401
142310	64745	8647	75872	91557	29783	10825	39264
3610970	1713497	161093	1419529	1604181	429956	124656	2159837
48176	18240	2568	25500	27137	6062	1325	28032
415145	252721	23885	103054	138248	42191	10110	137565
65070	24435	3874	33053	21823	2370	1459	55149
1354894	710010	78425	467555	560587	137043	41911	772346
4853047	2082506	162535	2005659	2830154	1005071	197698	2681903
3429403	1526465	97923	1282353	1827089	653211	124910	1912337
2778538	1266051	143037	1190862	1563652	488903	114699	1541911
6118548	2778026	240960	2410815	3239868	1053641	233158	3422699
41179	14946	3380	19736	23149	3412	1593	25682
132156	78625	991	28801	39758	10956	2700	17239
226356	90919	18250	85779	100052	23732	8376	157470
33509	18179	1386	11787	14763	2993	1009	21490
87774	64268	6770	16104	23882	11526	1407	52364
44964	16193	2569	21755	27433	7827	1964	16362
65987	22060	1996	36312	33427	3524	1182	43497
521334	297523	35134	181981	209758	45153	17593	320942
440769	263234	30847	137412	161895	41114	15992	277011
5500	2900	200	2600	3053	453	181	600
1945004	753268	56029	811689	1416692	553048	93603	1069410
1636353	641998	45289	632916	1198438	499945	73113	927615
83892	41878	3391	23245	30014	7794	3346	46301
700684	263337	14487	351128	467142	141636	35685	426810
987009	352052	22256	561963	548766	164115	44598	721521
40736	23401	2228	9943	10651	1239	925	15821
781702	464112	38894	141953	176443	48253	13196	257848
22009	19935	4260	1869	2920	1051	258	11105
15787	8984	448	6295	4350	410	340	11369
268159	174325	17916	74700	81678	20034	3160	165221
98840	63384	8451	15336	16876	5127	1306	34051
3802	1280	216	2129	2111	98	98	2435
12167	6459	1709	5708	6952	1263	640	5162
89393	14490		62400	150873	88474	6451	31549
54360	10295		40982	112316	71334	4574	7364
35033	4195		21418	38558	17139	1877	24185

4—14 （2011

指标名称	主营业务收入	主营业务成本	主营业务税金及附加	管理费用
衢州市	6220975	5096743	26109	335295
市辖区	3855003	3238392	14574	237598
柯城区	30396	24551	166	2853
衢江区	317092	252788	1077	10072
常山县	265070	198481	2144	15433
开化县	111158	90089	913	10236
龙游县	645034	503298	1808	26804
江山市	997222	789145	5427	32299
按登记注册类型分组				
内资企业	5713261	4704273	24431	316380
国有企业	44927	34621	476	8033
地方企业	26675	19449	213	8033
股份合作企业	8317	6540	5	311
有限责任公司	3248539	2597886	16821	221085
其他有限责任公司	3006755	2440229	14039	213555
股份有限公司	793503	683016	2200	29742
私营企业	1454060	1221227	4871	55033
私营独资企业	41557	36359	158	1404
私营有限责任公司	1246927	1036857	4574	47643
私营股份有限公司	165575	148011	138	5987
其他企业	163916	160983	58	2177
港、澳、台商投资公司	48717	39222	303	4218
内地与港澳台合资经营企业	30188	22750	158	2249
港澳台商独资经营企业	18529	16473	145	1969
外商投资企业公司	458998	353248	1376	14698
中外合资经营企业	198833	153089	576	4800
外商独资经营企业	235124	180288	769	7694
外商投资股份有限公司	25041	19871	31	2203
按企业规模（主营业务收入）分组：				
2000–3000 万	2853	2260	1	284
3000–5000 万	11258	9096	86	3110
5000–1 亿	74474	61122	399	6426
1 亿–5 亿	1193884	957457	5397	72297
5 亿–10 亿	804549	671241	2339	18539
10 亿–50 亿	1604539	1336628	5759	42917
100 亿及以上	2529419	2058939	12129	191724
按隶属关系分组				
中央属	256694	170584	2998	5617
省　属	1360243	968420	8712	183392
地（市）属	6090	3976	32	1322
县（市）属	171017	135287	483	5325
其　他	4426932	3818475	13884	139640

业主要财务指标

年)

单位:万元

财务费用	利息支出	利税总额	利润总额	亏损企业亏损额	本年应付工资总额	本年应交增值税	全部从业人员年平均人数(人)
123210	158974	805894	572504	17201	393176	207282	80429
66960	101134	411644	270983	14602	245987	126087	41061
776	746	3364	1814		1169	1383	721
8980	8618	54735	42763		10372	10895	4479
8777	8528	46476	30361	2274	22621	13971	6679
2753	2587	8842	3166		5821	4763	1569
18046	18087	99321	81978	325	53894	15535	12219
16920	19274	181514	141439		53313	34647	13701
119389	153797	703806	488561	15330	348058	190815	70803
346	478	6467	1595	1426	15839	4395	2147
552	683	496	-1426	1426	9755	1709	1678
248	248	603	344		288	254	380
81436	114644	450264	304934	11452	214581	128509	31199
74268	106065	369933	245304	10599	206532	110591	29276
7272	10335	75098	59114		30977	13784	9450
30226	28093	169219	121924	2452	82615	42424	26455
573	583	4903	2748		4251	1997	1237
29000	26769	157578	113753	2452	74179	39251	23683
653	740	6737	5423		4186	1176	1535
-139	0	2157	649		3758	1450	1172
953	819	6222	3408	1632	9727	2511	2997
556	560	5434	4280		2460	996	806
397	259	788	-872	1632	7267	1515	2191
2869	4358	95866	80535	239	35391	13956	6629
2903	3542	35720	31165	239	18051	3979	2527
-673	277	58253	47507		16356	9977	3742
639	539	1894	1863		985		360
42	43	-63	-133	133	740	70	360
296	345	-444	-1417	1417	4265	886	1250
3215	2479	3940	1120	2966	24474	2421	5716
34175	33738	146129	98903	12686	102578	41829	28377
12281	13202	110626	92125		29748	16163	8445
18834	24096	239374	183081		48056	50535	14071
54367	85072	306333	198826		183315	95378	22210
6996	8373	86705	63504		12849	20204	1939
30344	50562	226583	155181	1878	169707	62690	17356
611	614	-98	-400	400	1273	270	303
-650	295	38538	30029		3233	8027	1322
85910	99130	454165	324190	14922	206114	116091	59509

全市大中型工业企

4—14续表 （2011

指标名称	主营业务收入	主营业务成本	主营业务税金及附加	管理费用
在总计中：亏损企业	150055	134974	547	18050
在总计中：国有控股企业	1795171	1293880	12408	197488
在总计中：集体控股企业	73123	61192	511	7504
在总计中：私人控股企业	3783417	3268621	11959	112731
在总计中：港澳台控股企业	29558	25301	217	2689
在总计中：外商控股企业	375790	286766	957	12706
在总计中：其他控股企业	163916	160983	58	2177
在总计中：轻工业	1320616	1065122	3465	48876
在总计中：重工业	4900359	4031621	22644	286419
在总计中：大型企业	3740751	3102281	13834	221591
在总计中：中型企业	2480225	1994462	12275	113704
按工业行业类别分				
一、制造业	6196634	5077595	25813	333974
农副食品加工业	21901	17159	40	668
酒、饮料和精制茶制造业	162700	128747	478	5014
纺织业	270566	221821	391	7026
纺织服装、服饰业	27633	23785	295	3726
皮革、毛皮、羽毛及其制品和制鞋业	97146	90347	5	2394
木材加工和木、竹、藤、棕、草制品业	110163	90396	348	4616
家具制造业	40585	33438	208	2454
造纸及纸制品业	485796	386931	749	14535
造纸	418916	333464	554	12955
文教、工美、体育和娱乐用品制造业	21620	17296	308	541
化学原料及化学制品制造业	1710995	1278077	10161	198234
基础化学原料制造	1581466	1169921	9460	184989
医药制造业	58251	43170	396	4354
非金属矿物制品业	551038	398569	5610	17492
黑色金属冶炼及压延加工业	1373173	1283324	3797	20541
金属制品业	95195	79393	209	2065
通用设备制造业	712218	616436	1592	31996
专用设备制造业	37562	30533	128	2677
汽车制造业	6406	5332	4	687
电气机械及器材制造业	310314	254155	753	11173
计算机、通信和其他电子设备制造业	80179	58880	278	3124
仪器仪表制造业	2853	2260	1	284
其他制造业	20343	17546	64	372
二、电力、燃气及水的生产和供应业	24342	19148	296	1322
电力、热力的生产和供应业	18252	15172	264	0
水的生产和供应业	6090	3976	32	1322

注：本表数据未包括衢州电力局。

业主要财务指标

年)

单位:万元

财务费用	利息支出	利税总额	利润总额	亏损企业亏损额	本年应付工资总额	本年应交增值税	全部从业人员年平均人数(人)
10591	10043	-9756	-17201	17201	26796	6897	7335
40500	62801	325715	226815	2279	188888	86492	20426
1642	1640	4583	1342		4395	2731	1284
77476	90069	389160	274143	13051	157404	103058	49508
886	753	2128	6	1632	8095	1905	2602
2846	3710	82152	69549	239	30637	11647	5437
-139		2157	649		3758	1450	1172
24935	26089	193666	156659	4367	93725	33542	26952
98275	132884	612229	415845	12834	299451	173739	53477
64438	97566	441943	312776		233576	115332	37231
58772	61408	363952	259727	17201	159600	91949	43198
122805	158565	800021	569883	16801	385818	204325	79657
623	733	3433	3131		1338	262	1860
-897	47	37935	29684		2945	7773	942
7797	7354	35120	29140	1109	28233	5590	6297
734	741	1665	-908	2724	8579	2278	3005
1315	1921	2186	1833		4239	347	1300
579	533	14565	11486		5069	2732	2051
1360	1283	3900	2755		4895	937	1838
9848	10187	77433	65275		20190	11409	4844
9907	9640	66879	56648		16721	9677	4102
216	216	3099	2611		1152	180	800
43297	64677	242823	161016	11201	175860	71645	19808
38370	59732	234170	158667	10599	167804	66043	17382
2024	1841	6775	3760		2582	2619	1101
22179	23357	141452	101782		19374	34060	5379
24033	34810	82864	42832	443	30387	36235	8914
525	543	16377	12609		4009	3559	1256
2924	4791	65886	49505	701	35764	14789	10196
-155	192	4562	3384		1115	1049	604
886	269	-373	-491	491	548	113	380
4420	3981	38548	32435		17835	5361	5176
881	878	19227	16120		16797	2830	2718
42	43	-63	-133	133	740	70	360
175	170	2608	2057		4168	487	828
405	408	5873	2621	400	7358	2957	772
-206	-206	5971	3021		6084	2687	469
611	614	-98	-400	400	1273	270	303

衢州市大中型名单

2011年

企业名称

一、大型工业企业
巨化集团公司
衢州元立金属制品有限公司
开山控股集团股份有限公司
浙江新禾管业有限公司
浙江仙鹤特种纸有限公司
浙江红五环机械股份有限公司
龙游县金龙纸业有限公司
浙江通天星集团股份有限公司
浙江华飞轻纺有限公司
浙江雷士灯具有限公司
江山菲普斯照明有限公司
衢州电力局
二、中型工业企业
浙江江山化工股份有限公司
浙江明旺乳业有限公司
江山南方水泥有限公司
常山南方水泥有限公司
浙江江山虎球水泥有限公司
浙江开关厂有限公司
浙江夏王纸业有限公司
江山市何家山水泥有限公司
维达纸业（浙江）有限公司
江山欧派门业有限公司
浙江顾家门业有限公司
衢州天力紧固件有限公司
申达电气集团有限公司
浙江华邦特种纸业有限公司
浙江开化合成材料有限公司
浙江杜山集团有限公司
浙江青龙山建材有限公司
浙江衢州煤矿机械总厂有限公司
浙江杰特机电科技有限公司
浙江中天氟硅材料有限公司
浙江四通轴承集团有限公司
浙江金凯门业有限责任公司
浙江华康药业股份有限公司
浙江志高机械有限公司
衢州梦家园纺织有限公司
浙江恒达纸业有限公司
浙江真心毛绒制品有限公司
浙江君飞纺织有限公司
浙江江山变压器有限公司
捷马化工股份有限公司
浙江江山三友电子有限公司
光明铁道控股有限公司

企业名称

浙江省常山纺织有限责任公司
浙江001集团有限公司
浙江省龙游云丰纸业有限公司
浙江常山虎跃水泥有限责任公司
浙江天子果业有限公司
江山市航宇文体用品有限公司
宁波中鑫毛纺集团江山有限公司
浙江中宁硅业有限公司
浙江亿洋工具制造有限公司
衢州伟荣药化有限公司
江山市双氧水有限公司
衢州天野旅游帐篷有限公司
浙江华电乌溪江水力发电厂
浙江圣效化学品有限公司
万向硅峰电子股份有限公司
江山易登针织有限公司
浙江五一机械有限公司
江山热威金属制造有限公司
浙江德生木业有限公司
浙江万安塑料有限公司
浙江捷姆轴承有限公司
浙江罗伊服饰有限公司
龙游沪工锻三工具总厂
衢州市纺织有限责任公司
浙江海力集团有限公司
常山皮尔轴承有限公司
常山县民盛纺织有限责任公司
浙江龙游浙昕钻饰制造有限公司
浙江巨桑家私有限公司
浙江年年红家居有限公司
浙江孝福家具有限公司
浙江龙游新西帝电子有限公司
浙江龙游科迪仕珠饰有限公司
浙江都邦药业股份有限公司
浙江开山精密铸造有限公司
浙江潘氏家具有限公司
常山正丽机电有限公司
浙江永隆机械有限公司
浙江衢州水业集团有限公司
申洲针织（衢州）有限公司
江山世明水晶玻璃有限公司
浙江物产光华民爆器材有限公司
浙江龙凤制衣有限公司
浙江常新机械有限公司
浙江亿思达显示科技有限公司

四、工业主要统计指标解释

工业：我国的工业，包括①对自然资源的开采，如采矿、晒盐、森林采伐等（但不包括禽兽捕猎和水产捕捞）；②对农副产品的加工、如碾米、磨粉、酿酒、榨油、轧花、缫丝、屠宰、药材加工等；③对工业品的加工、如炼钢、轧钢、炼焦、化工生产、机器制造、木材加工、纺织印染、服装加工、造纸等；④对工业品的修理，如修理机械设备、交通运输工具等；⑤自来水、煤气和电力的生产及供应。

工业总产值：工业总产值是指工业企业以货币表现的在一定时期内生产的工业最终产品和劳务的总价值。计算工业总产值有两条基本原则，一是工业生产原则，二是工厂最终产品原则。根据国家统计局制度规定，从1995年工业普查开始工业总产值统计口径执行新规定。工业总产值（现行价格、新规定）统计范围是指本年生产成品价值、对外加工费收入和自制半成品在产品期末期初差额之和。工业总产值（1990年不变价格、新规定）统计范围是指根据修订后的本年生产成品价值、对外加工费收入、自制半成品、在制品期末期初差额价值的计算原则，按1990年不变价格计算的工业总产值。

工业增加值：是工业企业在报告期内以货币表现的工业生产活动的社会最终成果，也即新增加价值。

轻工业：指提供生活的消费品和制作手工工具的工业。按其所使用的原料不同，可分为两大类：①以农产品为原料的轻工业，是指直接或间接以农产品为基本原料的轻工业。主要包括食品制造、饮料制造、烟草加工、纺织、缝纫、毛皮制作、造纸以及印刷等工业。②以非农产品为原料的轻工业，是指以工业品为原料的轻工业。主要包括文教用品、工艺美术用品制造、化学药品制造、合成纤维制造、日用化学制品、日用玻璃晶、日用金属制品、手工工具制造、医疗器械制造、文化和办公用机械制造等工业。

重工业：指生产生产资料的工业，是为国民经济各部门提供物质技术基础的工业。按其生产和产品用途，可以分为以下三类：①采掘（伐）工业，是指对自然资源的开采，包括石油开采、煤炭开采、金属矿开采、非金属矿开采和木材采伐等工业。②原料工业，是指提供国民经济各部门使用的原料、动力和燃料的工业。包括金属冶炼及加工、炼焦及焦炭、化学、化工原料；水泥、人造板、电力、石油加工等。⑧制造工业，是指对原料进行加工制造的工业。包括装备国民经济各部门的机械设备制造工业、金属结构、水泥制品等工业，以及为农业提供的生产资料和化肥、农药等工业。

总资产：指企业拥有或控制的全部资产。包括流动资产、长期投资、固定资产、无形及递延资产、其他长期资产等，即为企业资产负债表中的资产总计项。

流动资产：指可以在一年内或者超过一年的一个生产周期内变现或者耗用的资产。流动资产可以按变现能力（程度）划分，包括现金及各种存款、短期投资、应收及预付款项、存货等。

固定资产原值：指企业拥有的全部固定资产的原来价值。它是按购买和建设各种固定资产时所实际支付的金额计算的。固定资产来源包括解放后接收的原有固定资产，通过基本建设完成交付使用的固定资产，通过更新改造措施而增加的固定资产等。

总负债：指企业承担并需要偿还的全部债务。包括流动负债和长期负债等，即企业资产负债表的负债合计项。

流动负债：指在一年内或超过一年的一个营业周期内偿还的债务，其中包括短期借款，应付款项、预付款、长期应付款项等。

长期负债：指企业在一年以上或者超过一年的一个生产周期以上需要偿还的债务合计，其中包括长期借款、应付债务、长期应付款项等。

所有者权益：指企业投资人对企业净资产的所有权。企业净资产等于企业全部资产减去全部负债后的余额，其中包括投资者对企业的最初投入，以及资本公积金、盈余公积金和未分配利润，对股份制企业即为股东权益。

产品销售成本：指企业销售产品和提供工业性劳务等主要经营业务的实际成本。

产品销售税金及附加：指企业销售产品和提供工业性劳务等主要经营业务应负担的城市维护建设税，消费税、资源税和教育费附加，小规模纳税人包括应交增值税。

管理费用：指企业行政管理部门为组织和管理生产经营活动而发生的各项费用支出。

财务费用：指企业为筹集生产经营所需资金等所发生的费用。

利润总额：指企业在一定时期内实现的盈亏总额，是企业最终的财务成果，包括营业利润，补贴收入，投资收益、营业外净收入等。

利税总额：指企业产品销售税金及附加与应交增值税，利润总额之和。

第五篇　交通与邮电业

历年各县市区旅客运送量

5—1　　　　单位：万人

年份	全市	市本级	柯城区	衢江区	江山市	常山县	开化县	龙游县
1949	7.98	4.80			0.90			2.28
1950	50.44	25.00			16.46			8.98
1951	56.26	28.14			16.96			11.16
1952	52.24	28.19			13.90			10.15
1953	79.57	46.66			17.60			15.31
1954	102.56	61.13			23.57			17.86
1955	109.48	61.39			26.02			22.07
1956	167.40	102.23			27.39			37.78
1957	231.12	149.51			27.27			54.34
1958	342.54	260.82			4.30			77.42
1959	520.34	375.50			39.34			105.50
1960	513.14	388.36			43.78			81.00
1961	439.59	295.19			54.63			89.77
1962	413.87	263.46			49.61			100.80
1963	407.53	253.35			42.40			111.78
1964	462.17	312.99			34.55			114.63
1965	330.02	186.97			27.54			115.51
1966	407.05	208.58			93.35			105.12
1967	401.22	200.84			97.15			103.23
1968	419.49	208.59			98.45			112.45
1969	437.33	225.16			97.40			114.77
1970	439.73	215.38			109.88			114.47
1971	385.93	166.35			105.69			113.89
1972	477.69	181.80			109.60		48.00	138.29
1973	540.87	208.64			126.27		57.00	148.96
1974	593.55	220.76			154.76		65.00	153.03
1975	795.86	409.24			130.00	51.00	64.00	141.62
1976	803.46	414.10			132.93	51.00	57.00	148.43
1977	847.84	432.49			142.27	51.00	61.00	161.08
1978	1033.21	514.58			166.26	74.00	80.00	198.37
1979	1164.28	512.75			215.01	72.30	124.00	240.22

注：1、市本级客、货运输量包括柯城区和衢江区1949—1986年数据。

2、1986—1988年各县市客、货运量不包括组织运量，则相加不等于全市数。

历年各县市区旅客运送量

5—1续表

单位：万人

年　份	全　市	市本级	柯城区	衢江区	江山市	常山县	开化县	龙游县
1980	1423.22	563.22			279.53	102.50	172.00	305.97
1981	1660.47	564.42			369.51	144.50	209.00	373.04
1982	1888.09	622.16			460.31	164.90	218.00	422.72
1983	2001.06	634.59			491.26	188.18	252.00	435.03
1984	2141.75	682.62			500.40	202.53	311.00	445.20
1985	2349.63	691.00			545.98	262.83	371.00	478.82
1986	2364.00	678.80			564.26	268.60	300.10	487.81
1987	2480.00	673.45		20.50	606.19	278.90	281.30	492.82
1988	2424.28	622.50		31.60	591.44	301.42	267.30	481.35
1989	2136.00	619.37		28.51	527.89	319.00	383.00	455.35
1990	2441.61	618.66		55.41	594.20	290.93	438.48	443.93
1991	2744.60	726.00		102.60	616.20	314.50	443.10	542.20
1992	3036.50	808.90		261.40	667.70	366.20	401.00	531.30
1993	3022.83	898.35		429.07	523.23	307.00	487.00	378.18
1994	3113.73	892.78		479.43	542.60	294.60	521.20	383.12
1995	2755.52	771.93		394.49	601.50	295.00	263.00	429.60
1996	2914.52	800.86		437.29	599.12	324.00	295.00	458.25
1997	3292.54	969.16		456.45	726.52	368.00	305.00	467.41
1998	3194.43	619.63		464.27	973.95	300.00	307.00	529.58
1999	3208.11	869.77		469.68	790.68	322.00	280.00	475.98
2000	3210.78	875.17		455.93	790.86	325.00	282.00	481.82
2001	3312.64	902.30		468.42	823.15	336.00	292.00	490.77
2002	3430.49	1292.00			779.70	363.00	450.00	545.76
2003	3686.73	1361.82			866.16	279.00	546.00	633.75
2004	3845.30	1401.18			899.83	306.00	572.00	666.28
2005	5192.06	1662.56			1170.19	579.00	845.00	935.31
2006	6975.62	2219.65			1585.85	818.00	1166.00	1186.12
2007	7362.46	2408.62			1663.10	855.00	1190.00	1245.74
2008	7531.56	2472.71			1701.22	872.00	1214.01	1271.62
2009	10973.66	3883.48			2639.86	1107.00	1650.00	1690.33
2010	11281.87	4025.08			2755.04	970.00	1560.00	1971.75
2011	11511.22	4692.56			2229.21	1156.00	1661.00	1772.45

历年各县市区货物运输量

5—2 单位：万吨

年份	全市	市本级	柯城区	衢江区	江山市	常山县	开化县	龙游县
1949	20.66	7.44			0.75	4.15	5.47	2.85
1950	83.01	39.16			26.53	3.72	5.50	8.10
1951	41.31	21.86			2.30	3.80	5.92	7.43
1952	51.47	27.18			2.83	4.50	6.84	10.12
1953	85.99	38.55			15.06	4.46	9.13	18.79
1954	119.07	56.81			28.97	5.02	4.40	24.77
1955	125.54	39.19			46.36	4.17	6.94	28.88
1956	137.09	47.41			44.67	4.65	5.46	34.90
1957	133.88	47.15			33.61	4.24	6.97	41.91
1958	243.69	123.12			52.92	5.98	5.66	56.01
1959	244.05	93.45			64.18	7.01	15.18	64.23
1960	255.81	95.03			65.73	8.76	15.70	70.59
1961	161.32	42.41			51.50	6.84	10.97	49.60
1962	157.42	51.70			42.41	7.27	9.58	46.46
1963	196.53	70.11			56.35	8.74	11.37	49.96
1964	249.28	100.60			63.23	9.27	14.70	61.48
1965	320.43	164.99			62.87	10.29	18.85	63.43
1966	308.84	161.19			64.38	9.30	12.99	60.98
1967	231.03	118.62			39.68	9.22	11.66	51.85
1968	241.31	103.91			56.12	10.03	14.26	56.99
1969	339.10	183.28			71.12	6.72	11.11	66.87
1970	375.93	206.43			78.38	6.91	12.22	71.99
1971	490.98	304.83			88.79	9.21	10.80	77.35
1972	485.70	271.84			107.26	9.60	13.48	83.52
1973	469.10	262.14			89.22	11.37	11.77	94.60
1974	420.61	231.16			77.77	11.23	12.81	87.64
1975	393.37	193.72			93.31	12.66	21.40	72.28
1976	390.17	199.53			90.30	12.80	18.44	69.10
1977	480.63	250.08			113.20	14.84	20.66	81.85
1978	552.20	304.77			112.52	18.54	21.78	94.59
1979	528.07	276.22			110.23	24.15	23.62	93.85

历年各县市区货物运输量

5—2 续表 单位：万吨

年份	全市	市本级	柯城区	衢江区	江山市	常山县	开化县	龙游县
1980	436.26	218.23			115.30	11.20	12.93	78.60
1981	509.15	263.59			115.35	10.56	12.00	107.65
1982	563.33	284.38			114.91	12.25	12.37	139.42
1983	557.66	278.11			121.11	13.20	12.31	132.93
1984	549.59	277.90			113.55	35.80	12.38	109.96
1985	570.13	259.00			109.58	49.76	8.69	143.10
1986	929.37	165.19		9.26	96.91	15.58	8.93	56.77
1987	864.11	158.32		8.21	98.10	15.82	7.39	52.40
1988	838.54	145.94		7.64	96.33	17.25	6.92	48.08
1989	1090.78	209.41		170.64	236.53	219.83	73.45	180.92
1990	1009.40	193.38		271.50	239.65	90.19	52.66	162.02
1991	1202.75	215.20		395.30	235.55	104.50	43.90	208.30
1992	2698.30	446.50		397.70	973.40	139.30	237.30	504.10
1993	2759.20	471.20		236.70	1027.00	201.00	242.00	581.30
1994	3000.00	482.70		235.60	1097.20	245.00	247.90	691.60
1995	4370.59	748.29		770.63	914.79	696.00	497.00	743.88
1996	5061.26	860.35		975.29	1073.71	690.00	597.00	864.91
1997	4120.29	692.01		793.45	936.01	417.00	497.00	784.82
1998	3588.03	687.01		757.03	842.04	376.00	395.00	530.95
1999	3599.05	830.54		646.05	803.22	406.00	381.00	532.24
2000	3570.90	821.05		636.48	817.72	398.00	373.00	524.65
2001	3759.25	851.18		661.85	897.93	413.00	388.00	547.29
2002	4647.44	1949.06			1196.36	421.00	442.00	639.02
2003	5002.31	2025.08			1268.00	492.00	512.00	705.23
2004	6857.65	2401.80			1696.21	845.00	861.00	1053.63
2005	7647.87	2556.56			1886.54	991.00	1007.00	1206.77
2006	8743.43	3176.10			2201.58	1041.00	1057.00	1267.75
2007	9382.00	3447.17			2406.77	1089.00	1105.00	1334.06
2008	9840.05	3624.26			2480.04	1153.65	1171.10	1411.01
2009	6657.76	2942.29			1595.99	602.00	595.00	921.49
2010	9112.41	2887.17			3150.63	877.00	811.00	1386.61
2011	8560.53	2843.67			2952.90	769.00	667.00	1328.97

注：1、1986—1988 年各县市货物量未包括组织运量，相加与表中的全市全社会数不等。

2、2009 年起公路客运、货运量数据为营业性数据。

全市等级公路养护里程(包括村道)

5—3　　(2011年)　　单位：公里

行政等级	总里程	等级公路里程						等外公路里程
		高速公路	一级	二级	三级	四级	准四级	
养护里程	7624.6	318.1	282.8	664.7	611.4	3640.2	1970.5	136.9
国道	535.8	263.0	86.9	185.9				
省道	320.5	55.1	108.3	157.0				
县道	2162.9		85.7	300.6	551.3	1225.3		
乡道	1058.8		0.0	5.1	33.1	1020.6		
专用道								
村道	3546.6		1.8	16.0	27.0	1394.3	1970.5	136.9

各县市区公路分类情况(包括村道)

5—4　　(2011年)　　单位：公里

县市名称	公路总里程	高速公路	国道	省道	县道	乡道	村道	其中：等外公路里程
总计	7624.6	318.1	535.8	320.5	2162.9	1058.8	3546.6	136.9
柯城区	621.1	20.1	41.2	9.8	232.8	63.4	273.5	
衢江区	1578.4	18.6	36.1	74.6	381.5	160.7	925.9	57.8
江山市	1709.4	76.3	153.0	54.8	470.8	252.5	778.3	
常山县	910.9	72.8	136.3	8.6	246.5	168.1	351.4	
开化县	1436.7	50.5	113.3	40.6	511.3	224.8	546.7	
龙游县	1368.0	79.8	55.9	132.0	320.0	189.2	670.9	79.1

全市公路营业性运输工具拥有量

5—5

(2011 年)

指标	单位	总计	按标记客位分			按等级分			安装GPS的车辆	安装行驶记录仪的车辆
			大型	中型	小型	高级	中级	普通		
客运车辆总计	辆	**2702**	**600**	**1232**	**870**	**402**	**1249**	**625**	**1410**	**860**
	客位	54847	24602	26331	3914	15092	14532	13985	24628	18737
一、载客汽车	辆	2702	600	1232	870	402	1249	625	1410	860
	客位	54847	24602	26331	3914	15092	14532	13985	24628	18737
其中：卧铺客车	辆	7		7			4	3	7	
	客位	258		258			146	112	258	
1、按经营范围分										
(1) 班车	辆	1293	387	854	52	255	413	625	427	860
	客位	33863	15649	17572	642	9102	10776	13985	14882	18737
(2) 出租客车	辆	818			818		818		818	
	客位	3272			3272		3272		3272	
(3) 包车(旅游)客车	辆	155	122	33		144	11		155	
	客位	6072	5292	780		5798	274		6072	
(4) 城内公共汽车	辆	426	81	345						
	客位	11238	3259	7979						
其中 1：县城区	辆	203	37	166						
	客位	5217	1480	3737						
其中 2：地级市城区	辆	223	40	183						
	客位	6021	1600	4421						
(5) 其它（含机动运力）	辆	10	10			3	7		10	
	客位	402	402			192	210		402	
其中：租赁车	辆									
	客位									
2、按燃料类型分										
汽油车	辆	818			818		818		818	
柴油车	辆	1884	600	1232	52	402	431	625	592	860
双燃料车	辆									
其他燃料车	辆									
二、其他载客机动车	辆									
	客位									

全市公路营业性运输工具拥有量

5—5 续表　　　　　　　　　　　　(2011 年)

指　　　　标	计算单位	总计	其中：个体	按标记吨位分				安装GPS的车辆
				大型	其中：重型	中型	小型	
一、载货汽车	辆	14344	8795	6446	4781	241	7657	941
	吨位	116626	33385	107036	97585	834	8756	19920
1、按车型结构分								
(1) 牵引车	辆	2088	207					
	吨位							
(2) 厢式货车	辆	4145	2690	1164	889	74	2907	143
	吨位	18957	8643	14977	13453	263	3717	1718
(3) 专用汽车	辆	915	82	867	799	23	25	501
	吨位	19923	970	19814	19470	70	39	10983
其中 1：冷藏保温车	辆	1		1				
	吨位	6		6				
其中 2：罐车	辆	618	74	570	502	23	25	394
	吨位	10510	780	10401	10057	70	39	7591
(4) 普通货车	辆	9284	6023	4415	3093	144	4725	297
	吨位	77746	23772	72245	64662	501	5000	7219
2、按经营范围分								
(1) 危险货物运输车	辆	941		815	734	24	102	941
	吨位	19920		19696	19208	73	151	19920
(2) 集装箱运输车	辆	48	6	48	48			
	吨位	1536	191	1536	1536			
	TEU							
(3) 商品汽车运输车	辆							
	吨位							
(4) 大型物件运输车（牵引车）	辆	7	1	7	7			
	吨位	145	25	145	145			
(5) 普通运输	辆	13348	8788	5576	3992	217	7555	
	吨位	95025	33169	85659	76696	761	8605	
3、按燃料类型分								
汽油车	辆							
柴油车	辆	14344	8795	6446	4781	241	7657	941
双燃料车	辆							
其他燃料车	辆							

各县市区旅客、货物运输情况

5—6 (2011年)

行　业　名　称	单　位	2011年	2010年	2011年为2010年%
一、旅客运送量	万人	11511.22	11281.87	102.0
按行业分：				
民　航	万人	14.89	13.35	111.5
铁　路	万人	209.96	206.79	101.5
公　路	万人	11282.00	11058.00	102.0
水　运	万人	4.37	3.73	117.2
按县市分：				
市　区	万人	4692.56	4025.08	116.6
江山市	万人	2229.21	2755.04	80.9
常山县	万人	1156.00	970.00	119.2
开化县	万人	1661.00	1560.00	106.5
龙游县	万人	1772.45	1971.75	89.9
二、旅客运送周转量	万人公里	388573.92	376600.00	103.2
按行业分：				
公　路	万人公里	388504.00	376531.00	103.2
水　运	万人公里	69.92	69.00	101.3
按县市分：				
市　区	万人公里	146064.56	126062.03	115.9
江山市	万人公里	73552.64	108610.44	67.7
常山县	万人公里	43700.00	29100.00	150.2
开化县	万人公里	60754.00	55830.20	108.8
龙游县	万人公里	64502.72	56996.93	113.2

注：1、市区客、货运输量包括市本级和柯城区、衢江区，下同。

2、公路客、货运数据为营业性数据。

各县市区旅客、货物运输情况

5—6 续表

(2011 年)

行业名称	单位	2011年	2010年	2011年为2010年%
三、货物运输量	万吨	8560.53	9112.41	93.9
按行业分：				
民航	万吨	0.03	0.02	146.6
铁路	万吨	444.54	503.78	88.2
公路	万吨	8111.00	8603.00	94.3
水运	万吨	4.96	5.61	88.4
按县市分：				
市区	万吨	2843.67	2887.17	98.5
江山市	万吨	2952.90	3150.63	93.7
常山县	万吨	769.00	877.00	87.7
开化县	万吨	667.00	811.00	82.2
龙游县	万吨	1328.97	1386.61	95.8
四、货物运输周转量	万吨公里	1047414.19	943342.80	111.0
按行业分：				
公路	万吨公里	1046476.00	942430.00	111.0
水运	万吨公里	938.19	912.80	102.8
按县市分：				
市区	万吨公里	354273.00	306315.07	115.7
江山市	万吨公里	294741.00	318278.24	92.6
常山县	万吨公里	96447.00	91253.92	105.7
开化县	万吨公里	104691.00	89784.78	116.6
龙游县	万吨公里	197262.19	137713.80	143.2

历年各县市区邮电业务总量

5—7　　单位：万元

年份	全市	市本级	柯城区	衢江区	江山市	常山县	开化县	龙游县
1949	24.96	9.22			4.56	3.61	2.08	5.52
1950	24.84	10.34			5.64	3.87	1.81	3.11
1951	33.40	14.41			6.81	4.13	2.94	5.14
1952	40.33	17.71			8.3	4.3	3.77	6.25
1953	48.63	22.87			8.72	4.65	5.15	7.22
1954	60.25	29.16			14.09	5.16	5.06	6.77
1955	57.11	23.98			15.56	5.6	4.93	7.04
1956	65.89	24.89			17.48	6.01	6.88	10.66
1957	76.39	30.63			21.12	6.55	6.85	11.26
1958	115.02	56.33			28.67		12.28	17.76
1959	163.80	82.78			42.81		18.33	19.88
1960	246.17	134.16			64.82		26.14	21.04
1961	194.98	105.05			52.87	17.08	19.57	
1962	175.34	99.13			40.55	17.89	17.83	
1963	173.66	98.89			39.81	16.62	18.32	
1964	174.91	100.77			38.39	17.57	18.21	
1965	170.46	97.19			37.26	17.09	18.91	
1966	166.75	93.13			36.62	17.78	19.23	
1967	171.54	93.85			37.69	19.22	20.82	
1968	166.43	92.99			36.19	18.42	18.84	
1969	170.70	93.16			38	19.35	20.16	
1970	183.43	100.88			39.05	20.13	23.39	
1971	201.14	108.98			44.87	23.17	24.13	
1972	220.09	120.81			49.15	24.22	25.9	
1973	231.26	127.34			50.69	24.17	29.11	
1974	234.89	128.53			51.4	25.26	29.69	
1975	237.42	131.43			52.24	23.58	30.16	
1976	238.12	129.46			52.62	23.53	32.49	
1977	246.88	131.27			55.87	24.77	35	
1978	276.05	145.92			62.75	28.18	39.17	
1979	318.62	172.46			69.4	32.34	44.44	

注：市本级邮电业务总量包括柯城区、衢江区和1961—1983年龙游县、1958—1960年常山县数据。

历年各县市区邮电业务总量

5—7 续表　　　　单位：万元

年　　份	全　市	市本级	柯城区	衢江区	江山市	常山县	开化县	龙游县
1980	346.41	185.35			77.46	34.98	48.63	
1981	360.7	189.96			82.94	36.8	50.99	
1982	381.2	200.8			87.99	38.7	53.71	
1983	416.33	219.85			96.7	42.69	57.11	
1984	505.1	198.42			112.24	50.78	64.38	79.25
1985	636.55	258.8			129.65	59.13	78.31	110.68
1986	665.76	263.82			141.73	63.32	87.25	109.66
1987	786.44	320.69			162.39	74.72	100.13	128.53
1988	1022.63	427.54			195.17	101.74	127.01	171.18
1989	1134.07	468.52			213.88	125.46	135.69	190.52
1990	2288.59	943.98			435.61	263.01	278.19	367.8
1991	2972.82	1303.59			501.04	345.53	346.83	475.83
1992	4070.76	1804.8			704.34	450.77	477.93	632.92
1993	6222.47	2838.92			648.98	1063.45	590.64	831.81
1994	9462.77	4348.15			1641.48	1010.58	884.8	1265.84
1995	13858.92	6378.3			2591.36	1519.15	1269.34	2100.77
1996	18939.63	8736.08			3509.93	1934.05	1810.39	2949.16
1997	25160.58	11539.39			4650.05	2385.76	2375.49	4209.87
1998	31603.99	14279.88			6260.39	3197.17	3143.25	4723.3
1999	45267	21809			7966	4250	4561	6681
2000	67850	35971			10700	5822	6075	9282
2001	81138	40685			13499	7368	7143	12443
2002	83250	39591			14465	8258	7985	12951
2003	123087	58255			20729	12337	12353	19413
2004	151509	73435			25165	15109	13689	24111
2005	161709	76068			27767	17322	15455	25097
2006	186277	88927			32160	19455	17126	28609
2007	227795	100333			46909	22202	21657	36694
2008	245644	114630			42001	26719	26439	35855
2009	127784	57125			22739	14797	13993	19131
2010	129730	59755			21045	15366	13990	19574
2011	147500	67416			25251	16755	15643	22435

注：1、1949—1980 年为 80 年不变价，1990—2000 年为 90 年不变价。

2、2009 年开始为邮电业务总收入。

各县市区邮电业务量

5—8 (2011年)

指标	单位	全市	市本级	柯城区	衢江区
一、邮电局、所总数	处	64	18		
二、电信业务情况					
通信业务总收入	万元	137100	63100		
年末固定电话用户数	万户	55.36	21.26		
年末移动电话用户数	万户	199.15	86.05		
国际互联网用户数	万户	28.12	12.89		
三、邮政业务情况					
邮政业务收入	万元	10400	4316		
邮路单程长度	千米	1448	480		
函件	万件	2328	1523		
包件	万件	6.39	2.83		
订销报纸累计份数	万份	4524.8	1904.2		
订销杂志累计份数	万份	262.4	159.2		

各县市区邮电业务量

5—8 续表

(2011 年)

指标	单位	江山市	常山县	开化县	龙游县
一、邮电局、所总数	处	15	11	9	11
二、电信业务情况					
通信业务总收入	万元	23400	15500	14400	20700
年末固定电话用户数	万户	11.30	6.23	6.18	10.39
年末移动电话用户数	万户	37.16	23.39	22.33	30.22
国际互联网用户数	万户	5.09	2.58	2.82	4.74
三、邮政业务情况					
邮政业务收入	万元	1851	1255	1243	1735
邮路单程长度	千米	263	260	295	150
函件	万件	214	81	222	287
包件	万件	1.48	0.46	0.48	1.14
订销报纸累计份数	万份	810.4	619.8	468.9	721.5
订销杂志累计份数	万份	29.2	26.5	16.1	31.4

历年全市运输线路长度和民用汽车拥有量

5—9

年　　份	铁路营业里程（公里）	公路里程（公里）	民用汽车拥有量（万辆）	其中：私人汽车（万辆）
1949	102	189		
1950	102	189		
1951	102	189		
1952	102	208		
1953	102	231		
1954	102	231		
1955	102	264		
1956	102	300		
1957	102	395		
1958	102	513		
1959	102	725		
1960	102	854		
1961	102	902		
1962	102	928		
1963	102	967		
1964	102	1026		
1965	102	1107		
1966	102	1139		
1967	102	1171		
1968	102	1171		
1969	102	1186		
1970	102	1249		
1971	102	1274		
1972	102	1357		
1973	102	1386		
1974	102	1442		
1975	102	1479		
1976	102	1565		
1977	102	1664		
1978	102	1866		
1979	102	1967		

历年全市运输线路长度和民用汽车拥有量

5—9 续表

年份	铁路营业里程（公里）	公路里程（公里）	民用汽车拥有量（万辆）	其中：私人汽车（万辆）
1980	102	2056		
1981	102	2071		
1982	102	2196		
1983	102	2268		
1984	102	2344		
1985	102	2436		
1986	102	2465		
1987	102	2554		
1988	102	2620		
1989	102	2655		
1990	102	2722		
1991	102	2595		
1992	102	2622		
1993	102	2658		
1994	102	2694		
1995	102	2734		
1996	102	2784	2.47	1.54
1997	102	2826	2.81	
1998	102	2879	1.03	0.24
1999	102	2915	1.16	0.36
2000	102	2924	1.48	0.41
2001	102	2865	1.45	0.61
2002	102	2927	1.58	0.63
2003	102	3023	3.29	1.91
2004	102	3095	3.12	2.01
2005	102	3181	3.64	2.38
2006	91	6514	4.27	3.36
2007	134	6633	6.07	4.48
2008	134	7018	7.11	5.38
2009	134	7241	9.50	7.41
2010	134	7484	12.14	9.14
2011	134	7625	15.15	12.60

五、交通邮电业主要统计指标解释

公路里程：也称“公路通车里程”是指实际达到公路工程技术标准等级的公路长度。它包括大中城市的郊区公路以及通过小城镇街道的公路里程，也包括桥梁、渡口的长度，但不包括城市的街道以及厂矿、林区和农业生产用道的里程。两条或多条公路共同经由一条路段，只计算一次，不得重复计算里程长度。公路里程是反映公路建设发展规模的重要指标，也是计算运输网密度等指标的基础资料。

货运量：指在一定时期内，以重量单位吨计算的由各种运输工具实际完成运输过程的货物数量。水运货运量包括内河、沿海、远洋货运量合计。反映货运量的指标有发送货物吨数、到达货物吨数和运送货物吨数。公路和水路的货运量按报告期到达货物数量统计，即报告期内送达目的地并卸完的货物数量为该报告期的运输量。

货物周转量：指一定时期内由各种运输工具实际完成的运送货物重量与运送距离的乘积。计算货物周转量所用的运送距离通常使用计费里程。计算公式为：

货物周转量=∑（每吨货物重量×该批货物的运程）

客运量：指一定时期内，各运输部门实际运送旅客人数。

旅客周转量：指在报告期内实际运送的旅客人数与其相应的旅客运送距离的乘积。计算单位为人公里（海里）。计算公式为：

旅客周转量=∑（实际运送的每一旅客×该旅客起程与到达港站间距离）

邮电业务总量：指以货币表现的邮电部门为用户传递信息和提供其他邮电服务的总量（包括计费和不计费两部分）。它用各种邮电分类业务量，如函件件数、电报份数、长话张数、市内电话和农村电话的年平均户数、订销报刊累计份数等，分别乘以相应的平均单价（不变价格），加总后再加上出租电路和设备的收入、代用户维护电话交换机和线路等设备的收入、其他业务收入求得。邮电业务总量综合反映了一定时期邮电工作的总成果，是研究邮电业务量构成和发展趋势的重要指标。

第六篇　固定资产投资与建筑业

历年各县市区全社会固定资产投资

6—1 单位：万元

年份	全市	市本级	柯城区	衢江区	江山市	常山县	开化县	龙游县
1949	2				1	1		
1950	9	5			3	1		
1951	41	35			5	1		
1952	51	38			10	2		1
1953	970	953			11	2		4
1954	574	535			23	3		13
1955	615	570			33	3		9
1956	635	593			33	3		6
1957	1606	1547			32	10		17
1958	5408	3765			1356	60	60	221
1959	6705	4487			1437	194	173	414
1960	9426	4928			2417	798	488	795
1961	5288	3604			1012	295	183	194
1962	3017	2551			151	54	111	150
1963	2447	1927			130	68	200	122
1964	2800	2296			146	58	151	149
1965	2368	1734			206	136	157	135
1966	2125	1471			208	284	112	50
1967	1907	908			424	284	237	54
1968	1590	772			307	376	132	3
1969	2752	1363			639	374	305	71
1970	3659	1662			1053	321	481	142
1971	4445	2218			985	413	654	175
1972	4664	2472			1060	333	572	227
1973	5252	4012			518	263	330	129
1974	4223	3180			442	216	313	72
1975	4210	3026			616	217	299	52
1976	4462	3150			545	199	327	241
1977	5567	3647			991	337	475	117
1978	9731	6489			1418	529	1052	243
1979	10404	6187			2028	649	1142	398

注：柯城区1949—1984年固定资产投资总额统计在市本级内。

历年各县市区全社会固定资产投资

6—1 续表 单位：万元

年份	全市	市本级	柯城区	衢江区	江山市	常山县	开化县	龙游县
1980	10417	5631		2	2260	907	1312	305
1981	9776	4665		1	2890	877	1014	329
1982	12586	4678		862	3301	1367	1911	467
1983	13573	5342		695	3535	990	1617	1394
1984	17923	4729		1273	4619	1515	2548	3239
1985	30067	8941	1399	2325	6543	2456	4025	4378
1986	39046	12563	1954	3117	7668	2822	5399	5523
1987	44868	10811	1877	5292	10023	4840	5719	6306
1988	53595	12510	2908	6702	11189	5025	7374	7887
1989	57579	15781	2904	7013	12342	5049	7077	7413
1990	67192	23480	4075	8791	9354	6226	6165	9101
1991	94993	37010	5117	13887	12458	9369	5864	11288
1992	154136	66223	7282	22529	20422	11575	10447	15658
1993	229655	77016	8602	31873	41929	24639	20133	25463
1994	243954	78047	16236	28723	47039	20551	23916	29442
1995	311297	93119	15398	51877	58086	28614	29254	34949
1996	330756	92019	20623	38326	66800	31478	27625	53885
1997	274066	90158	20862	27932	47362	21928	27672	38152
1998	321368	99250	21895	33720	58811	27909	30079	49704
1999	426020	152573	26033	45780	77902	33587	35310	54835
2000	554407	234960	28094	53902	91000	44115	38886	63450
2001	828171	336874	41127	78446	143178	65133	58525	104888
2002	1100031	419267	68466	104491	196353	93921	82448	135085
2003	1604214	498555	103027	167678	317006	172006	111040	234902
2004	2007295	553707	140829	230399	378085	230941	133001	340333
2005	2338437	673189	168103	210673	440066	278743	169561	398102
2006	2734060	738035	200520	259488	521495	343034	207589	463899
2007	3169975	779889	242094	315895	633931	416718	254527	526921
2008	3611939	778106	304359	364226	737321	495478	305466	626983
2009	4153976	811673	367042	429769	867838	576902	370360	730392
2010	4818048	835775	452239	527948	1006823	688148	445597	861518
2011	5046266	870216	487847	577810	976656	745437	462277	926023

注：自2011年起统计范围进行了调整，全社会固定资产投资改为固定资产投资，统计范围为计划总投资500万元以上项目。

历年各县市区建筑业总产值

6—2　　单位：万元

年份	全市	市本级	柯城区	衢江区	江山市	常山县	开化县	龙游县
1995	99170	39039	12179	11753	13428	7029	6317	9425
1996	146648	39383	22080	11702	23143	15691	16410	18239
1997	144132	46599	20651	14176	23827	9531	15329	14019
1998	157201	58336	20329	14638	22510	7872	16063	17453
1999	186075	76068	21014	14770	32749	6285	13571	21618
2000	221177	95080	20685	23042	34699	10081	14666	22924
2001	410562	167944	45852	36640	44947	23491	40417	51271
2002	383839	138473	43239	38383	43836	18799	42649	58460
2003	495367	210554	40836	41804	53825	25181	61152	62015
2004	486060	188117	45224	42991	68880	27561	52494	60793
2005	545869	202043	45381	51432	90056	28632	63597	64728
2006	758265	224848	70888	85467	108980	81310	96093	90679
2007	1067660	311796	106576	125208	173484	104395	124725	121476
2008	1337729	336988	115067	167296	216836	147563	158833	195146
2009	1644501	383932	161369	219146	278639	174281	192535	234599
2010	2255659	501611	215272	284906	374009	265751	273955	340155
2011	2665594	570675	281531	365386	457225	216964	321306	452506

历年各县市区房地产投资完成情况

6—3 单位：万元

年　份	全　市	市本级	柯城区	衢江区	江山市	常山县	开化县	龙游县
1995	41124	17338	5289	5284	5531	1524	787	5371
1996	39856	13707	7955	2673	6643	2188	1403	5287
1997	34383	18000	5374	883	4688	1273	732	3433
1998	46869	26968	6827		5993	2169	1400	3512
1999	71838	35359	6062	500	18687	5015	1677	4538
2000	86184	40634	6549	444	27509	5121	1292	4635
2001	165520	83843	18917	1235	29798	12574	7757	11396
2002	263504	138931	34102		32047	17612	20376	20436
2003	355283	174682	28172	9567	67049	18943	21056	35814
2004	431757	180633	49178	15886	59839	25274	21388	79559
2005	379240	129098	38046	8469	63308	38222	27656	74441
2006	396347	129053	38609	16637	82591	39980	30602	58875
2007	459108	191432	44422	23142	85882	20395	28770	65065
2008	456189	142617	49735	10274	106561	35664	36248	75090
2009	375893	96912	56707	15489	97225	23945	38092	47523
2010	637122	215642	82520	33959	163971	34311	35207	71512
2011	706611	165028	105932	64616	200239	42998	46270	81528

历年分产业固定资产投资

6—4 单位：万元

年份	全社会固定资产投资				其中：限额以上投资			
	合计	第一产业	第二产业	第三产业	合计	第一产业	第二产业	第三产业
1995	311297	16462	105686	189149	192880	2596	82554	107730
1996	330756	10875	101536	218345	211463	1489	76590	133384
1997	274066	8580	79598	185888	181420	406	65877	115137
1998	321368	11132	78292	231944	210907	334	65964	144609
1999	426020	8277	110694	307049	308499	698	94988	212813
2000	554407	11105	168738	374564	427394	838	145277	281279
2001	828171	21819	256889	549463	648661	2079	203396	443186
2002	1100031	27398	327143	745490	856698	5961	240437	610300
2003	1604214	31568	648638	924008	1345936	8007	545507	792422
2004	2007295	33644	943044	1030607	1742730	12823	831729	898178
2005	2338437	47520	1040518	1250399	2046331	21395	926346	1098590
2006	2734060	90778	1241196	1402086	2457485	29458	1158704	1269323
2007	3169975	152784	1520872	1496319	2856704	97321	1427740	1331643
2008	3611939	120359	1874308	1617272	3263312	67575	1791719	1404018
2009	4153976	155696	2242553	1755727	3809557	104912	2178198	1526447
2010	4818048	158883	2539106	2120059	4468504	110865	2498835	1858804
2011	5046266	101283	2815048	2129935	5046266	101283	2815048	2129935

注：限额以上投资包括房地产开发投资，2001年以前为国有等单位投资（含房地产开发投资）。自2011年起统计范围进行了调整，全社会固定资产投资改为固定资产投资，统计范围调整为计划总投资500万元以上项目，同2010年及以前限额以上投资。

历年工业、基础设施投资

6—5　　　　单位：万元

年　　份	工业项目投资		基础设施项目投资	
	合　　计	其中：限额以上	合　　计	其中：限额以上
1995	104332	82354	57044	56041
1996	100822	76292	106501	99634
1997	78303	63851	74083	69863
1998	77367	64795	94004	87435
1999	109891	94185	129543	124307
2000	168375	144914	241000	230800
2001	253900	200407	306184	288348
2002	326930	235877	369800	343155
2003	630653	527622	419888	409012
2004	933816	824225	550691	524633
2005	1038307	924646	772297	758108
2006	1241126	1158704	890495	873292
2007	1520482	1427740	849203	815949
2008	1872338	1790719	825411	790957
2009	2239968	2175613	990458	951411
2010	2537306	2497035	998653	964658
2011	2805868	2805868	1009952	1009952

注：限额以上项目 2001 年以前为国有等单位投资。2011 年起统计范围进行了调整，工业项目投资和基础设施投项目资统计范围为计划总投资 500 万元以上，同 2010 年及以前限额以上工业项目投资和基础设施项目投资。

历年项目投资

6—6

指　标	单　位	2011	2010	2009	2008	2007	2006
本年完成投资合计	万元	**4339655**	**3831382**	**3433664**	**2807123**	**2397596**	**2061138**
合计中：工业投资	万元	2805868	2497035	2175613	1790719	1427740	1158704
合计中：基础设施投资	万元	1009952	964658	951411	790957	815949	873292
按登记注册类型分：							
内资	万元	4292916	3712043	3357954	2745571	2332704	1999625
港澳台商投资	万元	16399	66840	25926	28981	21472	17411
外商投资	万元	7859	23468	20704	23256	36070	29195
个体经营	万元	22481	29031	29080	9315	7350	14907
按国有控股情况分：							
国有控股	万元	1281136	1065336	1088194	973560	968643	917932
非国有控股	万元	3058519	2766046	2345470	1833563	1428953	1143206
其中：民间投资	万元	3035120	2677595	2298840	1781326	1372054	1109107
按三次产业分							
第一产业	万元	101283	110865	104912	67575	97321	29458
第二产业	万元	2815048	2498835	2178198	1791719	1427740	1158704
第三产业	万元	1423324	1221682	1150554	947829	872535	872976
按建设性质分							
新建	万元	2308081	1995792	1813044	1721579	1605011	1430574
单纯建造生活设施	万元		560	7876	1500	3000	
扩建、改建等	万元	2031574	1835030	1612744	1084044	789585	630564
按构成分							
建筑工程	万元	2129432	1900651	1654008	1384591	1190551	1014637
安装工程	万元	327128	236012	212498	176591	133929	110968
设备工器具购置	万元	1296581	1194749	1168047	925719	697050	593895
其他费用	万元	586514	499970	399111	320222	376066	341638
按国民经济行业分组							
A. 农、林、牧、渔业	万元	101283	110865	104912	67575	97321	29458
B. 采矿业	万元	14126	18568	16173	4405	9690	5980

注：2010 年以前为限额以上项目投资，2011 年起改为项目投资。

历年项目投资

6—6 续表 1

指 标	单 位	2011	2010	2009	2008	2007	2006
C. 制造业	万元	2700532	2357598	2030212	1672769	1309631	1008399
农副食品加工业	万元	36176	24282	30164	18115	24382	28249
食品制造业	万元	40117	25734	26900	38088	26083	32937
饮料制造业	万元	15566	33789	26720	33417	12880	4362
纺织业	万元	140583	161122	117051	92050	64111	44710
纺织服装、鞋、帽制造业	万元	40790	34140	27755	33365	38055	24525
皮革、毛皮、羽毛及其制品业	万元	9861	15400	13693	9019	11631	10556
木材加工及木竹腾棕草制品业	万元	156830	180983	170596	117318	84224	65557
家具制造业	万元	58940	59988	30692	16484	19385	14889
造纸及纸制品业	万元	318190	216397	109765	111849	49283	61563
印刷业和记录媒介的复制	万元	11300	9129	16590	11331	10482	8550
文教体育用品制造业	万元	21644	16812	79276	48192	11093	2270
石油加工、炼焦及核燃料加工业	万元		0	3400	1630	150	
化学原料及化学制品制造业	万元	466712	370644	375927	344597	247612	172119
医药制造业	万元	32231	48988	8533	16844	13811	12681
化学纤维制造业	万元	11540	3130	8600	6980		2915
橡胶制品业	万元	13900	26457	16351	4582	6495	4066
塑料制品业	万元	31530	55015	54249	39683	41548	49283
非金属矿物制品业	万元	160783	139210	164115	141016	104492	82490
黑色金属冶炼及压延加工业	万元	16290	28212	23100	5102	7608	7011
有色金属冶炼及压延加工业	万元	50809	28869	18300	1072	7458	21040
金属制品业	万元	362019	240462	95792	89224	102727	63747
通用设备制造业	万元	159303	161556	166354	134521	101487	80769
专用设备制造业	万元	118402	105596	95959	73734	70531	55120
交通运输制造业	万元	111840	61615	76357	108782	88042	43725
电气机械及器材制造业	万元	215876	186770	181863	121426	116089	74581
通信设备及其他电子设备制造业	万元	50051	49846	35342	22270	9350	7388
仪器仪表及文化办公用机械制造业	万元	12733	7300	9600	3000	1800	200

历年项目投资

6—6 续表 2

指标	单位	2011	2010	2009	2008	2007	2006
工艺品及其他制造业	万元	30496	56408	38013	29078	38822	33096
废弃资源和废旧材料回收加工业	万元	6020	9744	9155			
D. 电力、燃气及水的生产和供应业	万元	91210	120869	129228	113545	108419	144325
其中：电力、热力的生产和供应业	万元	58891	89723	101367	95107	76987	124077
E. 建筑业	万元	9180	1800	2585	1000		
F. 交通运输、仓储和邮政业	万元	265957	283615	296615	300473	292372	376529
G. 信息传输、计算机服务和软件业	万元	31746	34565	33642	12677	14156	20150
H. 批发和零售业	万元	132171	135462	87415	70865	39291	46214
I. 住宿和餐饮业	万元	91039	61764	44325	10484	13121	3477
J. 金融业	万元	12779	14545	6834	5172	1006	1933
K. 房地产业	万元	151226	101177	116515	97706	55383	45319
L. 租赁和商务服务业	万元	28110	1364	3704	2463	2074	1860
M. 科学研究、技术服务和地质勘查业	万元	8182	5827	1544	5620	5019	2322
N. 水利、环境和公共设施管理业	万元	520899	448122	434030	314627	320295	263009
其中：水利管理业	万元	63446	84925	123348	71101	63304	59691
公共设施管理业	万元	446243	343819	286170	219659	224852	183524
O. 居民服务和其他服务业	万元	4060	2000	2000	6000	3200	3873
P. 教育	万元	38465	24826	25218	24104	46997	39580
Q. 卫生、社会保障和社会福利业	万元	32506	14831	17152	6241	11429	9771
R. 文化、体育和娱乐业	万元	57697	58262	38691	26921	29023	23436
S. 公共管理和社会组织	万元	48487	35322	42869	64476	39169	35503
本年新增固定资产	万元	4096445	3149876	2745372	1664512	1524048	1490285
本年施工房屋面积	平方米	12277230	10525705	9840725	9051721	9448655	5958064
本年竣工房屋面积	平方米	4742792	4458856	4481594	3136854	2988913	2658032
施工项目个数	个	1970	2012	1864	1530	1459	1187
其中：本年新开工	个	987	1054	1085	687	915	755
本年投产项目个数	个	975	933	889	736	554	605

各县市区固定资产投资完成情况

6—7　　(2011年)

指　标	单　位	全　市	市本级	柯城区	衢江区
固定资产投资总计	**万元**	**5046266**	**870216**	**487847**	**577810**
其中：房地产开发投资	万元	706611	165028	105932	64616
其中：投资项目	万元	4339655	705188	381915	513194
其中：工业投资	万元	2805868	422722	174691	378758
其中：工业技术改造投资	万元	1181201	192526	83529	98409
其中：基础设施投资	万元	1009952	249615	86522	55441
一、按控股情况分：					
国有投资	万元	1328339	475286	81049	66291
非国有投资	万元	3717927	394930	406798	511519
其中：民间投资	万元	3694528	384102	406798	507689
二、按三次产业分：					
第一产业	万元	101283		15994	14550
第二产业	万元	2815048	422902	179991	378758
第三产业	万元	2129935	447314	291862	184502
三、按城乡分：					
城镇投资	万元	4294922	865216	424137	457352
农村投资	万元	751344	5000	63710	120458
本年新增固定资产	万元	4332072	1339048	244531	511286
施工项目个数	个	1970	205	207	290
其中：本年新开工	个	987	93	140	119
本年投产项目个数	个	975	80	102	213

各县市区固定资产投资完成情况

6—7 续表　　　　　　　　　　(2011 年)

指　　　　标	单　位	江山市	常山县	开化县	龙游县
固定资产投资总计	**万元**	**976656**	**745437**	**462277**	**926023**
其中：房地产开发投资	万元	200239	42998	46270	81528
其中：投资项目	万元	776417	702439	416007	844495
其中：工业投资	万元	510281	413940	284630	620846
其中：工业技术改造投资	万元	245910	167398	150600	242829
其中：基础设施投资	万元	157119	197698	89056	174501
一、按控股情况分：					
国有投资	万元	183307	218686	76521	227199
非国有投资	万元	793349	526751	385756	698824
其中：民间投资	万元	789459	524451	383506	698523
二、按三次产业分：					
第一产业	万元	6100	57626	6413	600
第二产业	万元	510281	417640	284630	620846
第三产业	万元	460275	270171	171234	304577
三、按城乡分：					
城镇投资	万元	918759	558345	300617	770496
农村投资	万元	57897	187092	161660	155527
本年新增固定资产	万元	494796	774037	333434	634940
施工项目个数	个	396	448	206	218
其中：本年新开工	个	227	155	131	122
本年投产项目个数	个	154	211	94	121

各县市区项目投资完成情况

6—8

(2011 年)

指标	单位	全市	市本级	柯城区	衢江区
本年完成投资合计	**万元**	**4339655**	**705188**	**381915**	**513194**
其中：工业投资	万元	2805868	422722	174691	378758
其中：基础设施投资	万元	1009952	249615	86522	55441
按建设性质分：					
新建	万元	2308081	434035	123765	396622
扩建、改建等	万元	2031574	271153	258150	116572
按登记注册类型分：					
内资	万元	4292916	693501	381915	508163
港澳台商投资	万元	16399	10428		
外商投资	万元	7859	1259		3830
个体经营	万元	22481			1201
按构成分					
建筑工程	万元	2129432	292249	281447	266341
安装工程	万元	327128	80289	25036	7551
设备工器具购置	万元	1296581	220705	57707	108903
其他费用	万元	586514	111945	17725	130399
按国有控股情况分：					
国有控股	万元	1281136	437995	71137	66291
非国有控股	万元	3058519	267193	310778	446903
其中：民间投资	万元	3035120	256365	310778	443073
按三次产业分					
第一产业	万元	101283		15994	14550
第二产业	万元	2815048	422902	179991	378758
第三产业	万元	1423324	282286	185930	119886

各县市区项目投资完成情况

6—8 续表 1　　(2011 年)

指　　标	单　位	江山市	常山县	开化县	龙游县
本年完成投资合计	**万元**	**776417**	**702439**	**416007**	**844495**
其中：工业投资	万元	510281	413940	284630	620846
其中：基础设施投资	万元	157119	197698	89056	174501
按建设性质分：					
新建	万元	378594	315392	186228	473445
扩建、改建等	万元	397823	387047	229779	371050
按登记注册类型分：					
内资	万元	752587	700139	412417	844194
港澳台商投资	万元	3420		2250	301
外商投资	万元	470	2300		
个体经营	万元	19940		1340	
按构成分					
建筑工程	万元	364119	380437	192788	352051
安装工程	万元	13865	54709	29657	116021
设备工器具购置	万元	211072	211254	181123	305817
其他费用	万元	187361	56039	12439	70606
按国有控股情况分：					
国有控股	万元	183307	218686	76521	227199
非国有控股	万元	593110	483753	339486	617296
其中：民间投资	万元	589220	481453	337236	616995
按三次产业分					
第一产业	万元	6100	57626	6413	600
第二产业	万元	510281	417640	284630	620846
第三产业	万元	260036	227173	124964	223049

各县市区项目投资完成情况

6—8 续表 2　　　　(2011 年)

指　　　标	单　位	全　市	市本级	柯城区	衢江区
5. 按国民经济行业分	万元				
(一) 农、林、牧、渔业	万元	101283		15994	14550
(二) 采矿业	万元	14126			2400
(三) 制造业	万元	2700532	370102	171691	374498
农副食品加工业	万元	36176		13685	4590
食品制造业	万元	40117	1100	530	4050
饮料制造业	万元	15566	4300		
纺织业	万元	140583	9753	850	19442
纺织服装、鞋、帽制造业	万元	40790		10060	6780
皮革、毛皮、羽毛(绒)及其制品业	万元	9861	2200		3500
木材加工及木竹藤棕草制品业	万元	156830		1000	1500
家具制造业	万元	58940		8700	
造纸及纸制品业	万元	318190	12487	1260	117716
印刷业和记录媒介的复制	万元	11300		3500	
文教体育用品制造业	万元	21644		2300	2600
石油加工、炼焦及核燃料加工业	万元				
化学原料及化学制品制造业	万元	466712	168176	4000	47969
医药制造业	万元	32231	2700	5644	6363
化学纤维制造业	万元	11540		3240	
橡胶制品业	万元	13900			
塑料制品业	万元	31530		4200	7395
非金属矿物制品业	万元	160783		16224	16972
黑色金属冶炼及压延加工业	万元	16290			
有色金属冶炼及压延加工业	万元	50809	6300	200	1000
金属制品业	万元	362019	82471	45700	7234
通用设备制造业	万元	159303	5905	7484	27962
专用设备制造业	万元	118402	17800	5284	26691
交通运输设备制造业	万元	111840	28220	13913	29704
电气机械及器材制造业	万元	215876	28690	11862	37810

各县市区项目投资完成情况

6—8 续表 3　　(2011 年)

指　　标	单　位	江山市	常山县	开化县	龙游县
5. 按国民经济行业分	万元				
(一) 农、林、牧、渔业	万元	6100	57626	6413	600
(二) 采矿业	万元	2061	6680	800	2185
(三) 制造业	万元	494850	391490	282490	615411
农副食品加工业	万元	5900	6230	1480	4291
食品制造业	万元	12364	7420	10943	3710
饮料制造业	万元	1180	4400	4486	1200
纺织业	万元	18270	25810	9820	56638
纺织服装、鞋、帽制造业	万元	5150	11080	4670	3050
皮革、毛皮、羽毛(绒)及其制品业	万元	1500	410	890	1361
木材加工及木竹藤棕草制品业	万元	126506	12090	4664	11070
家具制造业	万元	19290	4120	7830	19000
造纸及纸制品业	万元	5500	750	4130	176347
印刷业和记录媒介的复制	万元			7800	
文教体育用品制造业	万元		110	3834	12800
石油加工、炼焦及核燃料加工业	万元				
化学原料及化学制品制造业	万元	39425	26700	146088	34354
医药制造业	万元		16400	1124	
化学纤维制造业	万元			1800	6500
橡胶制品业	万元	3500	7730	2670	
塑料制品业	万元	4680	530	10524	4201
非金属矿物制品业	万元	14451	54150	15090	43896
黑色金属冶炼及压延加工业	万元	7670	8620		
有色金属冶炼及压延加工业	万元		31965	2250	9094
金属制品业	万元	69159	18643	2111	136701
通用设备制造业	万元	17050	73367	8100	19435
专用设备制造业	万元	34871	15970	1000	16786
交通运输设备制造业	万元	10400	13090	3410	13103
电气机械及器材制造业	万元	74894	28665	9956	23999

各县市区项目投资完成情况

6—8 续表 4　　(2011 年)

指　　标	单　位	全　市	市本级	柯城区	衢江区
通信设备、计算机及其他电子设备	万元	50051		7330	2870
仪器仪表及文化、办公用机械制造	万元	12733		700	
工艺品及其他制造业	万元	30496		4025	1650
废弃资源和废旧材料回收加工业	万元	6020			700
3. 电力、燃气及水的生产和供应业	万元	91210	52620	3000	1860
其中：电力、热力的生产和供应业	万元	58891	46301	3000	1860
E. 建筑业	万元	9180	180	5300	
F. 交通运输、仓储和邮政业	万元	265957	134141	19862	3576
G. 信息传输、计算机服务和软件业	万元	31746	26219		
H. 批发和零售业	万元	132171	15870	48000	38310
I. 住宿和餐饮业	万元	91039	2952	10900	9742
J. 金融业	万元	12779	1734	9145	1900
K. 房地产业	万元	151226	51167	19750	11193
L. 租赁和商务服务业	万元	28110	1710	3200	
M. 科学研究、技术服务和地质勘查业	万元	8182	250		2800
N. 水利、环境和公共设施管理业	万元	520899	38941	46104	45307
其中：水利管理业	万元	63446	349	4663	12723
公共设施管理业	万元	446243	38232	41441	31034
O. 居民服务和其他服务业	万元	4060			
P. 教育	万元	38465		7300	398
Q. 卫生、社会保障和社会福利业	万元	32506	459	9731	4300
R. 文化、体育和娱乐业	万元	57697		5138	1900
S. 公共管理和社会组织	万元	48487	8843	6800	460
本年新增固定资产	万元	4096445	1258602	223894	490314
施工项目个数	个	1970	205	207	290
其中：本年新开工	个	987	93	140	119
本年投产项目个数	个	975	80	102	213
房屋施工面积	平方米	12277230	2268370	720598	1435022
房屋竣工面积	平方米	4742792	901957	159300	925739

各县市区项目投资完成情况

6—8 续表 5　　(2011 年)

指　　标	单　位	江山市	常山县	开化县	龙游县
通信设备、计算机及其他电子设备	万元	14757	16050	5470	3574
仪器仪表及文化、办公用机械制造	万元	5833	2500	2200	1500
工艺品及其他制造业	万元	2500	70	9450	12801
废弃资源和废旧材料回收加工业	万元		4620	700	
3. 电力、燃气及水的生产和供应业	万元	13370	15770	1340	3250
其中：电力、热力的生产和供应业	万元	3530	3900		300
E. 建筑业	万元		3700		
F. 交通运输、仓储和邮政业	万元	41813	33250	14865	18450
G. 信息传输、计算机服务和软件业	万元		3400	2127	
H. 批发和零售业	万元	13741	12050	4200	
I. 住宿和餐饮业	万元	37402	21295	8748	
J. 金融业	万元				
K. 房地产业	万元	29100	5500	11965	22551
L. 租赁和商务服务业	万元				23200
M. 科学研究、技术服务和地质勘查业	万元	4628		504	
N. 水利、环境和公共设施管理业	万元	80604	123103	59370	127470
其中：水利管理业	万元	7356	17120	14795	6440
公共设施管理业	万元	66948	102983	44575	121030
O. 居民服务和其他服务业	万元	600	200	3260	
P. 教育	万元	10715	8500	8152	3400
Q. 卫生、社会保障和社会福利业	万元	4000	8475	2110	3431
R. 文化、体育和娱乐业	万元	22467	5200	4492	18500
S. 公共管理和社会组织	万元	14966	6200	5171	6047
本年新增固定资产	万元	424187	769460	323438	606550
施工项目个数	个	396	448	206	218
其中：本年新开工	个	227	155	131	122
本年投产项目个数	个	154	211	94	121
房屋施工面积	平方米	3091178	391082	876434	3494546
房屋竣工面积	平方米	1111299	274530	296544	1073423

各县市区房地产开发投资完成情况

6—9 （2011 年）

指标	单位	全市	市本级	柯城区	衢江区
一、企业单位数	个	228	62	28	21
二、本年完成投资额	万元	706611	165028	105932	64616
1、按构成分					
建筑工程	万元	366345	97534	61611	43426
安装工程	万元	20949	8487	1187	1245
设备购置及其他费用	万元	319317	59007	43134	19945
其中：土地购置费	万元	302473	53358	40879	18364
2、按用途分					
住宅	万元	565418	138127	91921	54520
其中：经济适用房	万元	0			
办公楼	万元	13778	7414	5997	0
商业营业用房	万元	42211	5276	3872	3637
其他	万元	85204	14211	4142	6459
3、按经济类型分					
国有控股企业	万元	47203	37291	9912	
集体控股企业	万元	0			
私人控股企业	万元	659408	127737	96020	64616
三、本年新增固定资产	万元	246376	91195	20637	20972
四、本年施工房屋面积	平方米	5881163	1091062	1012699	578809
其中：住宅	平方米	4525030	782199	806291	489417
五、本年竣工房屋面积	平方米	1382534	394180	204007	80145
其中：住宅	平方米	1016424	262974	167857	69053
六、商品房销售面积	平方米	794326	216499	139148	65910
其中：住宅	平方米	590753	145903	105819	65432
七、商品房待售面积	平方米	618536	311175	42906	27540
其中：住宅	平方米	211782	127889	11060	22304

各县市区房地产开发投资完成情况

6—9 续表　　　　　　　　　　　　（2011 年）

指　　　　标	单　位	江山市	常山县	开化县	龙游县
一、企业单位数	个	46	20	24	27
二、本年完成投资额	万元	200239	42998	46270	81528
1、按构成分					
建筑工程	万元	87283	23071	23693	29727
安装工程	万元	7233	723	1989	85
设备购置及其他费用	万元	105723	19204	20588	51716
其中：　土地购置费	万元	100248	18880	19028	51716
2、按用途分					
住宅	万元	135929	30126	39386	75409
其中：经济适用房	万元				
办公楼	万元	367	0	0	0
商业营业用房	万元	16363	5645	4159	3259
其他	万元	47580	7227	2725	2860
3、按经济类型分					
国有控股企业	万元				
集体控股企业	万元				
私人控股企业	万元	200239	42998	46270	81528
三、本年新增固定资产	万元	70609	4577	9996	28390
四、本年施工房屋面积	平方米	1799230	321998	428204	649161
其中：住宅	平方米	1239847	237145	387187	582944
五、本年竣工房屋面积	平方米	388828	28313	65884	221177
其中：住宅	平方米	230966	19443	60897	205234
六、商品房销售面积	平方米	203932	52902	45725	70210
其中：住宅	平方米	137480	38083	37005	61031
七、商品房待售面积	平方米	142587	529	64777	29022
其中：住宅	平方米	4366		40022	6141

全市建筑业企业生产情况

6—10　　(2011年)　　单位：个，万元

指　　标	企业个数	其中：亏损	建筑业总产值	1. 建筑工程	2. 安装工程	3. 其他产值
总　计	**208**	**29**	**2665593**	**2493462**	**109307**	**62824**
一、按登记注册类型分组						
内资企业	208	29	2665593	2493462	109307	62824
国有企业	4	1	44479	23023	14027	7429
集体企业	4	1	11090	423	10647	20
有限责任公司	15		249734	214152	23380	12202
股份有限公司	1		17335	17335		
私营企业	184	27	2342955	2238528	61253	43173
其他						
二、按国民经济行业分组						
房屋和土木工程建筑业	165	20	2574917	2425136	90737	59044
建筑安装业	14	4	23490	4000	18567	923
建筑装饰业	11	1	32766	31113		1653
其他建筑业	18	4	34421	33213	4	1204
四、按企业资质等级分组						
施工总承包	148	15	2538119	2404065	76751	57303
一级	16	1	809078	776712	9859	22508
二级	66	2	1318476	1265339	33914	19224
三级及以下	66	12	410564	362014	32978	15572
专业承包	60	14	127475	89397	32557	5521
一级	1		21494	21494		
二级	12	3	39929	27494	9441	2994
三级及以下	47	11	66052	40409	23116	2527
七、按控股情况分						
国有控股	6	1	86171	63273	15166	7732
集体控股	8	1	41542	10189	31104	250
私人控股	193	27	2537139	2420000	62296	54843
其他	1		741		741	

全市建筑业企业生产情况

6—10 续表　　　　　　　　　　　　　(2011年)　　　　　　　　　　　　单位：平方米，人

指　　　　标	房屋施工面　积	房屋竣工面　积	计算建筑业劳动生产率的平均人数	年末从业人　数	其中：工程技术人员	其中：一级建造师
总　计	**25968454**	**13301788**	**142496**	**131731**	**24919**	**620**
一、按登记注册类型分组						
内资企业	25968454	13301788	142496	131731	24919	620
国有企业	69485	58300	1196	1270	483	13
集体企业	2555	2555	949	810	390	10
有限责任公司	3510429	290783	9297	12340	1176	57
股份有限公司			680	692	65	4
私营企业	22385985	12950150	130374	116619	22805	536
其他						
二、按国民经济行业分组						
房屋和土木工程建筑业	25968454	13301788	134310	126061	23456	594
建筑安装业			879	833	320	9
建筑装饰业			1569	1067	241	11
其他建筑业			5738	3770	902	6
四、按企业资质等级分组						
施工总承包	24650371	12468085	136280	126452	23548	582
一级	8846375	3292825	35206	33311	4332	245
二级	12749350	7915646	73466	70711	13671	292
三级及以下	3054646	1259614	27608	22430	5545	45
专业承包	1318083	833703	6216	5279	1371	38
一级			685	326	79	9
二级	997830	657600	1873	1661	420	9
三级及以下	320253	176103	3658	3292	872	20
七、按控股情况分						
国有控股	69485	58300	1819	1628	620	21
集体控股	2555	2555	1701	1404	501	11
私人控股	25896414	13240933	138899	128624	23761	588
其他			77	75	37	

全市建筑业企业财务情况

6—11 (2011年) 单位：万元

指标	固定资产合计	资产合计	负债合计	所有者权益合计	工程结算收入	工程结算税金及附加
总计	**188316**	**1337492**	**705125**	**632367**	**2352233**	**79560**
一、按登记注册类型分组						
内资企业	188316	1337492	705125	632367	2352233	79560
国有企业	10612	36717	27656	9061	43811	1049
集体企业	1956	29082	19715	9367	15875	525
有限责任公司	16216	142930	103330	39600	225432	7058
股份有限公司	820	7228	688	6540	17300	593
私营企业	158713	1121535	553735	567800	2049815	70336
其他						
二、按国民经济行业分组						
房屋和土木工程建筑业	175921	1254462	661909	592554	2256126	76574
建筑安装业	2678	34071	21863	12208	23929	650
建筑装饰业	2512	16879	8076	8803	32723	1138
其他建筑业	7206	32080	13277	18803	39456	1199
四、按企业资质等级分组						
施工总承包	168425	1224243	645186	579057	2223529	76310
一级	44320	383792	226751	157041	678896	23386
二级	79215	562016	288749	273267	1143657	40022
三级及以下	44889	278435	129686	148749	400976	12902
专业承包	19891	113249	59938	53311	128704	3250
一级	657	6982	4285	2697	21494	744
二级	6711	35401	19328	16073	36520	586
三级及以下	12523	70867	36326	34541	70690	1920
七、按控股情况分						
国有控股	14252	50669	33395	17274	86684	2428
集体控股	2897	61885	41566	20320	43923	1343
私人控股	171167	1222935	628805	594130	2220859	75763
其他		2002	1359	644	767	26

全市建筑业企业财务情况

6—11 续表　　　　(2011 年)　　　　单位：万元

指　标	管理费用	财务费用	营业利润	利润总额	应付职工薪酬	应收工程款
总　计	**63260**	**14411**	**64071**	**66102**	**323244**	**210497**
一、按登记注册类型分组						
内资企业	63260	14411	64071	66102	323244	210497
国有企业	2979		502	610	3442	2664
集体企业	4867	1264	494	536	4736	1470
有限责任公司	9678	871	6305	6824	30384	38467
股份有限公司	69		575	575	1399	105
私营企业	45667	12302	56195	57557	283283	167791
其他						
二、按国民经济行业分组						
房屋和土木工程建筑业	56934	13820	57572	59606	315073	194353
建筑安装业	3151	33.9	2639	2652	2023	3326
建筑装饰业	1362	164	1088	1087	2990	3153
其他建筑业	1813	393	2772	2757	3158	9665
四、按企业资质等级分组						
施工总承包	55549	12953	56647	58674	312529	186847
一级	10870	4038	10076	11853	101154	60085
二级	31117	6508	27567	27995	163619	78660
三级及以下	13561	2407	19004	18826	47756	48103
专业承包	7712	1458	7424	7428	10714	23650
一级	430	112	277	277	1325	2627
二级	1851	700	1463	1454	3130	7942
三级及以下	5431	646	5684	5697	6259	13081
七、按控股情况分						
国有控股	7634	60	1975	2076	6011	5657
集体控股	7664	1203.6	4156	4255	8300	6149
私人控股	47889	13151	57679	59510	308682	198605
其他	74	-4	261	261	250	86

全市建筑企业生产及财务情况

6—12 (2011年)

指　　标	单　位	全　市	市本级	柯城区	衢江区
企业个数	个	208	58	21	25
建筑业总产值	万元	2665594	570675	281531	365386
总产值中：在外省完成的产值	万元	760914	208629	100324	102063
总产值中：国有及国有控股	万元	86171	37729		
总产值中：建筑工程	万元	2493462	507773	247269	358828
安装工程	万元	109307	50550	16540	
房屋建筑施工面积	平方米	25968454	5321665	2545729	2664345
其中：本年新开工面积	平方米	15752341	2368897	1733866	1517531
房屋建筑竣工面积	平方米	13301788	1875689	1667542	1760629
自有机械设备年末总台数	台	25656	5424	2111	2402
自有机械设备年末总功率	千瓦	598595	114651	60837	83243
计算全员劳动生产率平均人数	人	142496	27839	20561	16534
期末从业人员	人	131731	23682	15193	19274
其中：工程技术人员	人	24919	5218	3283	3082
其中：一级建造师	人	620	230	60	111
应付职工薪酬	万元	323771	65634	25956	45300
固定资产原值	万元	235531	57318	14768	38345
资产合计	万元	1337492	417983	112295	148235
负债合计	万元	705125	244000	51628	61863
所有者权益合计	万元	632367	173983	60667	86373
营业收入	万元	2352233	538933	238090	319025
营业税金及附加	万元	79560	16955	7209	10614
管理费用中的税金	万元	4139	927	206	1288
利润总额	万元	66102	11749	5908	12823
应交所得税	万元	15128	2826	1216	1772

全市建筑企业生产及财务情况

6—12 续表 (2011 年)

指　　标	单　位	江山市	常山县	开化县	龙游县
企业个数	个	39	20	19	26
建筑业总产值	万元	457225	216964	321306	452506
总产值中：在外省完成的产值	万元	175912	39331	99333	35323
总产值中：国有及国有控股	万元		7992		40450
总产值中：建筑工程	万元	440509	195183	307869	436031
安装工程	万元	16716	8643	6719	10139
房屋建筑施工面积	平方米	6335699	1992551	2940167	4168298
其中：本年新开工面积	平方米	3074970	1307643	2088451	3660983
房屋建筑竣工面积	平方米	2344625	1155391	1772785	2725127
自有机械设备年末总台数	台	4666	1645	6069	3339
自有机械设备年末总功率	千瓦	91008	25483	111602	111771
计算全员劳动生产率平均人数	人	26677	10634	16790	23461
期末从业人员	人	27446	10280	17706	18150
其中：工程技术人员	人	4618	1499	2649	4570
其中：一级建造师	人	72	33	68	46
应付职工薪酬	万元	82251	21661	41241	41728
固定资产原值	万元	22027	20831	44128	38114
资产合计	万元	205691	165407	137624	150256
负债合计	万元	117968	114390	48998	66279
所有者权益合计	万元	87723	51017	88626	83978
营业收入	万元	355350	195937	295216	409682
营业税金及附加	万元	11803	6950	12229	13801
管理费用中的税金	万元	907	183	215	413
利润总额	万元	4784	6461	14195	10183
应交所得税	万元	1461	1685	3750	2418

六、固定资产与建筑业主要统计指标解释

全社会固定资产投资：固定资产投资是社会固定资产再生产的主要手段，固定资产投资额是以货币表现的建造和购置固定资产活动的工作量，它是反映固定资产投资规模、速度、比例关系和实用方向的综合性指标。全社会固定资产投资包括项目投资、房地产开发投资、农村私人投资三大部分。

固定资产投资：包括项目投资和房地产开发投资。

限额以上项目投资：包括城镇及农村非农户中计划总投资（或实际需要投资）500万元及500万元以上的项目投资。

项目投资：包括城镇和农村各种登记注册类型的企业、事业、行政单位，以及城镇个体户进行的计划总投资500万元及500万元以上的建设项目。2011年以前，项目投资包括城镇和农村各种登记注册类型的企业、事业、行政单位，以及个体户进行的计划总投资50万元及50万元以上的建设项目。

城镇固定资产投资：指城镇各种登记注册类型的企业、事业、行政单位及个体户进行的计划总投资500万元及500万元以上的建设项目投资。县城及以上区域内发生的投资，县及县以上各级政府及主管部门直接领导、管理的建设项目和企事业单位的投资均为城镇固定资产投资。

农村固定资产投资：指发生在农村区域范围内的非农户固定资产投资项目完成的投资。不包括县及县以上各级政府及主管部门直接领导、管理的建设项目和企事业单位的投资。

基础设施投资：包括:水利、环境和公共设施管理业，电力、燃气及水的生产供应业，交通运输、仓储和邮政业，电信和其他信息传输服务业，教育设施，广播、电视、电影和音像业，文化艺术业，体育设施和卫生设施。

房地产开发投资：包括各种登记注册类型的房地产开发公司、商品房建设公司及其他房地产开发单位统一开发的包括统代建、拆迁还建的住宅、厂房、仓库、饭店、宾馆、度假村、写字楼、办公楼等房屋建筑物和配套的服务设施、土地开发工程，如道路、给水、排水、供电、供热、通讯、平整场地等基础设施工程的投资。

房屋施工面积：指报告期内施工的全部房屋建筑面积。包括本期新开工的面积、上期跨入本期继续施工的房屋面积、上期停缓建在本期恢复施工的房屋面积、本期竣工的房屋面积以及本期施工后又停缓建的房屋面积。多层建筑应填各层建筑面积之和。

房屋竣工面积：指在报告期内房屋建筑按照设计要求已全部完工，达到住人和使用条件，经验收鉴定合格或达到竣工验收标准，可正式移交使用的各栋房屋建筑面积的总和。

建筑业总产值：建筑业总产值是以货币表现的建筑业企业在一定时期内生产的建筑业产品和服务的总和。建筑业总产值包括建筑工程产值、安装工程产值和其他产值三部分内容。

第七篇　国内商业、外贸、外资

历年各县市区社会消费品零售总额

7—1 单位：万元

年份	全市	市本级	柯城区	衢江区	江山市	常山县	开化县	龙游县
1949	2643	659		258	604	126	128	868
1950	3427	1041		397	677	167	171	974
1951	3933	1112		425	779	258	262	1097
1952	4461	1175		456	849	393	348	1240
1953	5700	1441		570	886	456	535	1812
1954	7347	1806		709	1215	584	522	2511
1955	6143	1575		635	1179	530	525	1699
1956	7426	1698		681	1442	637	569	2399
1957	7786	1897		765	1425	626	607	2466
1958	8310	2031		860	1498	687	726	2508
1959	9520	2482		1066	1698	928	915	2431
1960	10161	2607		1140	2221	1040	1103	2050
1961	9527	2609		1133	2074	761	899	2051
1962	9541	2536		1086	1934	1011	982	1992
1963	9294	2417		1092	1731	1004	1112	1938
1964	10148	2677		1281	1926	1061	1077	2126
1965	10472	2718		1331	1997	1130	1126	2170
1966	10872	2791		1456	2346	1291	1225	1763
1967	12130	3266		1529	2472	1422	1453	1988
1968	10694	2937		1337	2122	1286	1223	1789
1969	12013	3166		1486	2614	1459	1356	1932
1970	12202	3266		1591	2712	1391	1254	1988
1971	13232	3431		1740	2942	1490	1504	2125
1972	14716	3896		2015	3028	1704	1660	2413
1973	16329	4435		2182	3203	1897	1897	2715
1974	17337	4906		2241	3384	1878	2008	2920
1975	17520	4967		2238	3482	1875	2031	2927
1976	18338	5043		2297	3840	1967	2224	2967
1977	18194	4981		2374	3666	1970	2181	3022
1978	20212	5213		2699	4450	2149	2359	3342
1979	26059	7143		3547	5271	2659	2951	4488

历年各县市区社会消费品零售总额

7—1 续表　　　　单位：万元

年　份	全　市	市本级	柯城区	衢江区	江山市	常山县	开化县	龙游县
1980	31392	8569		4152	6439	3086	3712	5434
1981	35210	9527		4612	7104	3762	4411	5794
1982	39833	10705		5134	7944	4253	5060	6737
1983	44204	11998		5622	9328	4630	5584	7042
1984	49283	13721		6300	10208	5065	6061	7928
1985	60754	11468	4766	7157	12340	5946	8802	10275
1986	74460	12223	6247	8842	16295	7486	10997	12370
1987	85663	14635	6959	9342	18878	8965	12184	14700
1988	113901	20011	9346	12205	24253	13969	14525	19592
1989	127391	19971	11332	12889	28515	14388	15551	24745
1990	123702	18276	11064	12793	27530	14434	13673	25932
1991	141618	22538	14485	13771	29698	16878	14909	29339
1992	178892	26731	19665	23417	34258	20555	18235	36031
1993	259564	39525	28931	26233	49534	29223	32135	53983
1994	366009	50121	38586	36989	80315	36328	36833	86837
1995	489146	64983	57758	48494	101160	53471	54053	109227
1996	559851	61877	64921	61623	115777	69197	66056	120400
1997	602093	57345	76480	70628	129871	75152	69551	123066
1998	634893	46218	86559	75234	139704	80585	75765	130828
1999	695774	52002	95115	85386	151845	86637	79301	145488
2000	763074	54723	107532	92431	166973	93093	85922	162400
2001	836656	56561	121192	101007	184928	102867	93826	176275
2002	952557	63627	166534	89805	211034	116805	104799	203328
2003	910526	72892	161088	81110	201087	102725	97624	194000
2004	1178310	137360	210050	101300	226600	118100	130300	254600
2005	1347432	159536	242884	115765	257870	134161	148672	288544
2006	1538557	181558	278831	132559	294620	153614	169815	327560
2007	1794513	212702	325397	154512	343085	179144	197834	381839
2008	2156144	249803	391888	183869	414684	216389	237550	461961
2009	2502501		745657	213328	481407	250795	275082	536232
2010	2908244		901086	238477	552601	284614	325109	606357
2011	3443361		1063614	282596	658228	336223	384738	717962

注：2003年是按照国家新的统计口径进行统计；2004年以后按照经济普查口径统计；2010年按国家新统计口径进行统计。

历年全市利用外资及进出口情况

7—2　　单位：万美元

年份	项目数（个）	总投资	协议外资	实际外资	进出口总额	其中：进口	出口
1985	2	129	55	54			
1986	2	85	28	0			
1987							
1988							
1989	2	310	102	91	92		92
1990	8	828	382	174	391		391
1991	15	966	473	235	1429	129	1300
1992	69	21659	6473	147	2036	330	1706
1993	113	14509	7694	1948	3497	1236	2261
1994	45	6885	3157	1289	4197	1020	3177
1995	27	1335	458	1306	5255	423	4832
1996	15	1526	759	1526	5126	675	4451
1997	16	697	608	1465	5688	908	4780
1998	17	3928	2014	1633	6655	1221	5434
1999	11	1123	610	1800	8022	2236	5786
2000	17	2373	1195	1167	12747	3479	9268
2001	28	4708	2338	1206	12533	3205	9328
2002	25	6966	4135	1590	15385	3475	11910
2003	39	11519	5397	2069	22875	5883	16992
2004	28	16199	8083	2080	35080	11422	23658
2005	38	23496	12161	3042	40847	8457	32390
2006	39	24188	12109	3985	63975	17624	46350
2007	31	26294	12615	4056	106083	33896	72187
2008	19	31932	13497	5813	132528	42593	89935
2009	20	31765	14800	6380	118364	45398	72966
2010	24	26900	12084	6237	188920	68459	120461
2011	24	36800	12042	4541	268686	92612	176074

各县市区国内商业、外贸、外资

7—3

（2011 年）

指　　标	单　位	全　市	市本级	柯城区	衢江区
一、社会消费品零售总额	万元	3443361		1063614	282596
按销售地区分					
1、城镇	万元	2967229		1063614	282596
2、乡村	万元	476132			
按行业分					
1、批发零售贸易业	万元	3075328		995296	247040
限额以上	万元	926329		644916	61984
限额以下及个体户	万元	2148999		350380	185056
2、住宿和餐饮业	万元	368033		68318	35556
限额以上	万元	62239		27681	1638
限额以下及个体户	万元	305794		40637	33918
补充资料：					
亿元以上商品交易市场成交额	万元	2414259		1444267	
二、外贸进出口总额	万美元	268686	111732	23210	40977
出口总额	万美元	176074	58338	18420	20385
进口总额	万美元	92612	53394	4790	20592
三、利用外资					
当年新批三资企业数	个	24	3	1	2
新批三资企业合同外资	万美元	12042	793	1300	3452
当年实际利用外资	万美元	4541	1115	0	521

各县市区国内商业、外贸、外资

7—3 续表

（2011 年）

指　　标	单　位	江 山 市	常 山 县	开 化 县	龙 游 县
一、社会消费品零售总额	万元	658228	336223	384738	717962
按销售地区分					
1、城镇	万元	530176	231265	175702	683876
2、乡村	万元	128052	104958	209036	34086
按行业分					
1、批发零售贸易业	万元	599729	272138	325765	635359
限额以上	万元	109407	31289	25985	52748
限额以下及个体户	万元	490322	240849	299780	582611
2、住宿和餐饮业	万元	58499	64085	58973	82603
限额以上	万元	13358	6759	4797	8009
限额以下及个体户	万元	45141	57326	54176	74594
补充资料：					
亿元以上商品交易市场成交额	万元	397198	43408	71249	458137
二、外贸进出口总额	万美元	40540	13050	13011	26167
出口总额	万美元	37985	12709	8987	19249
进口总额	万美元	2555	341	4024	6918
三、利用外资					
当年新批三资企业数	个	10	3	1	4
新批三资企业合同外资	万美元	1842	1478	1209	1968
当年实际利用外资	万美元	1266	61	326	1252

各县市区限额以上批零贸易企业主要财务指标

7—4　　　　(2011 年)　　　　单位：万元

指　　标	全　市	市本级	柯城区	衢江区
企业个数（个）	243		88	39
流动资产	1209775		641744	160912
其中：存货	215259		116874	21697
固定资产原价	181919		121340	15765
本年折旧	10750		7839	795
资产合计	1537129		822821	243277
负债合计	1141446		576139	188585
所有者权益合计	395683		246682	54692
其中：实收资本	220684		107795	40342
主营业务收入	3454182		2277258	338802
主营业务成本	3233040		2102825	327798
主营业务税金及附加	21438		19222	277
主营业务利润	199704		155211	10727
其他业务利润	16585		12693	167
营业费用	74433		48997	4887
管理费用	55757		38704	5251
财务费用	38244		21541	6788
营业利润	49352		59818	-5696
利润总额	57917		60698	-4522
本年应付职工薪酬	39820		28184	2140
本年应交增值税总额	37822		28300	900
全部从业人员年平均人数（人）	12552		7333	822

各县市区限额以上批零贸易企业主要财务指标

7—4 续表　　　　(2011 年)　　　　单位：万元

指　　标	江　山　市	常　山　县	开　化　县	龙　游　县
企业个数（个）	40	16	22	38
流动资产	133454	52062	36079	185524
其中：存货	24655	16919	5884	29230
固定资产原价	12078	8098	9584	15054
本年折旧	911	369	338	498
资产合计	157964	61484	45516	206067
负债合计	128438	52150	31996	164138
所有者权益合计	29525	9334	13520	41930
其中：实收资本	24769	8431	10519	28828
主营业务收入	281925	82520	68204	405473
主营业务成本	268782	79379	62892	391364
主营业务税金及附加	667	195	81	996
主营业务利润	12476	2946	5231	13113
其他业务利润	2102	486	171	966
营业费用	7553	2415	3469	7112
管理费用	5379	1560	1449	3414
财务费用	3795	1476	1286	3358
营业利润	-2145	-2017	-801	193
利润总额	198	-445	-640	2628
本年应付职工薪酬	3513	1713	1178	3092
本年应交增值税总额	3099	1823	518	3182
全部从业人员年平均人数（人）	1692	753	685	1267

全市限额以上批发和零售企业商品销售情况

7—5 （2011 年） 单位：万元

指　　标	法人企业（个）	销售额	批发额	零售额
总　　计	243	4015503	3106497	909006
一、批发业	133	3302992	3053551	249441
1. 按登记注册类型分组				
内资	132	3284088	3034647	249441
国有	7	589696	487711	101985
集体	1	3237	2515	722
有限责任公司	21	384910	380573	4337
国有独资公司	3	23968	23299	669
其他有限责任公司	18	360942	357273	3669
股份有限公司	2	376730	266286	110444
私营企业	100	1925657	1893704	31953
私营有限责任公司	94	1856903	1824950	31953
私营股份有限公司	3	31404	31404	
2. 按国民经济行业分组				
农畜产品批发业	6	47312	46727	585
食品、饮料及烟草制品批发业	9	424019	412786	11233
烟草制品批发业	1	302575	299366	3209

全市限额以上批发和零售企业商品销售情况

7—5 续表 1　　(2011 年)　　单位：万元

指　　标	法人企业(个)	销 售 额	批 发 额	零 售 额
纺织、服装及日用品批发业	8	80902	77748	3154
文化、体育用品及器材批发业				
医药及医疗器材批发业	5	144851	93960	50891
矿产品、建材及化工产品批发业	80	2446616	2265561	181055
煤炭及制品批发业	21	397222	397222	
石油及制品批发业	4	476699	317141	159558
金属及金属矿批发业	19	1218780	1203397	15383
建材批发业	5	43142	37751	5391
化肥批发业	4	43921	43198	723
机械设备、五金交电及电子产品批发	13	73462	70940	2522
汽车、摩托车及零配件批发业	2	11875	11875	
其他批发业	8	57742	57742	
二、零售业				
1. 按登记注册类型分组				
内资企业	132	3284088	3034647	249441

全市限额以上批发和零售企业商品销售情况

7—5 续表 2　　(2011 年)　　单位：万元

指　　标	法人企业（个）	销售额	批发额	零售额
有限责任公司	7	384910	380573	4337
国有独资公司	3	23968	23299	669
其他有限责任公司	18	360941	357273	3668
股份有限公司	2	376730	266286	110444
私营企业	100	1925657	1893704	31953
私营独资	3	37350	37350	
私营有限责任公司	94	1856903	1824950	31953
私营股份有限公司	3	31404	31404	
2. 按零售行业小类分组				
综合零售业	18	173816	3754	170062
百货零售业	4	109572		109572
超级市场零售业	12	59586	1003	58583
食品、饮料及烟草制品专门零售业	1	2954		2954
文化、体育用品及器材专门零售业	6	14372		14372
图书零售业	5	13341		13341
医药及医疗器材专门零售业	6	11971	590	11381
药品零售业	6	11971	590	11381

全市限额以上批发和零售企业商品销售情况

7—5 续表3　　(2011年)　　单位：万元

指　　标	法人企业（个）	销售额	批发额	零售额
汽车、摩托车、燃料及零配件专门	47	377259	10194	367065
汽车零售业	38	324547	5368	319179
机动车燃料零售业	8	51868	4825	47043
家用电器及电子产品专门零售业	23	116221	34162	82059
家用电器零售业	16	108612	34162	74450
计算机、软件及辅助设备零售业	7	7609		7609
通信设备零售业				
无店铺及其他零售业	5	10049	1272	8777
3. 按经营方式分组				
独立门店	108	548052	31309	516743
连锁总店	3	147147	20473	126674
连锁门店	2	16631	482	16149
4. 按零售业态分组				
有店铺零售	109	712511	52946	659565
百货店	3	34593		34593
超市	9	36724	3272	33452
大型超市	5	100969	482	100487
专业店	60	318706	37514	281192
专卖店	29	217902	11678	206224
便利店	3	3617		3617

全市限额以上住宿业和餐饮业法人企业经营情况

7—6 （2011 年） 单位：万元

指标	法人企业（个）	营业额	其中：客房收入	餐费收入	商品销售收入	年末住宿和餐饮企业拥有床位数（个）	年末住宿和餐饮企业拥有餐位数（位）
总计	**38**	**53326**	**14870**	**31594**	**4585**	**5082**	**22554**
一、住宿业	19	33763	11676	18766	1562	3905	13467
按登记注册类型分组							
内资企业	19	33763	11676	18766	1562	3905	13467
国有企业	2	322	8626	2662	5497	463	1282
有限责任公司	7	12644	4605	6599	468	1669	5510
其他有限责任公司	6	11817	4200	6198	468	1550	4810
私营企业	10	12493	4409	6671	1074	1773	6675
私营独资企业	3	3527	937	1972	528	555	2000
私营合伙企业							
私营有限责任公司	7	8966	3472	4699	546	1218	4675
其他企业							
二、餐饮业							
1. 按登记注册类型分组							
内资企业	19	19562	3194	12828	3023	1177	9087
有限责任公司	4	5397	659	3921	526	211	3580
其他有限责任公司	3	3821	659	2635	526	211	2980
私营企业	12	7106	1765	4619	604	631	3307
私营独资企业	6	3224	589	2385	132	321	1098
私营合伙企业	2	865	229	551	85	130	344
私营有限责任公司	4	3017	947	1683	387	180	1865
2. 按餐饮行业小类分组							
正餐服务	19	19562	3194	12828	3023	1177	9087

全市限额以上连锁零售业、住宿业和餐饮业经营情况

7—7　　(2011年)

指　　标	计量单位	合计		直营店	
		本　年	上　年	本　年	上　年
一、门店总数	个	1860	1529	130	131
二、营业面积	平方米	217063	163750	129487	88099
五、从业人数	人	5454	3837	1929	1526
六、商品购进总额	千元	1479474	1130738	1054985	835797
其中：统一配送商品购进额	千元	1217772	947355	793283	652414
其中：自有配送中心配送商品购进额	千元	930986	754835	593057	487259
非自有配送中心配送商品购进额	千元	126021	63817	39461	36452
七、商品销售额	千元	2301223	1695800	1892335	1412146
其中：商品零售额	千元	1734530	1307972	1325642	1024318

七、贸易外经主要统计指标解释

社会消费品零售总额：指售给城乡居民和社会集团用于最终消费品或公共消费的商品。

商品销售总额（销售合计）：指售予本企业以外的单位和个人的商品金额（含增值税）。销售总额包括零售额和批发额两部分，其中零售额包括：售予居民和社会集团商品的金额；批发额包括：售予生产经营单位商品的金额和出口商品的金额。这个指标反映批发零售业在国内市场上销售商品以及出口商品的总量。

零售额：指批发和零售业售予城乡居民用于生活消费和社会集团用于公共消费的商品金额。

批发额：指批发零售企业单位向生产经营企业单位销售的商品金额。

主营业务收入：指企业在销售商品、提供劳务等日常活动中所产生的收入总额。

利润总额：指企业在生产经营过程中各种收入扣除各种耗费后的盈余，反映企业在报告期内实现的亏盈总额，包括营业利润、补贴收入、投资净收益和营业外收支净额。根据会计“利润表”中的对应指标年末累计数填列。

营业额：指住宿和餐饮业法人企业、产业活动单位在经营活动中因提供服务或销售商品等取得的收入。包括：客房收入、餐费收入、商品销售收入和其他收入。

客房收入：指住宿和餐饮业法人企业、产业活动单位在经营活动中因提供住宿服务取得的客房收入。

餐费收入：指住宿和餐饮业法人企业、产业活动单位因为顾客提供就餐服务取得的收入。包括：经烹饪、调制加工后出售的各种食品，如主食、炒菜、凉伴菜等的收入。

商品销售收入：指住宿和餐饮业法人企业、产业活动单位伴随服务而出售商品所取得的收入。

床位数：指宾馆、饭店、酒店、旅馆等供应旅客使用的床位数，不包括临时加的床位和宾馆、饭店、酒店、旅馆等内部工作人员使用的床位。该指标按年内正常情况下的实有数统计。

餐位数：指住宿和餐饮业法人企业、产业活动单位为顾客提供就餐服务时，正常可同时容纳就餐人员的餐位数量，不包括临时加的餐位。该指标按年内正常情况下的实有数统计。

年末餐饮营业面积：指住宿和餐饮业法人企业、产业活动单位对外提供就餐服务的门店建筑面积和从事食品加工、烹饪、调制的厨房面积，不包括办公用房和仓库等面积。该指标按年末实有面积统计。

连锁企业（或称连锁店、连锁公司）：指在核心企业或总店的领导下，由分散的、经营同类商品或服务的企业或活动单位，采取共同方针，实行集中采购和分散销售的有机结合，通过规范化经营，实现规模效益的经济联合组织形式。一般连锁店应由若干个分店组成。其经营特征：⑴ 经营同类商品；⑵ 使用统一商号；⑶ 统一采购配送，采购与销售相分离（部分商品可根据物流合理和保质保鲜原则由供应商直接送货到门店，其余均由总部统一配送）。

连锁店包括下列二种形式：

(1)直营连锁：也叫正规连锁。连锁门店均由总部全资或控股开设，在总部的直接领导下统一经营。

(2)加盟连锁：也叫特许连锁。各连锁门店（被特许人）通过合同形式，取得使用总部（特许人）商标、商号、经营技术和销售总部开发的商品的特许权，各连锁门店均为独立法人，但无自主经营权，统一接受总部指导。

连锁店总店(总部)：指连锁店的核心企业或管理中心。

连锁店分店：指连锁店所属各分散经营的企业或活动单位，也可称分店或成员店。

配送中心：是连锁企业的物流机构，承担着各门店所需商品的进货、库存、分货、加工、集配、运输、送货等任务。配送中心主要为本连锁企业服务，也可面向社会。如本企业没有配送中心而是利用本企业以外的物流中心配送，可不填自有配送中心数、配送中心面积和运输车辆，但应填统一配送比重。

门店数：指该连锁企业所拥有的全部连锁门店数量，包括总店（如果总公司有门店的话）和全部直营分店、加盟分店数。直营店和加盟店之和应小于等于门店总数。

第八篇　人民生活与价格水平

历年城乡居民收入与价格指数

8—1

年　　份	市区商品零售价格指数（以上年为100）	市区居民消费价格指数（以上年为100）	市　区　城　镇	
			人均可支配收入（元）	指数（%）（以上年为100）
1978	100.1		296	
1979	100.4		305	103.0
1980	104.3		314	103.0
1981	100.9		387	123.3
1982	100.6		412	106.5
1983	102.0		399	96.8
1984	103.4		489	122.6
1985	114.9	114.5	730	149.3
1986	106.7	107.1	862	118.1
1987	111.3	111.0	916	106.3
1988	122.9	122.9	1263	137.9
1989	118.0	118.7	1539	121.9
1990	99.5	100.2	1595	103.6
1991	105.5	105.3	1907	119.6
1992	106.4	106.5	2240	117.5
1993	114.2	117.4	3033	135.4
1994	123.3	124.3	4724	142.7
1995	116.7	117.2	5979	124.6
1996	107.2	109.8	6673	112.9
1997	100.0	102.5	6693	109.9
1998	99.9	100.8	6388	100.3
1999	97.6	98.5	6642	104.0
2000	99.3	100.9	7592	114.3
2001	100.4	99.3	8709	114.7
2002	99.3	98.8	9330	117.0
2003	99.7	101.8	10079	108.0
2004	102.6	102.7	11477	113.9
2005	99.2	99.9	13006	113.3
2006	101.2	101.0	14541	111.8
2007	103.2	103.7	16388	112.7
2008	106.7	105.0	18069	110.3
2009	98.7	99.2	19539	108.1
2010	104.9	104.2	21811	111.6
2011	105.1	105.6	24900	114.2

注：市区城镇居民人均可支配收入1993年以前（含93年）为人均生活费收入。

历年城乡居民收入与价格指数

8—1 续表

年　份	居　民	全　市　农　村　居　民		
	人均住房使用面积（平方米）	人均纯收入（元）	指数（%）（以上年为 100）	人均住房面积（平方米）
1978		132		
1979		158	119.7	
1980		173	109.5	
1981		242	139.9	
1982		346	143.0	
1983		363	104.9	
1984		381	105.0	
1985	11.40	451	118.4	18.30
1986	11.20	474	105.1	19.00
1987	13.60	539	113.7	19.60
1988	14.40	621	115.2	19.80
1989	14.10	727	117.1	20.10
1990	11.91	799	109.9	21.60
1991	12.65	875	109.5	22.90
1992	13.20	812	92.8	23.30
1993	14.08	1018	125.4	23.80
1994	14.02	1411	138.6	23.80
1995	14.51	1896	134.4	28.40
1996	15.37	2259	119.2	28.86
1997	15.76	2495	110.5	28.91
1998	15.95	2660	106.6	30.54
1999	16.35	2860	107.5	32.40
2000	19.84	2949	103.1	39.48
2001	20.42	3250	110.2	42.85
2002	21.2	3595	110.6	45.11
2003	22.3	3980	110.7	47.1
2004	22.76	4414	110.9	48.6
2005	26.7	4850	109.9	48.3
2006	27.52/36.69	5359	110.5	51.1
2007	37.37	6071	113.3	51.9
2008	37.46	6843	112.7	53.2
2009	38.55	7336	107.2	54.6
2010	39.05	8270	112.7	56.6
2011	40.56	9635	116.5	60.0

注：2007 年起住房面积为总建筑面积。

市区城市住户调查基本情况

8—2

指　　　　标	单　　位	2011年	2010年	2011年为2010年%
一、调查户数	户	150	150	100.0
二、家庭人口	人/户	2.57	2.57	100.0
1、有收入者人数	人/户	1.81	1.75	103.4
就业人口数	人/户	1.29	1.27	101.6
其中：国有经济单位职工	人/户	0.52	0.55	94.5
集体经济单位职工	人/户	0.01	0.02	50.0
其他各种经济单位职工	人/户	0.11	0.17	64.7
个体经营者人数	人/户	0.19	0.12	158.3
个体被雇佣者人数	人/户	0.39	0.35	111.4
离退休再就业者人数	人/户	0.03	0.02	150.0
其他就业者人数	人/户	0.02	0.03	66.7
2、无收入者人数	人/户	0.76	0.84	90.5
三、平均每户就业人口数	人/户	1.29	1.27	101.6
平均就业面	%	50.2	49.4	101.6
四、平均每人年家庭总收入	元	27582	24346	113.3
其中：可支配收入	元	24900	21811	114.2
五、平均每人年家庭总支出	元	25406	19468	130.5
其中：消费支出	元	16556	14867	111.4
六、人均现住房总建筑面积	平方米	40.56	39.05	103.9

市区城市住户平均每人年消费性支出

8—3

指　　标	单　位	2011年	2010年	2011年为2010年%
消费性支出	**元**	**16556**	**14867**	**111.4**
一、食品	元	5994	5489	109.2
其中：粮食	元	363	290	125.2
肉禽蛋水产品	元	1494	1287	116.1
酒和饮料	元	750	581	129.1
二、衣着	元	1927	1869	103.1
三、家庭设备用品及服务	元	886	705	125.7
其中：耐用消费品	元	344	334	103.0
四、医疗保健	元	1243	831	149.6
五、交通与通讯	元	2604	2837	91.8
1、交通	元	1782	2069	86.1
2、通讯	元	822	768	107.0
六、娱乐、教育、文化服务	元	2056	1820	113.0
1、文化娱乐用品	元	502	296	169.6
2、教育	元	1055	1104	95.6
3、文化娱乐	元	498	420	118.6
七、居住	元	1392	946	147.1
1、住房	元	579	258	224.4
2、水电、燃料、其他	元	771	669	115.2
八、杂项商品和服务	元	454	370	122.7
1、杂项商品	元	325	234	138.9
其中：金银珠宝品	元	78	33	236.4
化妆品	元	138	99	139.4
2、服务	元	129	136	94.9
其中：美容费	元	39	40	97.5

市区城市住户平均每人年现金收入情况

8—4

指　　　标	单　　位	2011 年	2010 年	2011 年为 2010 年%
一、期初手存现金	元	751	1370	54.8
二、家庭总收入	元	27582	24346	113.3
其中：可支配收入	元	24900	21811	114.2
1、工薪收入	元	16928	16775	100.9
2、经营性收入	元	2720	1340	203.0
3、财产性收入	元	525	304	172.7
其中：利息收入	元	7410	23	32217.4
股息与红利收入	元	62		
出租房屋收入	元	321	146	219.9
4、转移性收入	元	7410	5927	125.0
其中：养老金离退休金	元	6441	4865	132.4
辞退金	元			
保险收入	元			
赡养收入	元	191	102	187.3
捐赠收入	元	379	268	141.4
三、出售财物收入	元	441	38	1160.5
1、出售住房收入	元	388	33	
2、出售其它物品收入	元	53	5	1060.0
四、借贷收入	元	16218	13733	118.1
其中：　提取存款	元	15459	13664	113.1
借入款	元	74		
回收借出款	元		52	
兑售有价证券	元			
住房贷款	元	651		

市区城市住户平均每人年现金收入情况

8—4 续表

指　　标	单　位	2011 年	2010 年	2011 年为 2010 年%
五、家庭总支出	元	25406	19468	130.5
(一) 消费性支出	元	16556	14867	111.4
(二) 购房与建房支出	元	3063	206	1486.9
(三) 转移性支出	元	3197	1919	166.6
其中：交纳个人收入税	元	55	108	50.9
捐赠支出	元	2131	1244	171.3
赡养支出	元	720	337	213.6
非储蓄性保险支出	元	258	197	131.0
其它转移性支出	元	20	18	111.1
(四) 财产性支出	元	136	179	76.0
(五) 社会保障支出	元	2454	2297	106.8
1、个人交纳的养老金	元	955	803	118.9
2、个人交纳的住房公积金	元	1124	1238	90.8
3、个人交纳的医疗基金	元	304	201	151.2
4、个人交纳的失业基金	元	59	47	125.5
5、其它社会保障支出		13	7	
六、借贷支出	元	18898	19411	97.4
1、存入储蓄款	元	17970	18544	96.9
2、归还借款	元	108	5	2160.0
3、储蓄性保险支出	元	97	90	107.8
4、购买有价证券	元		5	
5、借出款	元			
6、归还购买住房贷款	元	514	755	68.1
7、其他借贷支出	元			
六、期末手存现金	元	697	615	113.3

市区城市住户平均每人年实物消费情况

8—5

指　　标	单　位	2011年	2010年	2011年为2010年%
一、食品	元	5994	5489	109.2
1、粮食	元	363	290	125.2
2、淀粉及薯类	元	22	8	261.3
3、豆类及制品	元	101	97	104.1
4、油脂类	元	180	145	124.1
5、肉禽蛋水产品类	元	1494	1287	116.1
其中：肉类	元	731	581	125.8
禽类	元	296	288	102.8
蛋类	元	111	76	146.1
水产品类	元	357	341	104.7
6、蔬菜类	元	632	641	98.6
其中：鲜菜类	元	610	616	99.0
7、调味品	元	54	55	98.2
8、糖烟酒饮料类	元	750	581	129.1
其中：糖类	元	55	31	177.4
烟草类	元	512	385	133.0
酒和饮料	元	184	164	112.2
9、干鲜瓜果类	元	606	527	115.0
10、糕点类	元	137	94	145.7
11、奶及奶制品	元	260	235	110.6
12、其他食品	元	89	126	70.6
13、在外用餐	元	1305	1402	93.1
14、食品加工费	元	0.79	0.74	106.8
二、衣着	元	1927	1869	103.1

市区城市住户平均每人年实物消费情况

8—5 续表

指　　标	单　位	2011年	2010年	2011年为 2010年%
1、服装	元	1514	1386	109.2
2、衣着材料	元	4	6	66.7
3、鞋袜帽及其他	元	405	473	85.6
4、衣着加工费	元	5	4	125.0
三、设备用品及服务	元	886	705	125.7
1、耐用消费品	元	344	334	103.0
其中：家具	元	84	47	178.7
2、室内装饰品	元	15	7	214.3
3、床上用品	元	133	38	350.0
4、家庭日用杂品	元	308	253	121.7
5、家具材料	元			
6、家庭服务	元	87	57	152.6
四、医疗保健	元	1243	831	149.6
五、交通和通讯	元	2604	2837	91.8
六、娱乐、教育、文化服务	元	2056	1820	113.0
其中：文化娱乐用品	元	502	296	169.6
教育	元	1055	1104	95.6
文化娱乐服务	元	498	420	118.6
其中：旅游	元	363	305	119.0
七、居住	元	1392	946	147.1
其中：住房	元	579	258	224.4
水电燃料其他	元	771	669	115.2
其中：电	元	427	364	117.3
八、杂项商品和服务	元	454	370	122.7

市区城市住户平均每百户年末主要耐用品拥有量

8—6

指　　　标	单　　位	2011年	2010年	2011年为2010年%
摩托车	辆	12	20	60.0
助力车	辆	52	43	120.9
汽车	辆	21	11	190.9
洗衣机	台	90	94	95.7
电冰箱	台	101	98	103.1
彩色电视机	台	172	157	109.6
家用电脑	台	97	78	124.4
组合音响	台	27	26	103.8
摄像机	台	14	13	107.7
照相机	架	45	39	115.4
钢琴	架	2	5	100.0
其它中高档乐器	件	8	5	100.0
微波炉	台	62	51	121.6
空调器	台	161	133	121.1
淋浴热水器	台	109	88	123.9
消毒碗柜	台	23	17	135.3
洗碗机	台		1	
健身器材	套	9	5	100.0
固定电话	部	71	86	82.6
移动电话	部	205	175	117.1

全市农村住户调查基本情况

8—7

指　　　　标	单　位	2011年	2010年	2011年为 2010年%
一、调查户数	户	1150	1645	69.9
二、家庭常住人口	人	3780	5890	64.2
三、整半劳动力数	人	2873	4513	63.7
四、土地经营情况				
其中：耕地面积	亩	2929	4229.31	69.3
山地面积	亩	2600	5149.56	50.5
园地面积	亩	678	1916.33	35.4
五、全年人均总收入	元	12471	9888.09	126.1
1、工资性收入	元	5404	4587.42	117.8
①在非企业组织中劳动得到的	元	235	431.61	54.4
②在本地企业中劳动得到的	元	2712	1956.20	138.6
③常住人口外出从业得到的	元	2457	2199.61	111.7
2、家庭经营收入	元	6119	4435.19	138.0
3、财产性收入	元	241	229.69	104.9
4、转移性收入	元	706	635.79	111.0
六、全年人均总支出	元	9809	7559.24	129.8
1、家庭经营费用支出	元	2363	1317.15	179.4
2、购置生产性固定资产支出	元	105	81.38	129.0
3、生产性固定资产折旧	元	8	8.83	90.6
4、税费支出	元	1	3.71	27.0
5、生活消费支出	元	6282	5485.82	114.5
6、财产性支出	元	13	20.97	62.0
7、转移性支出	元	1037	641.37	161.7
七、全年人均纯收入	元	9635	8269.96	116.5
八、全年人均可支配收入	元		7753.64	0.0
九、年末人均住房面积	平方米	60.00	56.62	106.0

各县市区农村住户调查基本情况

8—8　　(2011 年)

指　　标	单　位	全　市	市　区	其中：柯城区	衢江区
一、调查户数	户	1150	350	150	200
二、家庭常住人口	人	3780	1146	467	679
三、整半劳动力数	人	2873	844	349	495
四、土地经营情况					
其中：耕地面积	亩	2807	367		367
山地面积	亩	2600	798	269	529
园地面积	亩	678	512	335	177
五、全年人均总收入	元	12471	12729	11709	13748
1、工资性收入	元	5404	4888	5381	4394
①在非企业组织中劳动得到的	元	235	152	214	90
②在本地企业中劳动得到的	元	2712	2324	2836	1811
③常住人口外出从业得到的	元	2457	2413	2331	2494
2、家庭经营收入	元	6119	6893	5089	8697
3、财产性收入	元	241	284	395	173
4、转移性收入	元	706	664	844	484
六、全年人均总支出	元	9809	9992	8473	11511
1、家庭经营费用支出	元	2363	2364	843	3884
2、购置生产性固定资产支出	元	105	174	65	283
3、建.造生产性固定资产雇工支出	元	8	8	8	7
4、税费支出	元	1	1		1
5、生活消费支出	元	6282	6162	6190	6133
6、财产性支出	元	13	1	2	
7、转移性支出	元	1037	1284	1365	1203
七、全年人均纯收入	元	9635	9811	10396	9225
八、全年人均可支配收入	元				
九、年末人均住房面积	平方米	60.00	59	51.00	66.00

各县市区农村住户调查基本情况

8—8 续表　　　　　　　　　　(2011 年)

指　　　　标	单　位	江山市	常山县	开化县	龙游县
一、调查户数	户	250	150	200	200
二、家庭常住人口	人	845	515	675	600
三、整半劳动力数	人	623	405	517	472
四、土地经营情况					
其中：耕地面积	亩	564	833	400	643
山地面积	亩	259	124	526	894
园地面积	亩	31	32	27	74
五、全年人均总收入	元	15437	11177	9925	12230
1、工资性收入	元	6529	4420	5174	5978
①在非企业组织中劳动得到的	元	262	283	360	200
②在本地企业中劳动得到的	元	3754	1657	2491	3212
③常住人口外出从业得到的	元	2513	2480	2323	2565
2、家庭经营收入	元	8102	4707	3999	5733
3、财产性收入	元	115	439	250	163
4、转移性收入	元	690	1612	503	356
六、全年人均总支出	元	13091	8077	9401	8084
1、家庭经营费用支出	元	3965	1282	1118	1852
2、购置生产性固定资产支出	元	110	47	30	62
3、建.造生产性固定资产雇工支出	元	15	4		11
4、税费支出	元	1	8		
5、生活消费支出	元	8499	5278	7226	5398
6、财产性支出	元	27	36	9	1
7、转移性支出	元	1005	831	18	760
七、全年人均纯收入	元	10887	9309	8583	10149
八、全年人均可支配收入	元				
九、年末人均住房面积	平方米	73.00	55.00	65.20	46.00

各县市区农村住户人均年收支情况

8—9　(2011年)

指　　　标	单　位	全　市	市　区	其中：柯城区	衢江区
一、总收入	元	12471	12729	11709	13748
(一) 工资性收入	元	5404	4888	5381	4394
1. 在非企业组织中劳动得到的	元	235	152	214	90
2. 在本乡地域内劳动得到收入	元	2712	2324	2836	1811
3. 外出从业得到收入	元	2457	2413	2331	2494
(二) 家庭经营收入	元	6119	6893	5089	8697
1. 第一产业收入	元	4755	5624	4136	7112
其中：① 农业收入	元	2092	2593	2838	2348
② 林业收入	元	347	391	293	488
③ 牧业收入	元	2227	2608	1005	4211
2. 第二产业收入	元	469	273	317	229
① 工业收入	元	177	65	66	64
② 建筑业收入	元	292	208	251	165
3. 第三产业收入	元	895	996	636	1356
① 其他产品收入	元	4	5		9
② 第三产业服务性收入	元	891	992	636	1347
①交通、运输、邮电业收入	元	362	448	229	667
②批零贸易业、饮食业收入	元	398	493	376	609
③社会服务业收入	元	44	20	5	35
④文教卫生业收入	元	22	4	5	2
⑤其他行业收入	元	65	28	20	35
(三) 财产性收入	元	241	284	395	173
其中：1. 利息	元	20	6		12
2. 集体分配股息和红利	元	22	42	81	3
3. 租金（包括农业机械）	元	86	125	226	24

各县市区农村住户人均年收支情况

8—9 续表 1　　　　(2011 年)

指　　标	单　位	江山市	常山县	开化县	龙游县
一、总收入	元	15437	11177	9925	12230
(一) 工资性收入	元	6529	4420	5174	5978
1. 在非企业组织中劳动得到的	元	262	283	360	200
2. 在本乡地域内劳动得到收入	元	3754	1657	2491	3212
3. 外出从业得到收入	元	2513	2480	2323	2565
(二) 家庭经营收入	元	8102	4707	3999	5733
1. 第一产业收入	元	6163	3131	2643	5026
其中：① 农业收入	元	1503	2641	1461	2507
② 林业收入	元	173	156	496	520
③ 牧业收入	元	4429	324	656	1636
2. 第二产业收入	元	886	495	685	141
① 工业收入	元	440	35	303	34
② 建筑业收入	元	446	460	382	107
3. 第三产业收入	元	1053	1081	671	566
① 其他产品收入	元	4			1
② 第三产业服务性收入	元	1049	1068	671	565
①交通、运输、邮电业收入	元	342	288	439	206
②批零贸易业、饮食业收入	元	492	367	196	238
③社会服务业收入	元	69	111		66
④文教卫生业收入	元	43	2	36	27
⑤其他行业收入	元	103	301		28
(三) 财产性收入	元	115	439	250	163
其中：1. 利息	元	38	39	18	8
2. 集体分配股息和红利	元	7	14	105	
3. 租金（包括农业机械）	元	76	82	47	84

各县市区农村住户人均年收支情况

8—9 续表 2　　(2011 年)

指　　标	单　位	全　市	市　区	其中：柯城区	衢江区
(四) 转移性收入	元	706	664	844	484
其中：1. 城市亲友赠送收入	元	49	38	46	29
2. 农村亲友赠送收入	元	187	188	216	159
二、总支出	元	9809	9992	8473	11511
(一) 家庭经营费用支出	元	2363	2364	843	3884
1. 第一产业生产费用支出	元	2133	2170	791	3549
① 农业生产费用支出	元	505	447	404	490
② 林业生产费用支出	元	46	70	125	14
③ 牧业生产费用支出	元	1563	1635	262	3008
④ 渔业生产费用支出	元	19	19		37
2. 第二产业生产费用支出	元	76	65	43	86
① 工业生产费用支出	元	18	30	39	21
② 建筑业生产费用支出	元	58	35	4	65
3. 第三产业生产费用支出	元	154	129	9	248
① 交通运输邮电业生产费用支出	元	106	112	8	215
② 批零贸易餐饮业生产费用支出	元	16			
③ 社会服务业生产费用支出	元	18	7		14
④ 文教卫生业生产费用支出	元	4	1		1
⑤ 其他行业生产费用支出	元	11	9		17
(二) 购置生产性固定资产支出	元	105	174	65	283

各县市区农村住户人均年收支情况

8—9 续表 3　　(2011 年)

指　　标	单　位	江山市	常山县	开化县	龙游县
(四) 转移性收入	元	690	1612	503	356
其中：1. 城市亲友赠送收入	元	25	205	12	12
2. 农村亲友赠送收入	元	192	390	134	60
二、总支出	元	13091	8077	9401	8084
(一) 家庭经营费用支出	元	3965	1282	1118	1852
1. 第一产业生产费用支出	元	3752	827	973	1679
① 农业生产费用支出	元	313	609	577	701
② 林业生产费用支出	元	13	13	66	74
③ 牧业生产费用支出	元	3415	205	330	844
④ 渔业生产费用支出	元	11		1	60
2. 第二产业生产费用支出	元	131	166	3	15
① 工业生产费用支出	元	27	18	2	1
② 建筑业生产费用支出	元	104	148	1	14
3. 第三产业生产费用支出	元	83	289	141	159
① 交通运输邮电业生产费用支出	元	42	139	138	86
② 批零贸易餐饮业生产费用支出	元	31	49	1	12
③ 社会服务业生产费用支出	元	6	66		29
④ 文教卫生业生产费用支出	元		2		18
⑤ 其他行业生产费用支出	元	3	32		14
(二) 购置生产性固定资产支出	元	110	47	30	62

各县市区农村住户人均年收支情况

8—9 续表 4　　　　　　　　　　(2011 年)

指　　　标	单　位	全　市	市　区	其中：柯城区	衢江区
(三) 建造生产性固定资产雇工支出	元	8	8	8	7
(四) 税费支出	元	1	1		1
1. 第一产业税	元				
2. 第二产业税	元	1	1		1
① 工业生产纳税	元		1		1
② 建筑业生产纳税	元				
3. 第三产业税	元				
4. 其他各种收费	元				
(五) 生活消费支出	元	6282	6162	6190	6133
1. 食品消费支出	元	2581	2737	2802	2671
2. 衣着消费支出	元	360	357	320	394
3. 居住消费支出	元	1206	1079	1175	983
4. 家庭设备、用品消费支出	元	358	315	289	341
5. 交通和通讯消费支出	元	602	538	445	631
6. 文化教育.娱乐消费支出	元	605	516	610	421
7. 医疗保健消费支出	元	462	531	448	613
8. 其他商品和服务消费支出	元	107	91	101	81
(六) 财产性支出	元	13	1	2	
(七) 转移性支出	元	1037	1284	1365	1203
其中：1. 赠送农村亲友	元	368	385	399	370
2. 赠送城市亲友	元	11	21	22	19

各县市区农村住户人均年收支情况

8—9 续表 5　　(2011 年)

指　　　　标	单　位	江山市	常山县	开化县	龙游县
(三) 建造生产性固定资产雇工支出	元	15	4		11
(四) 税费支出	元	1	8		
1. 第一产业税	元				
2. 第二产业税	元		5		
① 工业生产纳税	元		2		
② 建筑业生产纳税	元		3		
3. 第三产业税	元		2		
4. 其他各种收费	元		1		
(五) 生活消费支出	元	8499	5278	6058	5398
1. 食品消费支出	元	3332	2197	2158	2582
2. 衣着消费支出	元	501	356	349	334
3. 居住消费支出	元	1464	834	1805	723
4. 家庭设备.用品消费支出	元	405	340	276	316
5. 交通和通讯消费支出	元	1020	455	454	520
6. 文化教育.娱乐消费支出	元	822	640	314	448
7. 医疗保健消费支出	元	720	379	595	368
8. 其他商品和服务消费支出	元	235	77	107	107
(六) 财产性支出	元	27	36	28	1
(七) 转移性支出	元	1005	831	65	760
其中：1. 赠送农村亲友	元	325	448	65	151
2. 赠送城市亲友	元	21	2		1

各县市区农村住户人均纯收入构成情况

8—10　　(2011年)

指　　标	单　位	全　市	市　区	其中：柯城区	衢江区
一、人均纯收入	元	9635	9811	10396	9225
(一) 工资性收入	元	5240	4888	5381	4394
1. 在非个业劳动中得到收入	元	223	152	214	90
2. 在本乡地域内劳动得到收入	元	2560	2324	2836	1811
3. 外出从业得到收入	元	2457	2413	2331	2494
(二) 家庭经营纯收入	元	3606	4162	3992	4332
1. 第一产业纯收入	元	2603	3229	3118	3340
其中：① 农业收入	元	1525	2059	2344	1774
② 林业收入	元	300	319	168	469
③ 牧业收入	元	710	838	605	1070
2. 非农产业纯收入	元	1003	933	874	992
a. 第二产业收入	元	348	205	273	136
① 工业收入	元	134	31	26	36
② 建筑业收入	元	213	174	247	100
b. 第三产业纯收入	元	655	728	600	856
其中：①交通、运输、邮电业收入	元	194	206	200	212
②批零贸易业、饮食业收入	元	362	484	372	596
③社会服务业收入	元	25	13	5	21
④文教卫生业收入	元	17	3	5	1
⑤其他行业收入	元	57	22	18	26
(三) 财产性纯收入	元	246	284	395	173
其中：① 利息	元	20	6		12
② 租金 (包括农业机械)	元	86	125	226	24
(四) 转移性纯收入	元	542	235	144	326

各县市区农村住户人均纯收入构成情况

8—10 续表　　　　　　　　　　　　(2011 年)

指　　　　标	单　位	江山市	常山县	开化县	龙游县
一、人均纯收入	元	10887	9309	8583	10149
(一) 工资性收入	元	6529	4420	5174	5978
1. 在非个业劳动中得到收入	元	262	283	360	200
2. 在本乡地域内劳动得到收入	元	3754	1657	2491	3212
3. 外出从业得到收入	元	2513	2480	2323	2565
(二) 家庭经营纯收入	元	3743	3229	2795	3705
1. 第一产业纯收入	元	2227	2204	1652	3231
其中：① 农业收入	元	1163	1935	876	1713
② 林业收入	元	161	143	430	446
③ 牧业收入	元	857	118	318	778
2. 非农产业纯收入	元	1516	1024	1143	474
a. 第二产业收入	元	626	298	627	121
① 工业收入	元	352	14	248	33
② 建筑业收入	元	274	284	379	88
b. 第三产业纯收入	元	890	726	517	352
其中：①交通、运输、邮电业收入	元	272	117	291	90
②批零贸易业、饮食业收入	元	414	292	192	211
③社会服务业收入	元	62	44		32
④文教卫生业收入	元	41	37.07	34	7
⑤其他行业收入	元	101	273		13
(三) 财产性纯收入	元	115	438	250	163
其中：① 利息	元	38	39	18	8
② 租金（包括农业机械）	元	76	82	47	84
(四) 转移性纯收入	元	500	1222	364	303

各县市区农村住户平均每百户年末主要耐用品拥有量

8—11 (2011年)

指标	单位	全市	市区	其中：柯城区	衢江区
01. 洗衣机	台	31	35	33	37
02. 电冰箱	台	80	83	79	87
03. 空调器	台	41	36	29	43
04. 抽油烟机	台	21	26	29	22
05. 吸尘器	台	3	4	2	6
06. 微波炉	台	16	15	14	15
07. 热水器	台	63	64	59	68
其中：太阳能热水器	台	57	60	55	65
08. 自行车	辆	85	76	75	76
其中：电动自行车	辆	66	60	50	70
09. 摩托车	辆	30	29	26	31
10. 汽车（生活用）	辆	4	5	4	6
11. 固定电话机	部	67	50	40	59
12. 移动电话	部	179	190	181	199
其中：接入互联网的	部	28	16	20	12
13. 彩色电视机	台	133	128	128	128
其中：接入有线电视网的	台	119	111	102	120
14. 黑白电视机	台	1		1	
其中：接入有线电视网的	台				
15. 摄像机	台	1			
16. 影碟机	台	25	27	12	42
17. 照相机	台	7	4	3	6
18. 家用计算机	台	26	28	31	26
其中：接入互联网的	台	22	17	14	20
19. 中高档乐器	件	1	1		1

各县市区农村住户平均每百户年末主要耐用品拥有量

8—11 续表　　　　(2011 年)

指　　　　标	单　位	江山市	常山县	开化县	龙游县
01. 洗衣机	台	37	35	20	28
02. 电冰箱	台	79	87	72	80
03. 空调器	台	54	36	27	44
04. 抽油烟机	台	16	33	17	14
05. 吸尘器	台	3	5		2
06. 微波炉	台	28	13	7	15
07. 热水器	台	65	65	58	61
其中：太阳能热水器	台	60	58	50	55
08. 自行车	辆	86	70	91	95
其中：电动自行车	辆	65	57	56	85
09. 摩托车	辆	28	29	28	25
10. 汽车（生活用）	辆	8	3	3	1
11. 固定电话机	部	60	86	69	89
12. 移动电话	部	180	156	180	142
其中：接入互联网的	部	4	83	1	76
13. 彩色电视机	台	125	123	134	33
其中：接入有线电视网的	台	115	122	134	128
14. 黑白电视机	台	1		1	2
其中：接入有线电视网的	台				
15. 摄像机	台	1	2		1
16. 影碟机	台	30	33	13	18
17. 照相机	台	14	7	4	6
18. 家用计算机	台	31	26	20	20
其中：接入互联网的	台	30	17	20	20
19. 中高档乐器	件		1		2

历年各县市区城镇职工工资总额

8—12 单位：万元

年份	全市	市本级	柯城区	衢江区	江山市	常山县	开化县	龙游县
1949	469	240			19	60	36	114
1950	543	286			27	52	47	131
1951	669	345			43	74	59	148
1952	857	420			121	75	79	162
1953	1046	508			167	101	93	177
1954	1246	617			200	131	104	194
1955	1488	756			232	176	117	207
1956	1922	931			369	236	166	220
1957	2322	1152			447	272	212	239
1958	3563	2235			477	316	290	245
1959	3725	2076			757	402	225	265
1960	4520	2217			1146	515	340	302
1961	4259	2143			984	456	344	332
1962	3435	1825			674	370	253	313
1963	3232	1817			557	304	240	314
1964	3342	1879			543	303	251	366
1965	3420	1928			541	303	257	391
1966	3494	1931			562	317	251	433
1967	3725	1967			644	389	267	458
1968	3902	2140			649	379	271	463
1969	3863	2052			678	388	269	476
1970	4270	2223			777	448	315	507
1971	4675	2455			805	494	365	556
1972	5305	2775			931	528	435	636
1973	5299	2842			850	519	494	594
1974	5557	3043			851	528	529	606
1975	5497	2913			858	577	542	607
1976	5648	2966			885	598	547	652
1977	5796	3012			915	611	596	662
1978	6819	3478			1068	729	747	797
1979	8043	4266			1171	838	879	889

注：柯城区 1949—1984 年，衢江区 1949—1985 年职工工资总额、平均工资统计在市本级内。

历年各县市区城镇职工工资总额

8—12 续表　　　　单位：万元

年　　份	全　市	市本级	柯城区	衢江区	江山市	常山县	开化县	龙游县
1980	9809	4986			1575	1029	1119	1100
1981	10374	5104			1815	1060	1245	1150
1982	11028	5531			1862	1138	1280	1217
1983	11179	5433			1975	1204	1343	1224
1984	13294	6455			2393	1300	1596	1550
1985	17615	7886	330		3188	1776	2196	2239
1986	21364	8569	462	1011	3898	2095	2656	2673
1987	24544	9826	586	1222	4388	2369	3005	3148
1988	32817	13387	784	1633	5956	3070	3871	4116
1989	37876	15434	892	1940	6923	3499	4478	4710
1990	41221	16841	934	2211	7029	4076	4885	5245
1991	46412	19659	1092	2624	7626	4350	5263	5798
1992	55750	23547	1391	3219	9223	5249	6115	7006
1993	73084	31946	1917	4270	12674	5973	7597	8707
1994	103292	43978	2527	7134	17797	9182	9498	13176
1995	119869	53322	4049	7553	19099	9908	11499	14439
1996	129827	56125	3747	8648	21695	10927	11989	16696
1997	137437	60461	4661	8427	22013	12124	13252	16499
1998	137121	59783	5290	9205	20589	10777	13935	17542
1999	145617	65529	5234	10268	22871	11173	13673	16869
2000	156894	71559	6761	11548	25026	12200	13762	16039
2001	187818	83586	9987	14348	26667	17099	15771	20360
2002	194997	92453	6822	13457	29037	16137	16736	20354
2003	221203	105819	8359	16009	32673	18871	17526	21946
2004	293326	122994	14623	24814	46543	29252	25985	29114
2005	327142	141945	17082	23399	46916	26085	27273	44442
2006	361093	151921	17616	27604	58200	27822	29941	47989
2007	431859	181511	20184	33391	72703	30646	33701	59724
2008	488287	167740	39420	53576	84644	39179	37078	66650
2009	565292	173617	62248	48365	96899	45920	49676	88567
2010	667858	207468	72103	59827	108232	53743	54543	111942
2011	808260	250618	101760	74133	130898	70696	57845	122309

注：本表 2008 以前口径为职工工资总额，2008 年以后口径为在岗职工工资总额。

历年各县市区城镇职工年人均工资

8—13　　　　单位：元

年　　份	全　市	市本级	柯城区	衢江区	江山市	常山县	开化县	龙游县
1949	281	267			150	291	313	354
1950	285	286			170	238	304	354
1951	314	306			203	320	307	407
1952	321	325			255	286	330	399
1953	350	345			301	351	356	429
1954	368	362			351	359	320	462
1955	372	380			323	368	344	442
1956	383	397			352	370	347	441
1957	401	411			380	388	372	444
1958	397	433			334	369	310	422
1959	413	435			396	374	372	413
1960	408	418			399	415	368	404
1961	442	457			451	427	388	411
1962	466	483			488	439	424	403
1963	499	523			502	457	473	437
1964	520	556			513	471	486	439
1965	519	554			520	460	500	436
1966	514	554			509	463	492	429
1967	509	539			522	484	487	425
1968	519	565			512	449	499	432
1969	502	545			515	437	490	404
1970	530	580			546	474	496	414
1971	529	582			523	483	504	416
1972	548	578			555	501	513	487
1973	536	572			518	503	513	463
1974	549	600			513	521	495	464
1975	545	582			512	537	510	477
1976	536	556			519	536	514	494
1977	541	571			523	529	515	486
1978	549	576			509	548	518	523
1979	621	669			583	569	586	554

历年各县市区城镇职工年人均工资

8—13 续表 单位：元

年份	全市	市本级	柯城区	衢江区	江山市	常山县	开化县	龙游县
1980	713	759			660	697	672	663
1981	710	746			674	688	684	669
1982	740	788			708	704	708	667
1983	749	787			724	743	718	682
1984	876	939			857	822	816	782
1985	1107	1172	814		1104	1068	1075	1025
1986	1279	1392	971	1234	1273	1206	1227	1171
1987	1380	1496	1167	1336	1339	1339	1319	1273
1988	1757	1980	1524	1652	1705	1615	1599	1586
1989	2008	2283	1768	1875	1937	1795	1816	1830
1990	2166	2411	1760	2017	2061	2079	2002	2007
1991	2343	2645	2045	2199	2188	2189	2119	2156
1992	2757	3080	2360	2580	2608	2530	2511	2603
1993	3513	4172	2324	3083	3505	3007	3069	3044
1994	4879	5627	3750	4688	4919	4324	3914	4406
1995	5710	6743	5031	4936	5413	4938	4899	5035
1996	6303	7259	5262	5528	6148	5190	5597	5939
1997	7026	7978	6446	5937	6963	6241	6172	6377
1998	7713	8515	7770	6889	7440	6843	6935	7347
1999	8783	9697	8817	7963	8640	7899	7909	7854
2000	10446	11818	10417	9086	9924	9096	9590	9187
2001	13818	14380	14535	13258	13188	13419	13702	13026
2002	15668	16778	16014	16332	15230	14712	14494	13331
2003	18116	20149	19477	14763	18706	17460	15529	14738
2004	21953	23581	27695	19627	20527	24577	21615	17189
2005	25802	27207	33528	26022	21980	27429	23778	24406
2006	28007	29257	35509	26581	26372	28564	25927	26224
2007	32185	33819	38651	31591	29263	32685	29500	31317
2008	35930	36005	41692	43290	32084	38008	33011	34078
2009	39106	37699	41612	43322	38163	42992	43137	35727
2010	44067	43658	46997	50774	40841	47632	50026	39664
2011	50055	51580	51449	54239	47451	50729	55976	44344

注：本表2008以前口径为职工平均工资，2008年以后口径为在岗职工平均工资。

各县市区城镇单位(不含私营)在岗职工工资总额

8—14 (2011年) 单位：千元

行业名称	全市	市本级	柯城区	衢江区
总计	**8082597**	**2506181**	**1017600**	**741334**
一、按机构类型分组				
1. 企业	4076593	1954474	394755	166911
2. 事业	2320848	260172	493473	261042
3. 机关	1644904	274367	125773	310435
4. 民间非营利组织	19927	17168	1611	
5. 其他	20325		1988	2946
二、按国民经济行业分组				
1. 农林牧渔业	9348			
2. 采矿业				
3. 制造业	2135883	1237730	21909	85898
4. 电力煤气及水的生产和供应业	350185	179581	3306	3154
5. 建筑业	212571	53827	5881	14302
6. 交通运输仓储和邮政业	169809	27374	70493	8773
7. 信息传输计算机服务和软件业	96269	63823	9135	491
8. 批发与零售业	240572	206	162967	6920
其中：零售业	51358		25456	2142
9. 住宿和餐饮业	43586		18996	
10. 金融业	714732	388882	9636	49586
其中：银行业	592153	298864	9636	48753
11. 房地产业	63595	11618	23003	3056
12. 租赁与商务服务业	83016	7731	44076	922
13. 科学研究技术服务与地质勘查	106702	6274	51796	3553
14. 水利环境和公共设施管理业	60677	2325	20775	4072
15. 居民服务和其他服务业	9996		477	1632
16. 教育	1290283	215398	183445	171468
其中：初等教育	496362	16125	100342	71303
中等教育	670883	118550	67975	99200
17. 卫生社会保障和社会福利业	615569	5139	209474	46649
其中：卫生	595390		203506	46649
18. 文化体育与娱乐业	87842	19539	26938	1361
19. 公共管理与社会组织	1791962	286734	155293	339497

各县市区城镇单位(不含私营)在岗职工工资总额

8—14 续表　　　　(2011 年)　　　　单位：千元

行业名称	江山市	常山县	开化县	龙游县
总计	**1308981**	**706957**	**578453**	**1223091**
一、按机构类型分组				
1. 企业	582192	274170	164903	539188
2. 事业	463710	241492	229813	371146
3. 机关	248257	190208	183107	312757
4. 民间非营利组织	1148			
5. 其他	13674	1087	630	
二、按国民经济行业分组				
1. 农林牧渔业	1484		6376	1488
2. 采矿业				
3. 制造业	345914	91594	54164	298674
4. 电力煤气及水的生产和供应业	63936	34227	37339	28642
5. 建筑业	16035	54049	4406	64071
6. 交通运输仓储和邮政业	19418	10945	12288	20518
7. 信息传输计算机服务和软件业	7574	4266	4148	6832
8. 批发与零售业	21731	7819	13885	27044
其中：零售业	4402	5535	2543	11280
9. 住宿和餐饮业	4336	15843	705	3706
10. 金融业	98319	47108	33578	87623
其中：银行业	90253	43698	28463	72486
11. 房地产业	13624	3808	2620	5866
12. 租赁与商务服务业	9425	14167	247	6448
13. 科学研究技术服务与地质勘查	14699	10491	6478	13411
14. 水利环境和公共设施管理业	10006	5964	9415	8120
15. 居民服务和其他服务业	1672	1110	2096	3009
16. 教育	247773	130717	133598	207884
其中：初等教育	98922	59453	61904	88313
中等教育	137534	67823	67420	112381
17. 卫生社会保障和社会福利业	128821	59272	59996	106218
其中：卫生	123975	58401	59383	103476
18. 文化体育与娱乐业	6881	14257	8861	10005
19. 公共管理与社会组织	297333	201320	188253	323532

各县市区城镇国有单位职工工资总额

8—15　　(2011年)　　单位：千元

行业名称	全市	市本级	柯城区	衢江区
总计	**5424006**	**1528456**	**818043**	**575086**
一、按机构类型分组				
1. 企业	1559561	998902	204080	11410
2. 事业	2217719	255091	487394	253241
3. 机关	1644904	274367	125773	310435
4. 民间非营利组织	349	96	253	
5. 其他	1473		543	
二、按国民经济行业分组				
1. 农林牧渔业	7864			
2. 采矿业				
3. 制造业	713256	685154		5373
4. 电力煤气及水的生产和供应业	337442	178554	3306	1968
5. 建筑业	32739	28793		
6. 交通运输仓储和邮政业	112404	19554	41014	5219
7. 信息传输计算机服务和软件业	11915		6903	
8. 批发与零售业	135096		97065	1381
其中：零售业				
9. 住宿和餐饮业	5187		4482	
10. 金融业	191093	101798		
其中：银行业	179462	95298		
11. 房地产业	25078	1347	9715	
12. 租赁与商务服务业	44975		25126	922
13. 科学研究技术服务与地质勘查	96860	6274	46760	3553
14. 水利环境和公共设施管理业	52050	2325	17430	2614
15. 居民服务和其他服务业	9996		477	1632
16. 教育	1219024	193245	182087	171182
其中：初等教育	492018	16125	100342	71303
中等教育	609846	96397	66617	98987
17. 卫生社会保障和社会福利业	557135	5139	203658	41053
其中：卫生	536956		197690	41053
18. 文化体育与娱乐业	87076	19539	26172	1361
19. 公共管理与社会组织	1784816	286734	153848	338828

各县市区城镇国有单位职工工资总额

8—15 续表　　(2011 年)　　单位：千元

行业名称	江山市	常山县	开化县	龙游县
总计	**766378**	**468859**	**475467**	**791717**
一、按机构类型分组				
1. 企业	97856	54228	62547	130538
2. 事业	419335	224423	229813	348422
3. 机关	248257	190208	183107	312757
4. 民间非营利组织				
5. 其他	930			
二、按国民经济行业分组				
1. 农林牧渔业			6376	1488
2. 采矿业				
3. 制造业	1299			21430
4. 电力煤气及水的生产和供应业	60416	30842	37339	25017
5. 建筑业		268		3678
6. 交通运输仓储和邮政业	17630	10945	4405	13637
7. 信息传输计算机服务和软件业	746	4266		
8. 批发与零售业	12360	1761	8944	13585
其中：零售业				
9. 住宿和餐饮业			705	
10. 金融业	14415	7648	7486	59746
其中：银行业	12715	5848	5855	59746
11. 房地产业	4569	3353	1898	4196
12. 租赁与商务服务业	5720	10494	247	2466
13. 科学研究技术服务与地质勘查	12454	10491	6478	10850
14. 水利环境和公共设施管理业	9163	5964	9415	5139
15. 居民服务和其他服务业	1672	1110	2096	3009
16. 教育	224378	121439	133598	193095
其中：初等教育	95590	59453	61904	87301
中等教育	123276	58545	67420	98604
17. 卫生社会保障和社会福利业	99906	45788	59996	101595
其中：卫生	95060	44917	59383	98853
18. 文化体育与娱乐业	6881	14257	8861	10005
19. 公共管理与社会组织	294769	200233	187623	322781

各县市区城镇集体单位在岗职工工资总额

8—16　　(2011年)　　单位：千元

行业名称	全市	市本级	柯城区	衢江区
总计	**144001**	**8363**	**32331**	**7801**
一、按机构类型分组				
1. 企业	80587	8363	26252	
2. 事业	63414		6079	7801
3. 机关				
4. 民间非营利组织				
5. 其他				
二、按国民经济行业分组				
1. 农林牧渔业	1484			
2. 采矿业				
3. 制造业	2193			
4. 电力煤气及水的生产和供应业				
5. 建筑业	5919	543	4882	
6. 交通运输仓储和邮政业	8641	7820		
7. 信息传输计算机服务和软件业				
8. 批发与零售业	367			
其中：零售业				
9. 住宿和餐饮业				
10. 金融业	48785		9636	
其中：银行业	48785		9636	
11. 房地产业				
12. 租赁与商务服务业	19105		13485	
13. 科学研究技术服务与地质勘查	2561			
14. 水利环境和公共设施管理业	2301			1458
15. 居民服务和其他服务业				
16. 教育	6000			286
其中：初等教育	1012			
中等教育	213			213
17. 卫生社会保障和社会福利业	45281		4328	5596
其中：卫生	45281		4328	5596
18. 文化体育与娱乐业				
19. 公共管理与社会组织	1364			461

各县市区城镇集体单位在岗职工工资总额

8—16 续表　　(2011 年)　　单位：千元

行　业　名　称	江山市	常山县	开化县	龙游县
总　　计	**29586**	**42067**	**12582**	**11271**
一、按机构类型分组				
1. 企业	2801	26768	12582	3821
2. 事业	26785	15299		7450
3. 机关				
4. 民间非营利组织				
5. 其他				
二、按国民经济行业分组				
1. 农林牧渔业	1484			
2. 采矿业				
3. 制造业				2193
4. 电力煤气及水的生产和供应业				
5. 建筑业	494			
6. 交通运输仓储和邮政业	681			140
7. 信息传输计算机服务和软件业				
8. 批发与零售业		166	201	
其中：零售业				
9. 住宿和餐饮业				
10. 金融业		26768	12381	
其中：银行业		26768	12381	
11. 房地产业				
12. 租赁与商务服务业	2483	1649		1488
13. 科学研究技术服务与地质勘查				2561
14. 水利环境和公共设施管理业	843			
15. 居民服务和其他服务业		1649		
16. 教育	4702			1012
其中：初等教育				
中等教育				
17. 卫生社会保障和社会福利业	17996	13484		3877
其中：卫生	17996	13484		3877
18. 文化体育与娱乐业				
19. 公共管理与社会组织	903			

各县市区城镇其他所有制单位(不含私营)在岗职工工资总额

8—17 (2011年) 单位：千元

行业名称	全市	市本级	柯城区	衢江区
总计	**2514590**	**969362**	**167226**	**158447**
一、按机构类型分组				
1. 企业	2436445	947209	164423	155501
2. 事业	39715	5081		
3. 机关				
4. 民间非营利组织	19578	17072	1358	
5. 其他	18852		1445	2946
二、按国民经济行业分组				
1. 农林牧渔业				
2. 采矿业				
3. 制造业	1420434	552576	21909	80525
4. 电力煤气及水的生产和供应业	12743	1027		1186
5. 建筑业	173913	24491	999	14302
6. 交通运输仓储和邮政业	48764		29479	3554
7. 信息传输计算机服务和软件业	84354	63823	2232	491
8. 批发与零售业	105109	206	65902	5539
其中：零售业	51358		25456	2142
9. 住宿和餐饮业	38399		14514	
10. 金融业	474854	287084		49586
其中：银行业	363906	203566		48753
11. 房地产业	38517	10271	13288	3056
12. 租赁与商务服务业	18936	7731	5465	
13. 科学研究技术服务与地质勘查	7281		5036	
14. 水利环境和公共设施管理业	6326		3345	
15. 居民服务和其他服务业				
16. 教育	65259	22153	1358	
其中：初等教育	3332			
中等教育	60824	22153	1358	
17. 卫生社会保障和社会福利业	13153		1488	
其中：卫生	13153		1488	
18. 文化体育与娱乐业	766		766	
19. 公共管理与社会组织	5782		1445	208

各县市区城镇其他所有制单位(不含私营)在岗职工工资总额

8—17 续表　　(2011 年)　　单位：千元

行业名称	江山市	常山县	开化县	龙游县
总计	**513017**	**196031**	**90404**	**420103**
一、按机构类型分组				
1. 企业	481535	193174	89774	404829
2. 事业	17590	1770		15274
3. 机关				
4. 民间非营利组织	1148			
5. 其他	12744	1087	630	
二、按国民经济行业分组				
1. 农林牧渔业				
2. 采矿业				
3. 制造业	344615	91594	54164	275051
4. 电力煤气及水的生产和供应业	3520	3385		3625
5. 建筑业	15541	53781	4406	60393
6. 交通运输仓储和邮政业	1107		7883	6741
7. 信息传输计算机服务和软件业	6828		4148	6832
8. 批发与零售业	9371	5892	4740	13459
其中：零售业	4402	5535	2543	11280
9. 住宿和餐饮业	4336	15843		3706
10. 金融业	83904	12692	13711	27877
其中：银行业	77538	11082	10227	12740
11. 房地产业	9055	455	722	1670
12. 租赁与商务服务业	1222	2024		2494
13. 科学研究技术服务与地质勘查	2245			
14. 水利环境和公共设施管理业				2981
15. 居民服务和其他服务业				
16. 教育	18693	9278		13777
其中：初等教育	3332			
中等教育	14258	9278		13777
17. 卫生社会保障和社会福利业	10919			746
其中：卫生	10919			746
18. 文化体育与娱乐业				
19. 公共管理与社会组织	1661	1087	630	751

各县市区分行业私营单位在岗职工工资总额

8—18　　(2011年)　　单位：人

行业名称	全市	市本级	柯城区	衢江区
总　计	**4698888**	**522259**	**497610**	**466600**
一、按机构类型分组				
1. 农林牧渔业	4348			
2. 采矿业	816			
3. 制造业	1923598	265883	78916	183708
4. 电力煤气及水的生产和供应业	6070	127		3196
5. 建筑业	2389928	234893	290847	251239
6. 交通运输仓储和邮政业	48349		2594	7075
7. 信息传输计算机服务和软件业	7121		6276	
8. 批发与零售业	148481		78253	12321
其中：零售业	71979		26488	3604
9. 住宿和餐饮业	34596		12323	2965
10. 金融业	3051		343	865
其中：银行业				
11. 房地产业	70104	21150	9453	4221
12. 租赁与商务服务业	17476		2848	1010
13. 科学研究技术服务与地质勘查	15429		10624	
14. 水利环境和公共设施管理业	12393	206		
15. 居民服务和其他服务业	3070		2389	
16. 教育	4764			
其中：初等教育				
中等教育	2435			
17. 卫生社会保障和社会福利业	7680		2676	
其中：卫生	7680		2676	
18. 文化体育与娱乐业	1614		68	
19. 公共管理与社会组织				

注：：本表“私营单位”包括规模以上（限额以上）加规模以下（限额以下）100人以上私营单位。

各县市区分行业私营单位在岗职工工资总额

8—18 续表　　　　（2011 年）　　　　单位：人

行业名称	江山市	常山县	开化县	龙游县
总计	1400795	424096	676221	711307
二、按国民经济行业分组				
1. 农林牧渔业	4348			
2. 采矿业				816
3. 制造业	546396	268814	140700	439181
4. 电力煤气及水的生产和供应业	1441	420		886
5. 建筑业	755949	130001	499450	227549
6. 交通运输仓储和邮政业	30406	3684	2413	2177
7. 信息传输计算机服务和软件业	771		74	
8. 批发与零售业	26440	8922	8028	14517
其中：零售业	21809	8202	7310	4566
9. 住宿和餐饮业	4422		7481	7405
10. 金融业	156		1687	
其中：银行业				
11. 房地产业	9048	6769	11212	8251
12. 租赁与商务服务业	2298	1188	3267	6865
13. 科学研究技术服务与地质勘查	4186			619
14. 水利环境和公共设施管理业	7918		1228	3041
15. 居民服务和其他服务业	681			
16. 教育	1883	2881		
其中：初等教育				
中等教育		2435		
17. 卫生社会保障和社会福利业	3587	1417		
其中：卫生	3587	1417		
18. 文化体育与娱乐业	865		681	
19. 公共管理与社会组织				

注：:本表“私营单位”包括规模以上（限额以上）加规模以下（限额以下）100 人以上私营单位。

各县市区城镇单位(不含私营)在岗职工平均工资

8—19　　(2011年)　　单位：元

行业名称	全市	市本级	柯城区	衢江区
总　计	**50055**	**51580**	**51449**	**54239**
一、按机构类型分组				
1. 企业	41433	47420	39209	34050
2. 事业	60627	74827	65136	60623
3. 机关	68876	74153	62824	70811
4. 民间非营利组织	72993	88041	26850	
5. 其他	31366		27233	38763
二、按国民经济行业分组				
1. 农林牧渔业	26258			
2. 采矿业				
3. 制造业	34623	37903	33398	25466
4. 电力煤气及水的生产和供应业	86125	104226	38000	30621
5. 建筑业	26124	38892	23618	25723
6. 交通运输仓储和邮政业	39289	60163	35966	32981
7. 信息传输计算机服务和软件业	74859	87190	65250	40917
8. 批发与零售业	43916	18727	45700	25535
其中：零售业	24775		22078	19297
9. 住宿和餐饮业	22159		23510	
10. 金融业	87924	92812	30786	137357
其中：银行业	101016	108284	30786	145098
11. 房地产业	59658	74474	84260	33956
12. 租赁与商务服务业	37445	77310	34733	65857
13. 科学研究技术服务与地质勘查	52744	61510	54010	64600
14. 水利环境和公共设施管理业	52580	64583	54671	50272
15. 居民服务和其他服务业	53455		53000	35478
16. 教育	61090	78555	64412	61304
其中：初等教育	58047	68038	64198	58734
中等教育	62705	79885	68523	63346
17. 卫生社会保障和社会福利业	59585	87102	64473	56001
其中：卫生	59563		64811	56001
18. 文化体育与娱乐业	56672	59936	56356	75611
19. 公共管理与社会组织	67893	73202	61260	70847

各县市区城镇单位(不含私营)在岗职工平均工资

8—19 续表　　(2011 年)　　单位：元

行业名称	江山市	常山县	开化县	龙游县
总计	**47451**	**50729**	**55976**	**44344**
一、按机构类型分组				
1. 企业	39672	39914	46373	31526
2. 事业	54260	54735	55739	63542
3. 机关	63154	72933	69915	67434
4. 民间非营利组织	63778			
5. 其他	32870	23128	17500	
二、按国民经济行业分组				
1. 农林牧渔业	33727		23528	36293
2. 采矿业				
3. 制造业	33159	40763	36972	27500
4. 电力煤气及水的生产和供应业	64257	109702	82426	72880
5. 建筑业	20195	22922	84731	23349
6. 交通运输仓储和邮政业	49410	65539	27927	32009
7. 信息传输计算机服务和软件业	56522	57649	50585	61000
8. 批发与零售业	42443	36709	60633	40006
其中：零售业	26841	35481	56511	25405
9. 住宿和餐饮业	20648	21852	20143	19608
10. 金融业	101991	100874	60610	68455
其中：银行业	105313	105043	60689	101949
11. 房地产业	42180	81021	52400	46189
12. 租赁与商务服务业	52949	32568	49400	29852
13. 科学研究技术服务与地质勘查	48997	64759	56825	40517
14. 水利环境和公共设施管理业	47876	54716	49553	54497
15. 居民服务和其他服务业	50667	34688	65500	85971
16. 教育	51835	56563	58958	61559
其中：初等教育	49986	54998	60631	60655
中等教育	54361	58874	57723	62192
17. 卫生社会保障和社会福利业	54748	49270	49097	75225
其中：卫生	54615	49367	49077	76085
18. 文化体育与娱乐业	47455	57721	58296	54375
19. 公共管理与社会组织	62113	71213	69160	67206

各县市区城镇国有单位职工平均工资

8—20 (2011年) 单位：元

行业名称	全市	市本级	柯城区	衢江区
总计	**62011**	**61891**	**59576**	**65195**
一、按机构类型分组				
1. 企业	57185	56778	48030	43550
2. 事业	61131	75005	65256	60657
3. 机关	68876	74153	62824	70811
4. 民间非营利组织	49857	48000	50600	
5. 其他	50793		90500	
二、按国民经济行业分组				
1. 农林牧渔业	25205			
2. 采矿业				
3. 制造业	48613	49274		47132
4. 电力煤气及水的生产和供应业	91176	105094	38000	29818
5. 建筑业	31878	33954		
6. 交通运输仓储和邮政业	50770	77289	40568	57352
7. 信息传输计算机服务和软件业	62711		66375	
8. 批发与零售业	76628		75951	26057
其中：零售业				
9. 住宿和餐饮业	21085		21242	
10. 金融业	95594	97135		
其中：银行业	97853	98245		
11. 房地产业	62539	44900	69892	
12. 租赁与商务服务业	30286		26310	65857
13. 科学研究技术服务与地质勘查	57484	61510	61445	64600
14. 水利环境和公共设施管理业	52523	64583	52659	41492
15. 居民服务和其他服务业	53455		53000	35478
16. 教育	61211	78142	65194	61334
其中：初等教育	58199	68038	64198	58734
中等教育	62542	79339	71096	63291
17. 卫生社会保障和社会福利业	61603	87102	65025	56083
其中：卫生	61655		65395	56083
18. 文化体育与娱乐业	57136	59936	57903	75611
19. 公共管理与社会组织	68352	73202	62337	70914

各县市区城镇国有单位职工平均工资

8—20 续表　　(2011 年)　　单位：元

行业名称	江山市	常山县	开化县	龙游县
总　计	58458	63325	61621	66031
一、按机构类型分组				
1. 企业	67255	71447	64217	65928
2. 事业	54452	55592	55739	64859
3. 机关	63154	72933	69915	67434
4. 民间非营利组织				
5. 其他	40435			
二、按国民经济行业分组				
1. 农林牧渔业			23528	36293
2. 采矿业				
3. 制造业	25980			35539
4. 电力煤气及水的生产和供应业	69524	131803	82426	85382
5. 建筑业		26800		21763
6. 交通运输仓储和邮政业	54246	65539	53072	48018
7. 信息传输计算机服务和软件业	62167	57649		
8. 批发与零售业	79231	44025	100494	92415
其中：零售业				
9. 住宿和餐饮业			20143	
10. 金融业	72437	80505	83178	105372
其中：银行业	83105	79027	83643	105372
11. 房地产业	57113	90622	67786	48230
12. 租赁与商务服务业	52963	29313	49400	54800
13. 科学研究技术服务与地质勘查	51251	64759	56825	43750
14. 水利环境和公共设施管理业	47724	54716	49553	73414
15. 居民服务和其他服务业	50667	34688	65500	85971
16. 教育	52120	56326	58958	61672
其中：初等教育	50337	54998	60631	60668
中等教育	53785	58721	57723	62487
17. 卫生社会保障和社会福利业	59186	50707	49097	77672
其中：卫生	59227	50869	49077	78705
18. 文化体育与娱乐业	47455	57721	58296	54375
19. 公共管理与社会组织	62650	72026	69852	67556

各县市区城镇集体单位职工平均工资

8—21　　(2011 年)　　单位：元

行业名称	全市	市本级	柯城区	衢江区
总计	**48518**	**36361**	**41134**	**59550**
一、按机构类型分组				
1. 企业	48140	36361	38663	
2. 事业	49006		56813	59550
3. 机关				
4. 民间非营利组织				
5. 其他				
二、按国民经济行业分组				
1. 农林牧渔业	33727			
2. 采矿业				
3. 制造业	23581			
4. 电力煤气及水的生产和供应业				
5. 建筑业	21064	19393	22602	
6. 交通运输仓储和邮政业	35560	38713		
7. 信息传输计算机服务和软件业				
8. 批发与零售业	33364			
其中：零售业				
9. 住宿和餐饮业				
10. 金融业	60753		30786	
其中：银行业	60753		30786	
11. 房地产业				
12. 租赁与商务服务业	61828		78860	
13. 科学研究技术服务与地质勘查	30855			
14. 水利环境和公共设施管理业	65743			81000
15. 居民服务和其他服务业				
16. 教育	49587			47667
其中：初等教育	59529			
中等教育	106500			106500
17. 卫生社会保障和社会福利业	49272		50326	55406
其中：卫生	49272		50326	55406
18. 文化体育与娱乐业				
19. 公共管理与社会组织	52462			76833

各县市区城镇集体单位职工平均工资

8—21 续表　　(2011 年)　　单位：元

行业名称	江山市	常山县	开化县	龙游县
总计	**47338**	**74852**	**45097**	**31749**
一、按机构类型分组				
1. 企业	28582	122228	45097	22609
2. 事业	50825	44603		40054
3. 机关				
4. 民间非营利组织				
5. 其他				
二、按国民经济行业分组				
1. 农林牧渔业	33727			
2. 采矿业				
3. 制造业				23581
4. 电力煤气及水的生产和供应业				
5. 建筑业	13351			
6. 交通运输仓储和邮政业	20029			20000
7. 信息传输计算机服务和软件业				
8. 批发与零售业		55333	25125	
其中：零售业				
9. 住宿和餐饮业				
10. 金融业		122228	45686	
其中：银行业		122228	45686	
11. 房地产业				
12. 租赁与商务服务业	85621	41225		21565
13. 科学研究技术服务与地质勘查				30855
14. 水利环境和公共设施管理业	49588			
15. 居民服务和其他服务业				
16. 教育	47980			59529
其中：初等教育				59529
中等教育				
17. 卫生社会保障和社会福利业	52012	44947		45081
其中：卫生	52012	44947		45081
18. 文化体育与娱乐业				
19. 公共管理与社会组织	45150			

各县市区城镇其他所有制单位(不含私营)在岗职工平均工资

8—22　　(2011年)　　单位：元

行业名称	全市	市本级	柯城区	衢江区
总计	**35398**	**40967**	**31780**	**33598**
一、按机构类型分组				
1. 企业	35086	40491	31989	33513
2. 事业	56016	66855		
3. 机关				
4. 民间非营利组织	73602	88456	24691	
5. 其他	30456		21567	38763
二、按国民经济行业分组				
1. 农林牧渔业				
2. 采矿业				
3. 制造业	30271	29471	33398	24709
4. 电力煤气及水的生产和供应业	34912	42792		32054
5. 建筑业	25467	48211	30273	25723
6. 交通运输仓储和邮政业	26147		31063	20309
7. 信息传输计算机服务和软件业	76965	87190	62000	40917
8. 批发与零售业	28377	18727	28803	25408
其中：零售业	24775		22078	19297
9. 住宿和餐饮业	22312		24312	
10. 金融业	89141	91370		137357
其中：银行业	112839	113724		145098
11. 房地产业	57920	81516	99164	33956
12. 租赁与商务服务业	44766	77310	38217	
13. 科学研究技术服务与地质勘查	28553		25434	
14. 水利环境和公共设施管理业	49422		68265	
15. 居民服务和其他服务业				
16. 教育	60147	82353	24691	
其中：初等教育	41650			
中等教育	64296	82353	24691	
17. 卫生社会保障和社会福利业	35742		48000	
其中：卫生	35742		48000	
18. 文化体育与娱乐业	29462		29462	
19. 公共管理与社会组织	22586		21567	26000

各县市区城镇其他所有制单位(不含私营)在岗职工平均工资

8—22 续表　　(2011 年)　　单位：元

行业名称	江山市	常山县	开化县	龙游县
总计	**37038**	**32836**	**38651**	**27571**
一、按机构类型分组				
1. 企业	36697	32791	38981	27072
2. 事业	55314	55313		53972
3. 机关				
4. 民间非营利组织	63778			
5. 其他	32427	23128	17500	
二、按国民经济行业分组				
1. 农林牧渔业				
2. 采矿业				
3. 制造业	33194	40763	36972	27059
4. 电力煤气及水的生产和供应业	27937	43397		36250
5. 建筑业	20530	22905	84731	23454
6. 交通运输仓储和邮政业	32559		22081	19260
7. 信息传输计算机服务和软件业	55967		50585	61000
8. 批发与零售业	26323	34659	35909	25442
其中：零售业	26841	35481	56511	25405
9. 住宿和餐饮业	20648	21852		19608
10. 金融业	109678	82954	71041	39098
其中：银行业	110139	90098	79898	88472
11. 房地产业	37263	45500	32818	41750
12. 租赁与商务服务业	29805	54703		24451
13. 科学研究技术服务与地质勘查	39386			
14. 水利环境和公共设施管理业				37734
15. 居民服务和其他服务业				
16. 教育	49584	59858		60162
其中：初等教育	41650			
中等教育	59908	59858		60162
17. 卫生社会保障和社会福利业	34229			41444
其中：卫生				41444
18. 文化体育与娱乐业	34229			
19. 公共管理与社会组织	26790	23128	17500	20861

各县市区分行业私营单位在岗职工平均工资

8—23　　(2011年)　　单位：元

行业名称	全市	市本级	柯城区	衢江区
总计	**26049**	**26555**	**24550**	**26745**
二、按国民经济行业分组				
1. 农林牧渔业	23503			
2. 采矿业	25500			
3. 制造业	25125	25453	25149	24080
4. 电力煤气及水的生产和供应业	22992	42333		20228
5. 建筑业	27053	27409	24328	29323
6. 交通运输仓储和邮政业	29056		20266	31444
7. 信息传输计算机服务和软件业	53541		73835	
8. 批发与零售业	22745		23923	22525
其中：零售业	20253		21396	18202
9. 住宿和餐饮业	20691		18929	20448
10. 金融业	35069		22867	78636
其中：银行业				
11. 房地产业	32561	33360	25899	35175
12. 租赁与商务服务业	17083		20788	23488
13. 科学研究技术服务与地质勘查	38476		31619	
14. 水利环境和公共设施管理业	18552	14714		
15. 居民服务和其他服务业	21027		21142	
16. 教育	22904			
其中：初等教育				
中等教育	30438			
17. 卫生社会保障和社会福利业	32000		37690	
其中：卫生	32000		37690	
18. 文化体育与娱乐业	21520		17000	
19. 公共管理与社会组织				

注：本表“私营单位”包括规模以上（限额以上）加规模以下（限额以下）100人以上私营单位。

各县市区分行业私营单位在岗职工平均工资

8—23 续表　　　　(2011 年)　　　　单位：元

行业名称	江山市	常山县	开化县	龙游县
总　计	**28100**	**23590**	**25725**	**24624**
二、按国民经济行业分组				
1. 农林牧渔业	23503			
2. 采矿业				25500
3. 制造业	24484	25067	23134	27065
4. 电力煤气及水的生产和供应业	26200	17500		36917
5. 建筑业	31956	21032	26600	21390
6. 交通运输仓储和邮政业	29898	23768	52457	23409
7. 信息传输计算机服务和软件业	17523		18500	
8. 批发与零售业	22579	17702	17880	24773
其中：零售业	22029	17377	17446	19266
9. 住宿和餐饮业	21362		20164	24849
10. 金融业	22286		31241	
其中：银行业				
11. 房地产业	24257	36392	39203	43656
12. 租赁与商务服务业	30640	44000	22846	11480
13. 科学研究技术服务与地质勘查	119600			20633
14. 水利环境和公共设施管理业	18329		24560	17680
15. 居民服务和其他服务业	20636			
16. 教育	19615	25723		
其中：初等教育				
中等教育		30438		
17. 卫生社会保障和社会福利业	34490	21800		
其中：卫生	34490	21800		
18. 文化体育与娱乐业	19222		26192	
19. 公共管理与社会组织				

注：本表“私营单位”包括规模以上（限额以上）加规模以下（限额以下）100 人以上私营单位。

市区居民消费价格指数

8—24

（以上年为100）

指标	2011年	2010年
居民消费价格指数	**105.6**	**104.2**
一、食品类	113.4	109.4
1. 粮食	111.6	113.5
其中： 大米	111,3	114.6
2. 淀粉及制品	120.9	111.9
3. 干豆类及豆制品	107.4	106.7
4. 油脂	111.1	98.8
5. 肉禽及其制品	124.5	106.2
其中：猪肉	131.8	106.9
鸡	112.4	108.1
鸭	126.8	108.4
6. 蛋	113.3	105.6
7. 水产品	114.7	111.9
8. 菜	103.2	122.8
9. 调味品	101.5	99.8
10. 糖	109.3	102.2
11. 茶及饮料	101.5	102.6
12. 干鲜瓜果	114.5	112.5
13. 糕点饼干面包	105.0	101.7
14. 液体乳及乳制品	104.2	99.6
15. 在外用膳食品	115.4	107.5
16. 其他食品	106.3	102.6
二、烟酒及用品类	101.8	100.6
1. 烟	100.0	100.0
2. 酒	107.0	101.7

市区居民消费价格指数

8—24 续表

(以上年为100)

指标	2011年	2010年
三、衣着类	**100.3**	**100.2**
1. 服装	100.6	99.7
2. 衣着材料	108.3	106.0
3. 鞋袜帽	98.6	99.7
4. 衣着加工费	101.6	117.3
四、家庭设备用品及维修服务类	103.2	101.6
1. 耐用消费品	100.7	100.8
2. 室内装饰品	101.7	104.2
3. 床上用品	99.1	100.1
4. 家庭日用杂品	101.3	97.5
5. 家庭服务及加工维修服务	124.3	112.7
五、医疗保健和个人用品类	104.7	103.6
1. 医疗保健	103.6	104.0
2. 个人用品及服务	108.6	102.6
六、交通和通讯工具类	99.1	101.3
1. 交通	99.3	103.5
2. 通信	98.6	98.8
七、娱乐教育文化用品服务类	101.1	99.7
1. 文娱用耐用消费品及服务	92.6	100.0
2. 教育	101.7	100.8
3. 文化娱乐类	102.9	102.0
4. 旅游	104.2	93.8
八、居住类	105.3	105.8
1. 建房及装修材料	105.5	106.8
2. 住房租金	106.7	110.0
3. 自有住房	105.2	101.1
4. 水、电和燃料	105.2	107.0
其中：水	100.0	100.0
液化石油气	125.1	139.2

八、人民生活主要统计指标解释

职工工资总额：指各单位在一定时期内直接支付给本单位全部职工的劳动报酬总额。工资总额的计算原则应以直接支付给职工的全部劳动报酬为根据。各单位支付给职工的劳动报酬以及根据有关规定支付的工资，不论是计入成本的还是不计入成本的，不论是按国家规定列入计征奖金税项目的，还是未计入奖金税项目的，不论是以货币形式支付的还是以实物形式支付的，均包括在工资总额内。

城镇居民可支配收入：统计上将居民的全部货币收入扣除借贷收入（如提取银行存款、借入款、收回借出款、收回储蓄性保险本金、兑售有价证券、赊购、购房从银行贷款等）后再扣除个人所得税、家庭副业生产支出、记帐补贴后的收入称为居民可支配收入。居民可支配收入包括：国有、集体、其他类型单位职工收入（包括工资性收入和非工资性收入）；个体经营者净收益，个体被雇者收入，其他劳动者收入，其他劳动收入，财产性收入，转移性收入和家庭副业生产收入。在可支配收入中再扣除赡养、赠送支出和亲友搭伙费收入即为生活费收入。国家统计报表制度规定，从 1997 年起用人均可支配收入来替代原先的人均生活费收入，来反映城镇居民的收入水平及其变化情况，以与国际惯例接轨。

城镇居民家庭消费性支出：指调查户用于日常生活的全部支出，包括食品、衣着、家庭设备用品及服务、医疗保健、交通和通讯、娱乐教育和服务、居住、杂项商品和服务等八大类支出，均按用途划分归类。

城镇居民家庭居住面积：指调查户家庭成员在调查时点实际居住的住房面积，不包括厨房、厕所、走廊面积和临时搭建房屋的面积。

农村居民人均纯收入：指居住在农村的居民年内通过各种生产经营和提供劳务活动所得到的全部现金和实物折价收入扣除家庭经营费用支出、生产性固定资产折旧、税金、上交集体的承包任务、集体提留和摊派、住户调查补贴后的余额即归农村居民所有所有的收入。它是既可以用于生产、非生产投资，又可用于改善物质和文化生活以及用于再分配的支出和结余的收入。农村居民纯收入除以常住人口即得到农村居民人均纯收入。这个指标可用来观察农村居民实际收入水平和扩大再生产以及改善生活的能力。

全年总收入：是指农村居民年内从各种来源得到的全部实际收入（包括现金收入和实物收入），由基本收入、转移收入和财产性收入等三部分组成。

全年总支出：是指农村居民全年用于生产、生活和再分配等方面的全部实际支出。包括家庭经营费用支出、购置生产用固定资产支出、缴纳税款、上交集体承包任务、集体提留和各种摊派、生活消费支出和其他非借贷性支出。但借贷性支出不包括在内。

居民消费价格指数：指反映一定时期内城乡居民所购买的生活消费品价格和服务项目价格变动趋势和程度的相对数。编制消费价格指数采用加权算术平均公式计算，抽样代表商品和服务项目为 630 余种，分成八大类：即 1. 食品类、2. 烟酒及用品类、3. 衣着类、4. 家用设备用品及维修服务类、5. 医疗保健和个人用品类、6. 交通和通信类、7. 娱乐教育文化用品及服务类、8. 居住类。计算指数的价格来源于各采价点，权数根据住户调查的居民消费支出构成确定。

第九篇　财政与金融

历年财政金融主要指标

9—1 单位：万元

年份	财政总收入	#地方财政收入	财政支出	金融机构人民币存款余额	#城乡居民储蓄存款余额	金融机构人民币贷款余额
1949				24		1
1950	1095		130	90	4	5
1951	1404		249	188	48	19
1952	1464		245	403	89	231
1953	1621		516	519	112	367
1954	1980		498	858	219	784
1955	1815		501	1167	216	1346
1956	1793		721	934	288	1815
1957	2256		742	1100	405	2215
1958	3099		1863	2195	468	3906
1959	2934		2224	2413	704	6219
1960	3768		3363	2521	789	7001
1961	2623		1941	3346	848	5644
1962	2929		1775	3719	603	4976
1963	3024		1941	3275	650	4374
1964	3565		1611	3614	831	4634
1965	3890		1430	4103	875	5935
1966	3428		1496	4370	1003	6217
1967	2667		1803	3783	1024	6138
1968	2560		1718	4751	1087	8241
1969	3779		2357	5051	1189	7590
1970	5126		2919	5697	1226	9280
1971	5464		3098	5950	1434	9865
1972	6218		3013	6683	1672	10213
1973	6562		3149	7047	1903	11169
1974	4881		3225	7933	2160	10418
1975	4138		3169	9361	2391	10542
1976	4138		2878	9860	2411	10860
1977	5859		3148	11404	2616	12484
1978	7644		3906	10769	3122	14376
1979	7922		4189	15534	5533	18369

历年财政金融主要指标

9—1 续表

单位：万元

年份	财政总收入	#地方财政收入	财政支出	金融机构人民币存款余额	#城乡居民储蓄存款余额	金融机构人民币贷款余额
1980	8671		4804	22855	7256	21847
1981	9265		4844	24742	8906	23781
1982	10247		5013	31367	11731	29160
1983	11518		6168	35054	14278	32955
1984	12416		8103	38319	18402	40390
1985	19649		10931	55637	24976	53931
1986	22349		15682	78199	36300	77116
1987	24891		15664	91656	46806	91082
1988	29168		20087	100449	53474	119710
1989	33782		24864	118800	75038	137901
1990	34491		26796	159326	106573	166393
1991	34194		29527	200031	140545	216488
1992	35621		33083	241621	172394	273702
1993	45912	19487	39524	287605	221093	336103
1994	52704	25154	49588	363184	329898	424344
1995	60756	29572	57467	478509	446807	497718
1996	66631	31331	65618	621141	564220	582270
1997	69214	31695	73373	769539	677028	709408
1998	76609	37260	80670	927538	807495	750908
1999	80797	42521	99198	1487985	912511	1078320
2000	103378	58074	116327	1674506	974862	1134531
2001	141527	88773	177539	1922899	1097938	1300644
2002	184820	106736	223156	2459237	1316255	1770567
2003	232139	140382	270400	3085708	1573411	2546668
2004	260155	170761	334849	3257932	1722694	2924071
2005	322014	200177	373183	3732357	1981589	3123341
2006	384185	235250	442275	4299560	2278525	3559815
2007	489113	293530	555057	4894585	2451661	4063104
2008	572979	343893	679319	5745298	3081237	4736953
2009	623398	378521	953945	7508872	3696360	6167801
2010	753543	469780	1070865	9491465	4298528	7704109
2011	950249	575729	1254419	11504501	5110627	9204982

历年各县市区财政总收入

9—2　　　　　　　　单位：万元

年份	全市	市本级	柯城区	衢江区	江山市	常山县	开化县	龙游县
1949				统		1950年		
1950	1095	552		计	168	至	107	268
1951	1404	686		在	233	1957年	168	317
1952	1464	719	柯	市	263	统计	179	303
1953	1621	800	城	本	291	在市	187	343
1954	1980	997	区	级	348	本级	190	445
1955	1815	931	财	内	362	内	186	336
1956	1793	880	政		309	1958年至	214	390
1957	2256	1163	收		386	1960年	237	470
1958	3099		支	1591	513	统计	280	715
1959	2934		统	1448	526	在衢	408	552
1960	3768		计	2685	660	县内	423	
1961	2623	1958年	在	1583	567	197	276	
1962	2929	至	市	1687	669	264	309	
1963	3024	1984年	本	1661	676	305	382	统
1964	3565	统	级	2104	725	316	420	计
1965	3890	计	内	2379	761	296	454	在
1966	3428	在		2125	723	241	339	衢
1967	2667	衢		1625	529	223	290	江
1968	2560	江		1387	565	258	350	区
1969	3779	区		2279	777	348	375	内
1970	5126	内		3232	1145	367	382	
1971	5464			3421	1387	311	345	
1972	6218			3722	1597	438	461	
1973	6562			4108	1394	524	536	
1974	4881			3110	880	373	518	
1975	4138			2673	888	118	459	
1976	4138			2689	827	86	536	
1977	5859			3648	1171	401	639	
1978	7644			4675	1533	602	834	
1979	7922			4978	1564	529	851	

历年各县市区财政总收入

9—2 续表

单位：万元

年份	全市	市本级	柯城区	衢江区	江山市	常山县	开化县	龙游县
1980	8671			5349	1829	564	929	
1981	9265			5661	1972	560	1072	
1982	10247			6236	2137	646	1228	
1983	11518			6733	2736	785	1264	
1984	12416			5558	3071	836	1335	1616
1985	19649	10142			4205	1031	2171	2100
1986	22349	9620		1172	5187	1277	2480	2613
1987	24891	10550		1247	5812	1459	2849	2974
1988	29168	12797		1591	6432	1699	3029	3620
1989	33782	14573		2042	7129	2197	3675	4166
1990	34491	14720		2300	7150	2368	3530	4423
1991	34194	13506		2313	7514	2557	3749	4555
1992	35621	14693		2142	7842	2609	4011	4324
1993	45912	17936		3013	10110	3824	5417	5612
1994	52704	20368		3752	11812	4467	6010	6295
1995	60756	22983		4279	13631	5020	6897	7946
1996	66631	24168		5100	14681	5774	8001	8907
1997	69214	28563		5369	14296	5236	7062	8688
1998	76609	33009		5627	15822	5737	7486	8928
1999	80797	32491		6748	17102	6720	7287	10449
2000	103378	38749		9585	21733	9320	9095	14896
2001	141527	49823		12984	29579	14252	13779	21110
2002	184820	71590		15337	37180	19776	17078	23859
2003	232139	74813	15104	20426	44389	27055	18793	31559
2004	260155	86704	17820	22447	51017	29371	18800	33996
2005	322014	118144	22782	25320	60518	32179	24163	38908
2006	384185	145136	22148	28792	73300	36416	30930	47463
2007	489113	187358	27999	34661	90611	45449	42902	60133
2008	572979	221670	33223	36307	103435	55151	48848	74345
2009	623398	251624	37598	41630	107702	56632	48893	79319
2010	753543	307764	49552	55413	129230	64500	57741	89343
2011	950249	398173	60305	72390	160312	85055	62777	111237

主要年份各县市区地方财政收入

9—3　　单位：万元

年　　份	全　　市	市本级	柯城区	衢江区	江山市	常山县	开化县	龙游县
1993	19487	6689		1705	4837	1661	2180	2415
1994	25154	8610		2395	6390	2015	2739	3005
1995	29572	9896		2651	7364	2231	3338	4092
1996	31331	9046		3311	7893	2638	3872	4571
1997	31695	9659		3460	7445	2720	3703	4708
1998	37260	12522		3887	8457	3180	4012	5202
1999	42521	13500		4621	9408	4045	4406	6541
2000	58074	20026		6305	11889	5283	5692	8879
2001	88773	28448		9248	18595	9327	9200	13955
2002	106736	39174		9479	21073	11298	10378	15334
2003	140382	42563	10225	12070	27110	16082	11538	20794
2004	170761	56915	11911	13730	31214	20595	12530	23866
2005	200177	71713	14473	14732	36518	22140	14810	25791
2006	235250	83770	15570	17316	44335	23600	18200	32459
2007	293530	104492	18815	20926	53703	29566	25533	40495
2008	343893	124785	21622	22806	62121	35539	30028	46992
2009	378521	140828	25670	25564	65879	38056	32513	50011
2010	469780	178153	34027	35693	80392	44921	38473	58121
2011	575729	219927	40713	47395	100218	53116	43419	70941

各县市区财政收入

9—4 (2011年) 单位：万元

指标	全市	市本级	柯城区	衢江区
财政总收入	**950249**	**398173**	**60305**	**72390**
一、地方财政收入	575729	219927	40713	47395
其中：体制内地方财政收入	552309	209969	40685	46140
1. 税收收入小计	517944	196544	39545	44226
增值税25%部分	74214	33514	3589	4941
营业税	157431	44571	19453	12872
企业所得税40%部分	63437	29821	3954	4846
个人所得税40%部分	27506	11994	2647	1936
城市维护建设税	35967	18085		2164
土地使用税	29862	10910	2274	3056
耕地占用税	18240	9429		1540
契税	44892	17958		5475
其它地方税收	66395	20262	7628	7396
2. 非税收小计	57785	23383	1168	3169
排污费收入	4244	2540		
教育费附加收入	15231	6584		938
行政性收费收入	12121	4258	440	683
罚没收入	23749	10838	700	942
国有资产经营收益				
国有企业计划亏损补贴	-4073	-3990		
其它收入	6513	3153	28	606
二、上划中央“四税”收入	374520	178246	19592	24995
(一) 上划中央所得税收入	136416	66151	6474	10172
1. 企业所得税60%部分	95157	46556	4107	7269
2. 个人所得税60%部分	41259	19595	2367	2903
(二) 上划中央“两税”收入	238104	112095	13118	14823
1. 消费税	15462	13469	433	1
2. 增值税75%部分	222642	98626	12685	14822

各县市区财政收入

9—4 续表 (2011 年) 单位：万元

指标	江山市	常山县	开化县	龙游县
财政总收入	**160312**	**85055**	**62777**	**111237**
一、地方财政收入	100218	53116	43419	70941
其中：体制内地方财政收入	96394	49765	42239	67117
1. 税收收入小计	92075	45789	36744	63021
增值税 25%部分	12561	7795	3004	8810
营业税	32913	12566	14143	20913
企业所得税 40%部分	9407	4104	5296	6009
个人所得税 40%部分	4551	1592	1589	3197
城市维护建设税	7293	2888	1687	3850
土地使用税	4637	3020	1717	4248
耕地占用税	297	2564	655	3755
契税	8249	3598	4234	5378
其它地方税收	12167	7662	4419	6861
2. 非税收小计	8143	7327	6675	7920
排污费收入	640	418	186	460
教育费附加收入	3078	1593	898	2140
行政性收费收入	1375	1142	2146	2077
罚没收入	2652	2759	3267	2591
国有资产经营收益				
国有企业计划亏损补贴	-83			
其它收入	481	1415	178	652
二、上划中央“四税”收入	60094	31939	19358	40296
(一) 上划中央所得税收入	20937	8544	10329	13809
1. 企业所得税 60%部分	14110	6156	7945	9014
2. 个人所得税 60%部分	6827	2388	2384	4795
(二) 上划中央“两税”收入	39157	23395	9029	26487
1. 消费税	1475	10	17	57
2. 增值税 75%部分	37682	23385	9012	26430

各 县 市 区 财 政 支 出

9—5　　单位：万元

年　份	全　市	市本级	柯城区	衢江区	江山市	常山县	开化县	龙游县
财政支出合计	**1254419**	**274606**	**97713**	**130201**	**228000**	**161946**	**179113**	**182840**
一、一般公共服务及国土资源等事务	201192	38000	14626	29441	38056	26244	29944	24881
二、公共安全	86648	35865	4495	3260	11623	9581	9222	12602
三、教育	270839	39064	32823	32518	54323	33554	35032	43525
其中：教育支出	258124	36518	28898	32412	52251	32625	34144	41276
教育费附加支出	12715	2546	3925	106	2072	929	888	2249
四、科学技术	32412	6596	1773	2720	7270	4852	4870	4331
五、文化体育与传媒	24881	6645	721	1433	5715	4231	2367	3769
六、社会保障和就业	101166	22318	10305	9541	19309	11775	13132	14786
七、医疗卫生	99371	15716	8720	10918	19398	15546	13158	15915
八、节能环保	40567	14015	1360	2966	6221	3582	5855	6568
其中：节能环保支出	34322	10713	1360	2966	5112	2965	5357	5849
排污费支出	6245	3302	0	0	1109	617	498	719
九、城乡社区及住房保障等支出	67222	29065	3716	4381	8768	7410	7188	6694
十、农林水事务	160404	9432	14139	25846	30458	25732	29258	25539
十一、交通运输	78552	30799	130	1600	14523	8981	10908	11611
十二、资源勘探电力信息等事务	35706	19540	1000	1867	4043	3696	2415	3145
十三、商业服务、粮油物资、储备、金融监管等事务	37227	6357	3852	3609	7663	4075	2878	8793
十四、其他支出	18232	1194	53	101	630	2687	12886	681
十五、预备费								

历年各县市区城乡居民储蓄存款年末余额

9—6　　　　单位：万元

年　　份	全　市	市本级	柯城区	衢江区	江山市	常山县	开化县	龙游县
1949								
1950	4	3				1		
1951	48	25			9	3	5	6
1952	89	44			16	8	8	13
1953	112	54			21	9	13	15
1954	219	90			63	20	12	34
1955	216	91			78	10	10	27
1956	288	118			93	17	23	37
1957	405	151			116	22	28	88
1958	468	185			156	23	23	81
1959	704	263			191	45	53	152
1960	789	325			224	56	64	120
1961	848	319			172	78	82	197
1962	603	235			114	62	65	127
1963	650	287			133	60	61	109
1964	831	355			172	67	73	164
1965	875	384			191	70	77	153
1966	1003	444			225	84	86	164
1967	1024	445			225	83	102	169
1968	1089	454			219	80	95	241
1969	1187	488			232	86	105	276
1970	1226	518			229	90	103	286
1971	1434	602			265	105	119	343
1972	1672	696			314	126	151	385
1973	1903	791			353	153	180	426
1974	2160	891			396	173	218	482
1975	2391	950			425	172	246	598
1976	2411	978			433	176	252	572
1977	2616	1050			462	187	276	641
1978	3122	1234			577	222	314	775
1979	5533	1822			1760	372	464	1115

注：市本级居民储蓄年末余额包括柯城区，下同。

历年各县市区城乡居民储蓄存款年末余额

9—6 续表　　　　单位：万元

年份	全市	市本级	柯城区	衢江区	江山市	常山县	开化县	龙游县
1980	7256	2512			2403	526	682	1133
1981	8906	3214			2959	622	845	1266
1982	11731	4628			3410	859	1152	1682
1983	14278	5983			3916	1055	1478	1846
1984	18402	7380			4625	1441	2053	2903
1985	24976	9684			6229	2017	3264	3782
1986	36300	13836			8989	2882	4852	5741
1987	46806	17853			11395	3794	6082	7682
1988	53474	13897		6753	12699	4620	6469	9036
1989	75038	17264		12419	17287	6625	8424	13019
1990	106573	30078		13053	24901	8846	11515	18180
1991	140545	38881		17860	33031	11420	15087	24266
1992	172394	47480		20602	42653	13962	18610	29087
1993	221093	59112		24769	56700	18497	26107	35908
1994	329898	90370		38316	82168	28939	36331	53774
1995	446807	128516		53112	106800	38260	47555	72564
1996	564220	170932		66254	130484	48208	56794	91548
1997	677028	215698		72619	152043	58398	67950	110320
1998	807495	255689		87518	175607	70732	81182	136767
1999	912511	394860			195168	81654	92094	148735
2000	974862	406477			216778	90544	100203	160860
2001	1097938	452424			249114	102358	113517	180525
2002	1316255	562659			288657	121193	126965	216781
2003	1573411	672174			339826	153265	142044	266102
2004	1722694	728571			381111	170241	151463	291308
2005	1981589	842574			444075	188792	181906	324242
2006	2278525	956557			515455	215943	219863	370707
2007	2451661	1010479			553931	237227	254906	395118
2008	3094477	1304991			693447	281921	321362	492756
2009	3711846	1575119			832323	333689	379204	576025
2010	4312926	1857729			928644	403459	442003	681090
2011	5130677	2221110			1130799	475344	513648	789777

注：1、衢江区 1950—1987 年、1999—2006 年储蓄存款余额统计在市本级内。

2、从 2008 年起本表城乡居民储蓄存款年末余额为本外币数。

全市金融机构信贷收支情况

9—7　　　　单位：万元

指　　标	2011年	比年初增减数	
		今　年	去　年
金融机构本外币存款余额	**11572280**	**1957625**	**1972969**
其中：储蓄存款	5130677	817773	601080
一、金融机构人民币存款余额	11504501	1929622	1975490
1. 单位存款	5926800	973837	1292563
其中：活期存款	2266123	139224	
定期存款	2374409	658273	
通知存款	101417	12287	
保证金存款	348935	-67292	52548
2、个人存款	5163427	864910	602155
储蓄存款	5110627	812120	602168
保证金存款	446	436	-12
结构性存款	52354	52354	
3、财政性存款	245469	-33227	92660
4、临时性存款	12375	848	-11319
5、委托存款	6606	5984	14
6、其他存款	149824	117270	-584
二、金融债券			
三、中长期借款			
四、应付及暂收款	195540	74902	2463
其中：应付利息	104382	49653	5683
五、同业往来（来源方）	2266	181	-471
六、系统内资金往来（来源方）			
七、外汇买卖（来源方）	506795	339710	167084
其中：结售汇	506793	339709	167084
八、各项准备	166372	33417	33420
其中：贷款损失准备金	164291	33551	32757
九、所有者权益	429808	149003	77013
其中：实收资本	100698	49151	23329
十、其它	-784545	-2291	70282

全市金融机构信贷收支情况

9—7 续表　　　　单位：万元

指　　标	2011年	比年初增减数	
		今　年	去　年
金融机构本外币贷款余额	**9345064**	**1462820**	**1612459**
一、金融机构人民币贷款余额	9204982	1500873	1536308
(一) 境内贷款	9204572	1500933	1536308
1、短期贷款	5378149	1285545	986471
其中：个人贷款及透支	1596715	382730	365933
单位普通贷款及透支	3409224	765604	520848
普通并购贷款			
银团贷款	46320	13480	13000
贸易融资	325890	123731	86690
境外筹资转贷款			
2、中长期贷款	3731554	203220	624390
其中：个人贷款	1786976	218529	313771
普通单位贷款	1898534	-22413	294479
银团贷款	46044	7104	16140
贸易融资			
境外筹资转贷款			
3、融资租赁			
4、票据融资	93640	14494	-76521
其中:贴现	93640	14494	-76521
5、各项垫款	1228	-2326	1969
(二) 境外贷款	410	-60	
二、有价证券	158381	61289	19738
三、股权及其他投资	11499	11049	-33
四、应收及预付款	29205	2156	-18153
其中:应收利息	21421	4134	7880
五、同业往来 (运用方)	5000	1100	3900
六、系统内资金往来 (运用方)	1895210	580177	589808
七、金银占款			
八、外汇买卖 (运用方)	506493	339433	167054
九、固定资产	123871	12129	10467
十、库存现金	86095	16338	16191
十一、投资性房地产			

九、财政、金融主要统计指标解释

财政预算内收入：是指国家按照一定的计划，通过财政分配渠道，统一筹集并由国家集中掌握的资金。目前，我国财政收入的内容包括税收收入、国有资产收入、债务收入及其他收入等四种。

中央级收入：按照分税制财政体制的原则确定的中央财政收入。主要包括中央预算固定收入和中央与地方共享的收入。报表所指的中央级收入，则是指与原体制比较由地方上划中央的“两税收入（即增值税的75%部分和消费税）。”

地方级收入：按照分税制财政体制的原则确定的地方财政收入。包括地方预算固定收入和地方与中央共享的收入。

1997年财政预算内收入改称为财政一般预算收入，即原来口径的基础上不包括教育费附加与排污费收入。

增值税：是以商品生产流通和劳务服务各个环节的增值额为征税对象的一种流转税。按现行财政体制，增值税属于中央与地方的共享税种，其中：中央分享75%，地方分享25%。

财政支出：是国家为实现其政治、经济和社会公共职能，把已集中的财政资金，在国民经济各部门和国家管理各部门进行合理的再分配，它反映国家职能涉及的范围和方向，体现党和国家的方针政策。

1997年财政预算内支出改称为财政一般预算支出，即原来口径的基础上不包括用教育费附加与排污费收入安排的支出。

城乡居民储蓄年末余额：包括城镇居民储蓄和农民个人储蓄两部分的年末余额。不包括工矿企业、部队、机关团体等集体存款。

第十篇　能源消费量与综合利用

各县市区能源综合利用情况

10—1　　(2011年)

指　　标	全　市	市本级	柯城区	衢江区
综合能耗（吨标准煤）	6436630	3585509	40825	254806
万元产值能耗	0.48	0.73	0.06	0.27
上年万元产值能耗	0.61	0.88	0.10	0.35
节能率±%	20.95	17.18	35.82	23.78
节能量	1706064	743536	22789	79471
购进量	7741626	4500244	42000	403980
消费量	9811829	6489191	41168	416983
#工业生产消费	9784308	6478834	40825	413396
非工业生产消费量	27522	11391	343	3588
年末库存	450739	214384	2740	19823
主要能源消费量（吨）				
原　煤	6083276	2895915	28735	442244
洗精煤	1524113	1524113		
焦　炭	1221475	1194141		765
汽　油	4115	808	136	338
煤　油	512	25		
柴　油	15601	6816	408	1948
燃料油	7387		2641	856
液化石油气	5064			21
其他石油制品	2174	2123		
热力（百万千焦）	16762515	10165081	185475	2026767
电力（万千瓦时）	840223	431794	9430	50177
余热余压（百万千焦）	9652577	6453931		51694
其它燃料（吨标准煤）	83409			

各县市区能源综合利用情况

10—1 续表　　(2011 年)

指　　标	江 山 市	常 山 县	开 化 县	龙 游 县
综合能耗 (吨标准煤)	1255888	640863	112135	546604
万元产值能耗	0.42	0.67	0.14	0.27
上年万元产值能耗	0.55	0.89	0.15	0.35
节能率±%	24.14	23.99	9.19	22.39
节能量	399687	202257	11354	157650
购进量	1372930	676143	114758	633204
消费量	1402186	647435	113052	703444
# 工业生产消费	1397193	643739	112135	700851
非工业生产消费量	4993	3696	918	2594
年末库存	113139	69298	6438	21917
主要能源消费量 (吨)				
原　煤	1368663	774810	85098	487810
洗精煤				
焦　炭	24810	1617		135
汽　油	1888	269	427	249
煤　油	1	485	1	
柴　油	1820	2937	272	1401
燃料油	185		3705	
液化石油气	2829	47	1250	917
其他石油制品	40	10		
热力 (百万千焦)	242398			4142793
电力 (万千瓦时)	145345	62643	35307	105529
余热余压 (百万千焦)	2829132	60348		257472
其它燃料 (吨标准煤)	35394		1558	46457

全市工业企业主要能源消费量

10—2　　(2011 年)

指　　　　标	原　煤 (吨)	汽　油 (吨)	煤　油 (吨)	柴　油 (吨)	电　力 (万千瓦时)
非金属矿采选业		7		22	308
农副食品加工业	6130	24		65	3218
食品制造业	2481	109		34	1258
饮料制造业	14432	3	1		6049
烟草制品业					
纺织业	12980	53	1	145	33092
纺织服装、鞋、帽制造业	2070	138		77	1043
皮革、毛皮、羽毛（绒）及其制品业	2192	30		68	2286
木材加工及木、竹、藤、草制品业	3311	222		112	10404
家具制造业		123		74	1944
造纸及纸制品业	253083	420		300	64636
印刷业和记录媒介的复制		14		61	347
文教体育用品制造业	720	2		5	394
石油加工炼焦及核燃料加工业					
化学原料及化学制品制造业	2700738	597	10	5239	352533
医药制造业	28754				3163
化学纤维制造业		6		1	1386
橡胶制品业	625				123
塑料制品业	3468	393		113	4185
非金属矿物制品业	1857007	17		5354	145338
黑色金属冶炼及压延加工业	793211	17	4	730	105405
有色金属冶炼及压延加工业	6159	55		76	6608
金属制品业	3531	146		284	3271
通用设备制造业	8693	343	487	1734	30299
专用设备制造业	1825	10	9	75	3267
交通运输设备制造业		68		134	4335
电气机械及器材制造业	850	774		400	16536
通信设备、计算机及其他电子设备制造业	1260	16		78	2338
仪器仪表制造业	112	10		14	253
工艺品及其他制造业	527	15		119	5712
废弃资源和废旧材料回收	368			62	297
电力、热力的生产和供应业	378749	499		225	28962
燃气生产和供应业					16
水的生产和供应业		3			1217

市本级工业企业主要能源消费量

10—3　　(2011 年)

指　　标	原　煤 (吨)	汽　油 (吨)	煤　油 (吨)	柴　油 (吨)	电　力 (万千瓦时)
非金属矿采选业					
农副食品加工业	1307				740
食品制造业					310
饮料制造业					2596
烟草制品业					
纺织业					6022
纺织服装、鞋、帽制造业	532				59
皮革、毛皮、羽毛（绒）及其制品业		30		60	2000
木材加工及木、竹、藤、草制品业					
家具制造业					
造纸及纸制品业					4433
印刷业和记录媒介的复制		6		9	72
文教体育用品制造业					
石油加工炼焦及核燃料加工业					
化学原料及化学制品制造业	2121282	91	9	4185	282436
医药制造业	313				260
化学纤维制造业					
橡胶制品业					
塑料制品业					636
非金属矿物制品业	77			643	483
黑色金属冶炼及压延加工业	770111			638	94031
有色金属冶炼及压延加工业					2491
金属制品业					340
通用设备制造业	1796	218	6	885	12655
专用设备制造业		8	9	17	2114
交通运输设备制造业					600
电气机械及器材制造业	330	42		100	2395
通信设备、计算机及其他电子设备制造业					1238
仪器仪表制造业					64
工艺品及其他制造业	167	15		119	612
废弃资源和废旧材料回收					
电力、热力的生产和供应业		396		160	13983
燃气生产和供应业					6
水的生产和供应业		3			1217

柯城区工业企业主要能源消费量

10—4 (2011 年)

指　　　　　　标	原　煤 (吨)	汽　油 (吨)	煤　油 (吨)	柴　油 (吨)	电　力 (万千瓦时)
非金属矿采选业					
农副食品加工业		5			90
食品制造业	600				15
饮料制造业					
烟草制品业					
纺织业	1817	6		4	990
纺织服装、鞋、帽制造业	7				33
皮革、毛皮、羽毛（绒）及其制品业					
木材加工及木、竹、藤、草制品业				32	1373
家具制造业		7		8	342
造纸及纸制品业	19306				678
印刷业和记录媒介的复制					59
文教体育用品制造业					
石油加工炼焦及核燃料加工业					
化学原料及化学制品制造业					356
医药制造业	3207				1288
化学纤维制造业					281
橡胶制品业					
塑料制品业	1880	3			363
非金属矿物制品业				314	45
黑色金属冶炼及压延加工业					
有色金属冶炼及压延加工业	1918			22	1563
金属制品业					
通用设备制造业					68
专用设备制造业					86
交通运输设备制造业					1533
电气机械及器材制造业		115		29	111
通信设备、计算机及其他电子设备制造业					156
仪器仪表制造业					
工艺品及其他制造业					
废弃资源和废旧材料回收					
电力、热力的生产和供应业					
燃气生产和供应业					
水的生产和供应业					

衢江区工业企业主要能源消费量

10—5　　　　　　　　　　　　　　　　（2011 年）

指　　　标	原　　煤 （吨）	汽　　油 （吨）	煤　　油 （吨）	柴　　油 （吨）	电　　力 （万千瓦时）
非金属矿采选业					
农副食品加工业	859	6		9	758
食品制造业					117
饮料制造业					2559
烟草制品业					
纺织业				19	473
纺织服装、鞋、帽制造业					64
皮革、毛皮、羽毛（绒）及其制品业	2157			8	182
木材加工及木、竹、藤、草制品业					137
家具制造业		15		42	237
造纸及纸制品业	112081	283		74	23822
印刷业和记录媒介的复制				7	61
文教体育用品制造业					
石油加工炼焦及核燃料加工业					
化学原料及化学制品制造业	16980	8		558	3455
医药制造业	58				389
化学纤维制造业					
橡胶制品业					
塑料制品业	1180			91	485
非金属矿物制品业	49323			815	6696
黑色金属冶炼及压延加工业					
有色金属冶炼及压延加工业	291				314
金属制品业				45	491
通用设备制造业	2517	27		133	5741
专用设备制造业					45
交通运输设备制造业				67	960
电气机械及器材制造业				18	151
通信设备、计算机及其他电子设备制造业					62
仪器仪表制造业					
工艺品及其他制造业					122
废弃资源和废旧材料回收	368			62	297
电力、热力的生产和供应业	256432				2560
燃气生产和供应业					
水的生产和供应业					

江山市工业企业主要能源消费量

10—6 (2011年)

指标	原煤(吨)	汽油(吨)	煤油(吨)	柴油(吨)	电力(万千瓦时)
非金属矿采选业		7		22	166
农副食品加工业	1406	4		22	698
食品制造业	596	109		34	657
饮料制造业	2857				424
烟草制品业					
纺织业	1899	21		40	2479
纺织服装、鞋、帽制造业	14				214
皮革、毛皮、羽毛(绒)及其制品业					65
木材加工及木、竹、藤、草制品业	1174	216		80	7916
家具制造业		101			353
造纸及纸制品业	290	56		27	828
印刷业和记录媒介的复制					
文教体育用品制造业				3	250
石油加工炼焦及核燃料加工业					
化学原料及化学制品制造业	383432	420	1	297	28685
医药制造业					
化学纤维制造业		3		1	387
橡胶制品业					
塑料制品业		149		22	830
非金属矿物制品业	964872	13		803	78094
黑色金属冶炼及压延加工业	5999	16		40	2228
有色金属冶炼及压延加工业	1210	54			202
金属制品业	1599	97		58	468
通用设备制造业	352	23		64	1467
专用设备制造业	1825	2		28	603
交通运输设备制造业		57		65	716
电气机械及器材制造业	492	512		190	11334
通信设备、计算机及其他电子设备制造业					24
仪器仪表制造业	112				165
工艺品及其他制造业	35				53
废弃资源和废旧材料回收					
电力、热力的生产和供应业	500	28		25	6028
燃气生产和供应业					10
水的生产和供应业					

常山县工业企业主要能源消费量

10—7　　(2011年)

指标	原煤(吨)	汽油(吨)	煤油(吨)	柴油(吨)	电力(万千瓦时)
非金属矿采选业					
农副食品加工业	1212	8		4	361
食品制造业					
饮料制造业					
烟草制品业					
纺织业		24		75	6297
纺织服装、鞋、帽制造业	22	86		63	310
皮革、毛皮、羽毛(绒)及其制品业					
木材加工及木、竹、藤、草制品业	1885				133
家具制造业					
造纸及纸制品业	20250				2392
印刷业和记录媒介的复制					
文教体育用品制造业					
石油加工炼焦及核燃料加工业					
化学原料及化学制品制造业	107131	5		12	6063
医药制造业					
化学纤维制造业		3			512
橡胶制品业					
塑料制品业					
非金属矿物制品业	636688	4		2271	33590
黑色金属冶炼及压延加工业	4203	1	4	14	425
有色金属冶炼及压延加工业	683	1			1699
金属制品业					
通用设备制造业	1470	40	481	389	8741
专用设备制造业					
交通运输设备制造业					80
电气机械及器材制造业	17	36		40	274
通信设备、计算机及其他电子设备制造业	1249	7		32	246
仪器仪表制造业					
工艺品及其他制造业					
废弃资源和废旧材料回收					
电力、热力的生产和供应业		54		37	1520
燃气生产和供应业					
水的生产和供应业					

开化县工业企业主要能源消费量

10—8　　(2011年)

指　　标	原　煤 (吨)	汽　油 (吨)	煤　油 (吨)	柴　油 (吨)	电　力 (万千瓦时)
非金属矿采选业					
农副食品加工业				7	107
食品制造业	349				11
饮料制造业		3	1		17
烟草制品业					
纺织业					95
纺织服装、鞋、帽制造业					
皮革、毛皮、羽毛（绒）及其制品业					
木材加工及木、竹、藤、草制品业	253				53
家具制造业					
造纸及纸制品业					
印刷业和记录媒介的复制		9		45	155
文教体育用品制造业	280	2		2	78
石油加工炼焦及核燃料加工业					
化学原料及化学制品制造业	58321	55		152	27508
医药制造业	25176				1226
化学纤维制造业					
橡胶制品业	625				123
塑料制品业		241			488
非金属矿物制品业	95				983
黑色金属冶炼及压延加工业					
有色金属冶炼及压延加工业					
金属制品业				3	44
通用设备制造业		18		23	504
专用设备制造业					
交通运输设备制造业					
电气机械及器材制造业		69		22	1253
通信设备、计算机及其他电子设备制造业					95
仪器仪表制造业		10		14	24
工艺品及其他制造业					32
废弃资源和废旧材料回收					
电力、热力的生产和供应业		21		3	2513
燃气生产和供应业					
水的生产和供应业					

龙游县工业企业主要能源消费量

10—9　　　　(2011年)

指标	原煤(吨)	汽油(吨)	煤油(吨)	柴油(吨)	电力(万千瓦时)
非金属矿采选业					142
农副食品加工业	1347	1		22	464
食品制造业	935				148
饮料制造业	11575				453
烟草制品业					
纺织业	9265	2		7	16737
纺织服装、鞋、帽制造业	1495	53		15	363
皮革、毛皮、羽毛(绒)及其制品业	35				39
木材加工及木、竹、藤、草制品业		7			792
家具制造业				24	1012
造纸及纸制品业	101156	81		199	32483
印刷业和记录媒介的复制					
文教体育用品制造业	440				67
石油加工炼焦及核燃料加工业					
化学原料及化学制品制造业	13593	19		35	4030
医药制造业					
化学纤维制造业					206
橡胶制品业					
塑料制品业	408				1384
非金属矿物制品业	205952			508	25447
黑色金属冶炼及压延加工业	12897			39	8721
有色金属冶炼及压延加工业	2057			55	340
金属制品业	1932	48		178	1928
通用设备制造业	2558	17		240	1123
专用设备制造业				30	419
交通运输设备制造业		11		3	446
电气机械及器材制造业	11				1018
通信设备、计算机及其他电子设备制造业	11	9		46	518
仪器仪表制造业					
工艺品及其他制造业	325				4893
废弃资源和废旧材料回收					
电力、热力的生产和供应业	121818				2357
燃气生产和供应业					
水的生产和供应业					

十、原材料和能源主要统计指标解释

能源：是自然界中能够产生能量的一些资源,是人类赖以生存的物质,是发展生产、改善人民生活的物质基础。

标准煤：亦称煤当量，是将不同品种、不同含热量的能源按各自不同的含热量折合成为一种标准含量的统一计量单位的能源。目前我国采用标准煤为能源计量单位。

节能率：是指报告期的节能量与相应的基期可比能源消费量之比率，即报告期的单位产品产量 (或产值) 能耗比基期的单位产品产量 (或产值) 能耗降低率。它是反映能源节约程度的综合指标，是衡量节能效果的重要标志。

能源消费量：是指各需用单位在一定时期内实际消费的各种能源数量。

节能量：是指在满足相等需要或达到相同目的的条件下，使能源消费量减少，这种减少就是节能，其减少的数量就是节能的数量。即为节能量。

综合能耗：综合能耗是规定的耗能体系在一段时间内实际消耗的各种能源实物量按规定的计算方法和单位分别折算为一次能源后的总和。

第十一篇　教育与卫生事业

历年全市在校学生数

11—1

年　　份	高等学校（人）	中等专业学校（人）	普通中学（人）	职业学校（人）	技工学校（人）	小　学（人）
1949		461	2415			46768
1950		395	2099		73	60552
1951		313	2931		205	85102
1952		774	4349		384	90754
1953		756	4983		350	76435
1954		796	5550			76593
1955		648	5906			87759
1956		568	7527			108141
1957		579	8420			105162
1958		766	10534	2330	895	145595
1959		865	14671	2478	934	180352
1960	766	1711	18610	2375	1691	180564
1961	854	1055	13393	68	236	137323
1962	949	926	11610		68	119046
1963	775	91	11475		133	143203
1964	585	270	13596	76	393	209206
1965	566	375	13967	619	729	170878
1966	566	660	14194	1153	860	183926
1967	443	577	12710	428	694	187530
1968	312	194	18029	210	409	189192
1969	151	175	38781	156	108	184465
1970	276		44711	148		202382
1971	154		51904	151		249146
1972	243		45474	201		242053
1973	288		49890	218		287463
1974	465	300	62027	223		287486
1975	525	550	84610	424		284351
1976	472	468	111211	844		286194
1977	495	480	125718	707		282855
1978	689	844	117159	362	150	282104
1979	1006	920	100386	274	390	276551

历年全市在校学生数

11—1 续表

年份	高等学校（人）	中等专业学校（人）	普通中学（人）	职业学校（人）	技工学校（人）	小学（人）
1980	120	649	99318	348	390	295806
1981	120	600	101790	616	200	281013
1982		502	81644	1899	509	270392
1983		563	82740	3388	712	271275
1984		589	89238	3955	817	265560
1985	130	619	100348	6312	680	252643
1986	395	932	111782	7787	776	239800
1987	655	1246	116712	7981	1016	218181
1988	397	1377	116573	7903	848	204344
1989	367	1388	99515	6859	832	199069
1990	343	1474	116246	6602	876	194036
1991	349	1514	119043	5947	946	186106
1992	404	1518	115685	6633	849	182469
1993	584	1791	110843	6972	1398	178513
1994	826	2296	114350	8618	1858	175407
1995	955	3056	121820	8186	1977	171166
1996	1344	4014	126495	8163	2056	169451
1997	1175	2105	121560	10522	2015	169301
1998	1078	2337	116126	12940	2917	166727
1999	1206	2602	117263	13319	1950	179880
2000	1520	3760	123158	14327	2044	176883
2001	6458	2787	129642	19416	2944	172637
2002	7162	1685	133502	23864	3499	166921
2003	7160	2337	134197	30882	3814	161926
2004	8183	3558	130613	31521	3908	160806
2005	9633	5417	125832	32623	3905	157980
2006	9182	7315	129540	30743	5061	155499
2007	9621	9143	131982	32420	4353	152293
2008	10211	8087	132472	29258	5064	148897
2009	10186	11546	126748	24068	7047	147208
2010	10213	15991	121599	20322		148317
2011	10917	15087	116940	20767		147920

注：2010 起技工学校已并入中等职业学校统计，下同。

历年全市毕业生数

11—2

年份	高等学校(人)	中等专业学校(人)	普通中学(人)	职业学校(人)	技工学校(人)	小学(人)
1949		82	369			721
1950		133	301			1836
1951		17	463			2705
1952		149	501			2810
1953		345	1063		119	5158
1954		285	1050			4313
1955		491	1677			4460
1956		323	1358			5543
1957		121	1856			7627
1958		74	1481			8143
1959		285	2452		240	6968
1960	236	225	2667	142	365	11295
1961		130	3336	38	796	10556
1962	251	192	2595		98	8915
1963		208	3313			8663
1964	339	79	2280		53	9651
1965	171		3292		97	11935
1966		91	3857		50	17319
1967	123	179	4517	271	156	17352
1968	131	198	6836		284	19864
1969	161	200	2870	57	100	30017
1970	151		10395	159	108	21756
1971	122		16542	104		22585
1972			21199	96		20084
1973	152		18739	105		28420
1974			20843	108		34800
1975	89		24945	110		43249
1976	195	300	33795	99		46884
1977	180	246	45424	142		40424
1978	144	182	50418	366		50125
1979		224	40676	202		43183

历 年 全 市 毕 业 生 数

11—2 续表

年　　份	高等学校（人）	中等专业学校（人）	普通中学（人）	职业学校（人）	技工学校（人）	小　　学（人）
1980		619	29795	188	150	39541
1981		299	37079	223	240	44403
1982	120	350	27298	149		45174
1983		249	22737	502	200	49866
1984		253	22570	986	287	48523
1985		310	23561	920	314	52470
1986		186	26271	1142	166	51208
1987		185	30144	2154	216	50449
1988	244	367	33472	2418	283	45681
1989	150	446	36264	2884	292	43165
1990	142	377	35031	2200	312	40894
1991	102	507	35142	2331	280	39813
1992	118	490	37537	1760	279	33677
1993	116	479	37298	2394	311	33743
1994	106	434	37914	2777	319	38232
1995	200	701	34758	3552	408	38073
1996	290	617	34857	3570	590	34420
1997	334	627	41530	3231	626	31853
1998	323	777	41675	3610	962	31433
1999	360	667	38135	4592	526	33647
2000	386	862	36605	5194	612	33179
2001	461	338	36564	2344	321	32898
2002	798	424	40272	4518	731	32521
2003	1497	348	41999	6033	1029	29806
2004	1762	392	43571	7007	1308	24650
2005	2717	810	45370	9284	1295	25554
2006	2928	902	43303	10137	1502	30655
2007	2964	1141	41261	9820	1381	29089
2008	2739	2629	41001	10063	1032	27212
2009	3432	4048	45124	8641	2209	24796
2010	3400	3743	43615	8306		24034
2011	3120	4941	41860	6631		23746

各县市区各类学校基本情况

11—3 (2011年)

指　　　　　　　　标	全　　市	市本级	柯城区	衢江区
一、学校数（所）	1159	20	218	216
高等学校	2	2		
中等职业学校	23	10		1
特殊教育学校	7	1	1	1
普通中学	97	7	10	19
其中：高中	25	6		3
小学	211		30	24
幼儿园	819		177	171
二、教职工数（人）	25906	3182	3979	3499
高等学校	832	832		
中等职业学校	1876	891		104
特殊教育学校	140	68	15	9
普通中学	9569	1391	1024	1400
小学	7880		1286	1176
幼儿园	5609		1654	810
其中：专任教师（人）	22294	2560	3391	3111
高等学校	497	497		
中等职业学校	1626	780		96
特殊教育学校	127	61	15	6
普通中学	8337	1127	788	1230
其中：高中	3030	827		399
小学	7964	95	1452	1249
幼儿园	3743		1136	530

各县市区各类学校基本情况

11—3 续表 1

（2011 年）

指　　标	江　山　市	常　山　县	开　化　县	龙　游　县
一、学校数（所）	212	205	146	142
高等学校				
中等职业学校	3	3	2	4
特殊教育学校	1	1	1	1
普通中学	22	14	12	13
其中：高中	6	4	3	3
小学	47	30	42	38
幼儿园	139	157	89	86
二、教职工数（人）	5650	2893	2863	3840
高等学校				
中等职业学校	421	110	99	251
特殊教育学校	26	9	9	4
普通中学	2059	1090	1148	1457
小学	1798	1094	1094	1432
幼儿园	1346	590	513	696
其中：专任教师（人）	4864	2575	2460	3333
高等学校				
中等职业学校	359	100	82	209
特殊教育学校	24	8	9	4
普通中学	1908	960	1007	1317
其中：高中	623	364	339	478
小学	1761	1052	999	1356
幼儿园	812	455	363	447

各县市区各类学校基本情况

11—3 续表 2

(2011 年)

指　　标	全　市	市本级	柯城区	衢江区
三、毕业生数（人）	107153	13954	13578	14914
高等学校	3120	3120		
中等职业学校	11572	4970		1247
特殊教育学校	115	11	21	
普通中学	41860	5468	3934	5944
其中：高中	13967	3692		1991
小学	23746	385	4458	3433
幼儿园	26740		5165	4290
四、招生数（人）	92303	11196	13104	12772
高等学校	3949	3949		
中等职业学校	11572	4970		1247
特殊教育学校	169	20	20	14
普通中学	23904	1939	3301	3205
其中：高中	13787	3370		1827
小学	25561	318	4890	3669
幼儿园	27148		4893	4637
五、在校学生数（人）	391992	44903	56368	52142
高等学校	10917	10917		
中等职业学校	35854	15390		2669
特殊教育学校	473	165	56	21
普通中学	116940	16203	10161	16400
其中：高中	43413	10540		5983
小学	147920	2228	27808	20915
幼儿园	79888		18343	12137
附：15 年教育普及率（%）	97.29	98.35	98.35	97.5
初中毕业生入高中段比例（%）	96.31	97.58	96.01	96.51
高中段毛入学率（%）	94.58	95.84	95.84	93.90

各县市区各类学校基本情况

11—3 续表 3 (2011 年)

指标	江山市	常山县	开化县	龙游县
三、毕业生数（人）	24848	11180	12027	16652
高等学校				
中等职业学校	2253	696	326	2080
特殊教育学校	24	12	6	41
普通中学	10134	4447	4884	7049
其中：高中	3099	1588	1207	2390
小学	6122	2673	2918	3757
幼儿园	6315	3352	3893	3725
四、招生数（人）	21029	9628	10142	14432
高等学校				
中等职业学校	2253	696	326	2080
特殊教育学校	35	25	14	41
普通中学	6236	2490	2887	3846
其中：高中	3174	1616	1593	2207
小学	6313	3208	3371	3792
幼儿园	6192	3209	3544	4673
五、在校学生数（人）	91460	43578	46468	57073
高等学校				
中等职业学校	8163	2331	1744	5557
特殊教育学校	129	41	35	26
普通中学	28202	12531	14093	19350
其中：高中	9849	4986	5128	6927
小学	37386	18649	19134	21800
幼儿园	17580	10026	11462	10340
附：15 年教育普及率（%）	98.2	96.1	95.3	97.24
初中毕业生入高中段比例（%）	95.88	93.10	95.00	92.90
高中段毛入学率（%）	95.99	95.21	95.19	97.98

历年全市卫生基本情况

11—4

年份	卫生机构数(个)	其中：医院(个)	卫生机构床位数(张)	其中：医院(张)	卫生技术人员数(人)	其中：医生(人)
1949	12	5	84	81	572	448
1950	16	5	140	132	649	497
1951	29	7	160	150	677	482
1952	54	16	227	215	983	551
1953	112	20	319	301	1206	670
1954	136	23	369	367	1163	709
1955	156	24	464	441	1202	666
1956	194	41	643	603	1494	755
1957	220	48	685	630	1626	794
1958	241	59	952	861	1684	802
1959	284	60	937	818	2090	810
1960	315	57	1202	1052	2096	848
1961	316	53	1249	1088	2355	947
1962	314	55	1583	1424	2319	979
1963	320	54	1613	1476	2340	1015
1964	328	55	1563	1450	2235	1046
1965	327	55	1617	1506	2346	1183
1966	327	55	1642	1530	2249	1166
1967	303	86	1718	1609	2287	1140
1968	281	88	1459	1375	2291	1170
1969	276	87	1520	1431	2381	1182
1970	278	87	1588	1495	2425	1203
1971	288	140	1865	1715	2552	1381
1972	292	169	2236	2061	2723	1400
1973	303	169	2356	2160	2838	1388
1974	305	169	2426	2215	3027	1453
1975	310	170	2544	2321	3084	1452
1976	325	169	2522	2296	3440	1438
1977	333	170	2798	2533	3281	1377
1978	339	172	3175	2744	3737	1543
1979	378	174	3338	2923	3801	1460

历年全市卫生基本情况

11—4续表

年份	卫生机构数(个)	其中:医院(个)	卫生机构床位数(张)	其中:医院(张)	卫生技术人员数(人)	其中:医生(人)
1980	367	221	3519	3060	4139	1446
1981	386	223	3374	3047	4246	1599
1982	361	223	3337	3070	4348	1648
1983	371	225	3471	3190	4515	1759
1984	389	223	3461	3180	4662	1851
1985	398	222	3682	3302	4829	2014
1986	402	221	3766	3396	4860	1950
1987	424	219	3815	3456	5040	2043
1988	425	216	3991	3642	5121	2566
1989	431	220	4139	3787	5226	2693
1990	419	220	4250	3902	5587	2935
1991	420	222	4455	4087	5769	3038
1992	425	222	4549	4173	5997	3024
1993	422	198	4542	4129	6230	3099
1994	422	222	4836	4726	6532	3222
1995	420	223	4977	4514	5320	2819
1996	240	215	3892	3755	5545	2978
1997	236	208	4150	3975	5718	3014
1998	260	260	4677	4542	6603	3228
1999	236	210	4823	4571	5975	3135
2000	238	213	4849	4587	6207	3332
2001	196	186	4370	4370	6377	3193
2002	242	204	5098	4742	6677	3669
2003	586	175	5139	5125	7259	3876
2004	582	164	5346	5021	7018	3777
2005	619	169	6033	5604	7668	4048
2006	644	160	6164	6056	7916	4091
2007	661	174	6663	6543	8430	4072
2008	623	153	6640	6225	8307	4013
2009	699	162	7012	6618	8653	4135
2010	703	140	7369	6502	9998	4490
2011	785	138	8134	7267	10485	4532

全市卫生基本情况

11—5 (2011年)

指标	卫生机构数(个)	床位数(张)	卫生人员数(人)	卫生技术人员(人)	其他技术人员(人)
总计	**785**	**8134**	**12501**	**10485**	**602**
一、医院合计	41	6424	8163	6551	453
1. 综合医院	21	4604	6207	5043	336
2. 中医医院	5	879	1267	1004	44
3. 中西医结合医院	1	80	15	15	
4. 专科医院	14	861	674	489	73
二、社区卫生服务中心	206	505	951	903	29
三、卫生院合计	97	843	1593	1459	43
1. 街道卫生院					
2. 乡镇卫生院	97	843	1593	1459	43
四、门诊部	8	24	104	76	5
五、诊所、卫生所、医务室	398		651	638	
六、急救中心(站)	1		11	9	2
七、采供血机构	2		60	46	6
八、妇幼保健院(所、站)	6	338	483	418	26
九、疾病预防控制中心	6		214	185	10
十、卫生监督所(中心)	7		155	127	3
十一、其他卫生机构	13		116	73	25

全市卫生基本情况

11—5 续表　　　　　　　　　　　　(2011 年)

指　　　　标	执业医师（人）	执业助理医师（人）	注册护士（人）	药师（士）（人）	检验师（人）
总　计	**3753**	**779**	**3605**	**710**	**462**
一、医院合计	2134	173	2875	452	262
1. 综合医院	1624	107	2283	314	206
2. 中医医院	357	40	421	90	41
3. 中西医结合医院	7	3	5		
4. 专科医院	146	26	168	43	15
二、社区卫生服务中心	431	110	166	59	41
三、卫生院合计	453	341	253	139	64
1. 街道卫生院					
2. 乡镇卫生院	453	341	253	139	64
四、门诊部	38	7	18	8	5
五、诊所、卫生所、医务室	384	127	81	21	3
六、急救中心（站）	1		7		1
七、采供血机构	5	3	21		16
八、妇幼保健院（所、站）	185	8	158	22	27
九、疾病预防控制中心	93	7	4	2	38
十、卫生监督所（中心）					
十一、其他卫生机构	29	3	22	7	5

十一、教育和卫生事业主要统计指标解释

普通高等学校：指按照国家规定的审批程序批准举办，通过全国统一招生考试，招收高级中等学校毕业生和具有同等学历者，实施高等教育，培养高等专门人才的学校。包括大学、专门学校和短期职业大学。

中等专业学校：指经国务院各部委或省人民政府批准举办，招收初中（或部分高中）毕业生或具有同等学历者，实施中等专业教育，培养中等专门人才的学校。具体可分为中等技术学校和中等师范学校两类。

技工学校：指招收初中（或部分高中）毕业生或具有同等学历者，实施专业技术培训、培养中级技术工人的学校。包括中央在地方单位办、各级其他部门办和厂矿企业办。其在校学生数不包括培训的在职职工人数。

招生数：指新学年开始时，按照国家招生计划实际招收入学的新生数，不包括留级生和复读生数。

在校学生数：指学年初开学以后，具有学籍的全部在校学习的学生总数。

毕业生数：指上学年度的，具有学籍的学生学完教学计划规定的全部课程，考试及格，获得毕业证书的学生数，不包括结业生和肄业生数。

教职员工数：指在学校中工作的固定教职工人数。包括校本部、科研机构、校办工厂、农（林）场和附属机构的人员，不包括下列人员：离休、退休、退职人员；学校办的集体所有制单位和学校附属机构中，属于集体所有制的职工；代课教师和各种临时工。

专任教师：指主要从事教育工作的人员，包括临时（一年以内）调去帮助做其他工作的教学人员。不包括调离教学岗位，担任行政领导工作或其他工作的原教学人员；不包括兼任教师和代课教师。

医院：指名称为医院，设有固定床位能收容病人住院并能为病人提供医疗和护理服务的医疗机构。包括县及县以上医院、农村乡卫生院、其他医院三部分。

卫生技术人员：指卫生事业机构中现任职务为卫生技术工作的人员。包括执业医师、助理执业医师、注册护师、药剂人员、检验人员、其他卫生技术人员。

医生：指经卫生部门审查合格，从事医疗工作的专业人员。分为执业医师、助理执业医师。

第十二篇　城市建设与环境保护

各县市区城市市政、公用事业情况

12—1　　2011年

指　　标	单　位	全　市	市　区	江山市	常山县	开化县	龙游县
建成区面积	平方公里	109.27	59.89	15.80	13.20	7.88	12.50
城区（县城）人口	万人	65.91	28.85	13.21	8.32	6.08	9.45
道路面积	万平方米	1540.11	799.10	275.50	215.17	78.34	172.00
桥梁数	座	156	60	26	16	44	10
市区供水能力	万立方米/日	120.57	89.46	7.53	7.50	5.58	10.50
防洪堤长度	公里	126	62	14	16	19	15
供水总量	万立方米	12263.60	6629.95	1917.65	1093.00	786.00	1837.00
液化气供应量	吨	29041	8479	6407	4500	4600	5055
出租车数量	辆	818	491	100	54	95	78
人均日生活用水量	升	158.26	176.25	137.66	130.15	126.38	181.16
用水普及率	%	98.43	100.00	95.74	100.00	97.03	97.51
燃气普及率	%	91.49	96.03	90.59	91.00	78.25	87.66
人均城市道路面积	平方米	20.81	25.40	16.30	23.34	12.26	17.11
排水管道密度	公里/平方公里	16.51	16.96	15.35	16.44	8.55	20.88
公园个数	个	73	52	4	4	5	8
人均公园绿地面积	平方米	11.62	13.10	10.89	10.41	9.23	10.85
建成区绿地率	%	37.63	37.02	42.15	35.53	36.17	38.00
建成区绿化覆盖率	%	42.46	42.19	44.62	40.45	40.61	44.32
污水处理率	%	76.47	76.81	84.72	73.75	81.03	65.29
生活垃圾处理率	%	100	100	100	100	100	100

全 市 环 境 保 护 情 况

12—2　　　　2011 年

指　　标	单位	全　市	柯城区	衢江区	江山市	常山县	开化县	龙游县
化学需氧量（COD）排放量	吨	58817.8	13894.1	9701.4	14203.3	4575.8	3344.5	13098.7
氨氮排放量	吨	7467.8	1758.2	1167.0	1794.1	519.3	538.1	1691.1
氮氧化物排放量	吨	48594.4	23402.9	1670.2	11164.3	7802.8	564.4	3989.9
二氧化硫排放量	吨	46564.0	24664.7	2906.5	8345.8	4264.7	3034.0	3348.4
工业废水治理设施数	套	450	117	34	79	56	53	111
工业废水治理设施处理能力	万吨/日	103.0	19.7	6.0	41.5	9.2	3.4	23.3
工业废水处理量	万吨	36924.3	24601.1	771.3	5736.6	1482.8	805.0	3527.5
工业废水排放量	万吨	12565.8	5307.0	883.0	808.6	1011.9	876.2	3678.9
工业废水中 COD 排放量	吨	13595.3	6087.8	763.1	755.5	1097.6	871.1	4020.3
工业废水中氨氮排放量	吨	907.5	567.6	14.0	106.0	23.2	144.5	52.4
工业废气治理设施数	套	1248	267	59	439	165	61	257
工业废气治理设施处理能力	万立方米/时	2982.4	1320.0	46.9	1098.0	183.9	38.4	295.1
工业废气排放量	亿立方米	2215.9	966.8	122.2	576.8	329.4	67.5	153.2
工业氮氧化物排放量	吨	40379.5	14795.1	1566.8	12123.4	7612.5	600.4	3681.3
工业二氧化硫排放量	吨	45325.9	24189.7	2768.7	8164.7	4121.6	2890.7	3190.4
工业烟（粉）尘产生量	吨	3316723.9	532843.6	174882.1	1324238.4	1007371.7	7023.3	270364.8
工业烟（粉）尘排放量	吨	52242.9	23292.4	7467.2	8568.8	7375.8	1719.0	3819.7
一般工业固体废物产生量	万吨	255.4	140.8	23.8	37.1	20.5	5.7	27.6
一般工业固体废物综合利用量	万吨	244.0	136.5	23.8	37.1	20.5	5.6	20.5
一般工业固体废物处置量	万吨	0.85	0.81				0.01	0.04

注：1、柯城区含市管企业。

2、化学需氧量（COD）排放量、氨氮排放量、氮氧化物排放量、二氧化硫排放量四个指标统计范围为工业源、农业源、城镇生活源、集中式治理设施的排放总量。

第十三篇　全省各市、县主要经济指标

全省各市、县社会经济主要指标(一)

13—1

地、县市名称	年末总人口(户籍,万人)	全社会从业人员(万人)	#第一产业从业人员(万人)	第二产业从业人员(万人)	第三产业从业人员(万人)	城镇私营和个体从业人员(万人)	行政区划土地面积(平方公里)
浙江省	**4781.31**	**3674.11**	**535.27**	**1868.83**	**1270.01**	**916.54**	**10.18**
杭州市	**695.71**	**637.77**	**72.21**	**289.12**	**276.44**	**170.12**	**16596**
市区	440.34	469.90	24.55	223.00	222.35	148.74	3068
萧山区	122.87	113.29	11.86	71.81	29.62	10.97	1163
余杭区	87.67	73.09	8.42	39.80	24.87	8.72	1222
桐庐县	40.47	31.07	6.49	17.14	7.44	3.38	1780
淳安县	45.66	22.98	11.54	4.86	6.58	3.04	4452
建德市	51.16	25.80	9.95	8.57	7.28	3.21	2364
富阳市	65.38	48.35	10.21	24.71	13.43	6.25	1808
临安市	52.70	38.49	8.01	19.56	10.92	5.50	3124
宁波市	**576.40**	**493.83**	**32.54**	**273.66**	**187.63**	**129.69**	**9816**
市区	224.74					74.40	2462
鄞州区	82.21	89.45	6.3	51.76	31.39	37.63	1346
余姚市	83.46	65.67	8.9	32.02	24.75	20.68	1501
慈溪市	104.15	83.8	10.8	50.8	22.2	4.60	1361
奉化市	48.39	34.94	6.41	18.12	10.41	6.25	1268
象山县	54.17	36.21	8.23	16.63	11.35	8.05	1382
宁海县	61.49	45.90	8.80	21.30	15.80	15.71	1843
温州市	**798.36**	**575.89**	**73.27**	**228.57**	**274.06**	**200.59**	**11786**
市区	147.82					87.93	1187
瑞安市	121.12	71.84	8.54	38.84	24.46	27.37	1271
乐清市	126.03	74.98	11.70	31.62	31.66	30.63	1174
洞头县	12.93	4.73	1.40	1.76	1.57	1.98	100
永嘉县	96.04	44.63	8.22	23.04	13.37	14.78	2674
平阳县	87.45	42.72	12.53	18.58	11.61	11.08	1051
苍南县	131.65	58.85	16.90	22.65	19.30	22.52	1272
文成县	38.65	15.41	5.14	4.11	6.16	1.41	1294
泰顺县	36.67	26.04	8.46	9.72	8.36	2.88	1762

全省各市、县社会经济主要指标(一)

13—1 续表 1

地、县市名称	年末总人口(户籍,万人)	全社会从业人员(万人)	#第一产业从业人员(万人)	第二产业从业人员(万人)	第三产业从业人员(万人)	城镇私营和个体从业人员(万人)	行政区划土地面积(平方公里)
嘉兴市	**343.05**	**321.39**	**33.54**	**196.89**	**90.96**	**43.90**	**3915**
市区	84.28	71.65	8.15	39.48	24.02	9.13	968
平湖市	48.78	45.43	3.66	31.00	10.78	5.14	537
海宁市	66.31	61.80	5.95	38.50	17.36	10.81	668
桐乡市	67.69	68.94	6.31	44.16	18.47	13.53	727
嘉善县	38.53	43.14	4.81	24.79	13.53	3.00	507
海盐县	37.47	30.43	4.66	18.97	6.79	2.29	508
湖州市	**261.05**	**180.14**	**30.35**	**90.91**	**58.88**	**47.10**	**5820**
市区	109.31	77.39	11.13	45.93	20.33	25.13	1565
德清县	43.17	31.21	4.13	18.56	8.52	5.30	938
长兴县	62.61	40.92	6.52	19.54	14.86	9.00	1431
安吉县	45.97	29.15	6.63	12.15	10.37	7.67	1886
绍兴市	**440.01**	**343.28**	**51.52**	**180.77**	**110.99**	**60.01**	**8256**
市区	65.26					11.44	357
诸暨市	107.20	79.66	13.31	45.3	21.05	10.67	2311
上虞市	77.74	52.15	11.95	29.64	10.56	11.73	1403
嵊州市	73.46	45.67	10.48	25.03	10.16	6.67	1790
绍兴县	72.58	69.61	6.19	41.56	21.86	9.18	1182
新昌县	43.77	27.45	7.4	12.96	7.09	10.32	1213
金华市	**469.07**	**342.60**	**71.00**	**159.59**	**112.01**	**116.71**	**10942**
市区	93.57	69.50	9.00	36.65	23.85	18.91	2049
兰溪市	66.64	33.31	14.19	12.55	6.57	7.35	1312
义乌市	74.74	88.51	9.85	42.80	35.86	41.00	1105
东阳市	82.34	47.82	9.80	19.89	18.13	12.83	1747
永康市	57.74	44.44	9.28	21.51	13.65	20.78	1047
武义县	33.85	20.30	5.49	9.56	5.25	3.14	1568
浦江县	39.20	26.97	7.54	12.13	7.30	9.24	918
磐安县	20.99	11.75	5.85	4.50	1.40	3.47	1195

全省各市、县社会经济主要指标(一)

13—1 续表 2

地、县市名称	年末总人口(户籍,万人)	全社会从业人员(万人)	#第一产业从业人员(万人)	第二产业从业人员(万人)	第三产业从业人员(万人)	城镇私营和个体从业人员(万人)	行政区划土地面积(平方公里)
衢州市	**252.55**	**131.30**	**54.24**	**39.12**	**37.94**	**27.72**	**8845**
市区	83.19	47.82	19.69	13.42	14.71	14.22	2354
柯城区	43.30	26.11	7.78	7.68	10.65	10.61	607
衢江区	39.89	21.71	11.91	5.74	4.06	3.61	1748
江山市	60.13	27.71	9.88	9.50	8.33	4.23	2019
常山县	33.41	15.75	7.19	3.93	4.63	3.04	1097
开化县	35.43	15.20	7.30	4.03	3.87	2.90	2231
龙游县	40.41	22.81	8.50	7.90	6.41	3.32	1143
舟山市	**96.99**	**68.99**	**10.88**	**26.38**	**31.73**	**11.66**	**1440**
市区	70.04	51.32	6.52	21.01	23.80	9.09	1028
岱山县	19.05	13.21	3.14	4.61	5.45	1.33	327
嵊泗县	7.90	4.46	1.22	0.76	2.48	1.24	86
台州市	**586.79**	**380.81**	**75.59**	**165.75**	**139.47**	**61.19**	**9411**
市区	155.85	121.26	16.59	65.59	39.08	25.62	1536
温岭市	119.93	95.03	18.09	42.72	34.22	6.19	836
临海市	117.09	57.52	16.78	27.01	13.73	8.63	2171
玉环县	42.25	40.49	4.51	25.36	10.62	8.46	378
三门县	43.23	20.99	6.55	9.48	4.96	4.37	1072
天台县	58.62	22.04	8.98	5.69	7.37	3.48	1426
仙居县	49.81	17.53	7.32	5.86	4.35	4.37	1992
丽水市	**251.33**	**137.9**	**56.98**	**34.14**	**46.78**	**18.22**	**17298**
市区	29.02	27.32	6.73	8.38	12.21	4.98	1502
青田县	51.44	18.54	6.81	5.61	6.12	2.53	2484
缙云县	45.70	24.73	9.84	5.43	9.46	1.70	1482
遂昌县	23.16	11.66	5.95	3.09	2.62	1.27	2539
松阳县	23.83	11.58	4.79	3.63	3.16	1.78	1406
云和县	11.35	7.894	2.454	2.87	2.57	2.15	978
庆元县	20.50	8.64	4.55	2.04	2.05	1.25	1898
景宁县	17.32	5.83	3.38	0.87	1.58	0.56	1950
龙泉市	29.01	15.33	6.96	3.74	4.63	2.56	3059

全省各市、县社会经济主要指标(二)

13—2

地、县市名称	地区生产总值(万元)	第一产业增加值(万元)	第二产业增加值(万元)	其中:工业增加值(万元)	第三产业增加值(万元)	人均生产总值(户籍,元)	地区生产总值增长率(%)
浙江省	**32318.85**	**1583.04**	**16555.58**	**14683.03**	**14180.23**	**59249**	**9.0**
杭州市	**70190579**	**2367708**	**33237887**	**29439962**	**34584984**	**101370**	**10.1**
市区	55898574	1054368	24984625	21914726	29859582	127745	10.0
萧山区	14459187	528775	8869836	8252210	5060577	118106	11.0
余杭区	7387153	436754	3879080	3476411	3071319	85022	9.6
桐庐县	2335219	183348	1419879	1279339	731992	57858	10.3
淳安县	1401746	248773	603912	465851	549061	30779	11.0
建德市	2240123	238574	1270115	1169530	731434	43846	10.3
富阳市	4910986	331636	2972275	2778628	1607075	75320	10.5
临安市	3403931	311009	1987082	1831888	1105840	64661	10.6
宁波市	**60592409**	**2552270**	**33495283**	**30189965**	**24544856**	**105334**	**10.0**
市区	36218899	577383	19699962	17732113	15941554	161661	9.9
鄞州区	9467082	360781	5916710	5662634	3189591	115864	10.0
余姚市	6587722	403795	3942933	3680152	2240994	78971	10.1
慈溪市	8771813	435708	5268633	4906236	3067472	84330	10.6
奉化市	2598667	260258	1260280	1101723	1078129	53725	9.1
象山县	3182076	530238	1491559	1125177	1160279	58818	9.3
宁海县	3233232	344888	1831916	1644564	1056428	52752	11.1
温州市	**34185315**	**1078751**	**17607162**	**15562852**	**15499402**	**43132**	**9.5**
市区	13591541	112683	6595958	5729390	6882900	92587	8.4
瑞安市	5217068	179492	2633988	2443519	2403588	43445	9.2
乐清市	5711673	184035	3466154	3264981	2061484	45704	10.2
洞头县	393216	37425	157805	110872	197986	30554	9.4
永嘉县	2376574	91697	1468947	1270642	815929	24901	10.6
平阳县	2324608	127304	1158903	1027615	1038401	26691	9.6
苍南县	2949153	237814	1428614	1223672	1282725	22563	10.5
文成县	474145	54567	161593	116212	257985	12520	10.1
泰顺县	466745	53735	164572	103464	248438	12723	9.7

全省各市、县社会经济主要指标(二)

13—2 续表 1

地、县市名称	地区生产总值(万元)	第一产业增加值(万元)	第二产业增加值(万元)	其中：工业增加值(万元)	第三产业增加值(万元)	人均生产总值(户籍,元)	地区生产总值增长率(%)
嘉兴市	**26770874**	**1427979**	**15372570**	**13781470**	**9970325**	**78202**	**10.6**
市区	6697663	305666	3413557	2969816	2978440	79723	10.2
平湖市	3934310	178732	2489795	2342264	1265783	80721	11.2
海宁市	5326680	242622	3207716	2824815	1876341	80497	11.0
桐乡市	4837823	267812	2655606	2320032	1914406	71624	11.4
嘉善县	3231956	229516	1906258	1739043	1096182	84015	11.8
海盐县	2737648	203631	1702289	1590240	831728	73218	9.5
湖州市	**15200553**	**1162184**	**8177067**	**7294832**	**5861302**	**58349**	**10.8**
市区	6900238	433476	3713852	3317355	2752910	60383	10.5
德清县	2782722	203108	1600515	1461206	979099	64592	10.8
长兴县	3344100	288423	1818491	1571336	1237186	53542	11.5
安吉县	2220504	237177	1082214	982941	901113	48410	10.8
绍兴市	**33319960**	**1720952**	**18343394**	**16323536**	**13255614**	**75820**	**10.5**
市区	5464508	82101	2488532	2096200	2893875	83879	9.7
诸暨市	7400151	433544	4238743	3747604	2727864	69110	11.0
上虞市	5236551	365586	2964379	2563425	1906586	67404	10.3
嵊州市	3279220	326215	1708248	1540728	1244757	44646	10.1
绍兴县	9317996	332052	5548751	5065775	3437193	128727	10.7
新昌县	2562139	181454	1380007	1295073	1000678	58616	10.5
金华市	**24580703**	**1254264**	**12460912**	**10772467**	**10865527**	**52538**	**10.5**
市区	4659299	293734	2072460	1720799	2293105	49898	10.3
兰溪市	2110082	210263	1235515	1129098	664304	31734	10.7
义乌市	7296845	198518	3099628	2622466	3998699	98127	10.6
东阳市	3377467	166156	1724977	1407081	1486334	41102	11.4
永康市	3553891	84049	2259364	2072308	1210478	61764	10.5
武义县	1505863	134650	855187	755222	516026	44559	10.2
浦江县	1510588	80901	920541	841148	509146	38602	10.7
磐安县	566668	85993	293240	224345	187435	26996	10.8

全省各市、县社会经济主要指标(二)

13—2 续表 2

地、县市名称	地区生产总值(万元)	第一产业增加值(万元)	第二产业增加值(万元)	其中:工业增加值(万元)	第三产业增加值(万元)	人均生产总值(户籍,元)	地区生产总值增长率(%)
衢州市	**9196209**	**761548**	**5110244**	**4396554**	**3324417**	**36508**	**11.4**
市区	3833061	262086	2036170	1716080	1534805	46210	7.2
柯城区	983473	82776	307990	235091	592707	65208	11.7
衢江区	1018198	176257	492974	397374	348967	25595	12.3
江山市	2031875	191728	1183373	1071695	656774	33869	11.7
常山县	924146	71892	516245	421834	336009	27765	10.8
开化县	816724	111795	406187	330301	298742	23128	9.8
龙游县	1469600	124047	872572	760663	472981	36413	13.2
舟山市	**7727535**	**760390**	**3491619**	**2672819**	**3475526**	**79765**	**11.3**
市区	5627328	401170	2531173	1897597	2694985	80746	14.1
岱山县	1531117	216000	871485	728835	443632	80066	11.6
嵊泗县	568970	143220	77585	35012	348165	71505	−11.8
台州市	**27544144**	**1892479**	**13907211**	**12534025**	**11744454**	**47087**	**8.0**
市区	9806530	382029	4698418	4249663	4726084	63117	9.0
温岭市	6659919	505873	3468910	3217408	2685136	55680	9.1
临海市	3684243	337353	1945139	1716863	1401751	31557	6.8
玉环县	3581195	242524	2236333	2130567	1102338	85061	11.5
三门县	1237002	194134	548771	395287	494098	28718	8.5
天台县	1371579	108189	620884	529791	642525	23489	10.6
仙居县	1166484	122377	527973	424884	516134	23484	9.5
丽水市	**7982174**	**726175**	**4017811**	**3409511**	**3238188**	**30643**	**11.5**
市区	2086214	139052	909163	750506	1037999	53695	11.1
青田县	1376032	61448	831603	734154	482981	26847	12.0
缙云县	1371215	79426	812445	748008	479344	30122	12.4
遂昌县	681349	82754	316611	277055	281984	29435	12.2
松阳县	584450	107415	257393	215125	219642	24582	12.3
云和县	392428	37329	207984	172066	147115	34691	9.5
庆元县	382846	60254	175753	132246	146839	18742	11.9
景宁县	324118	52431	122253	82243	149434	18786	12.0
龙泉市	769879	106066	356712	287218	307101	26613	12.4

全省各市、县社会经济主要指标(三)

13—3

地、县市名称	地方财政收入(万元)	其中：税收收入(万元)	地方财政支出(万元)	年末金融机构存款余额(万元)	#城乡居民储蓄存款(万元)	年末金融机构贷款余额(万元)	保费收入(万元)
浙江省	**3150.8**	**2952.01**	**3842.74**	**60893.14**	**23945.23**	**53239.34**	**879.27**
杭州市	**7851524**	**7582715**	**7475108**	**182443469**	**55191683**	**164216553**	**2111021**
市区	6822765	6614306	5971844	166530667	47980383	150235950	
萧山区	1133788	1097469	1097600	25862026	9015437	22218882	
余杭区	956393	924912	842414	13155304	5388797	10305381	
桐庐县	171946	158630	227949	2466432	1204914	1959044	
淳安县	95161	87355	240155	1936184	811855	1361340	
建德市	141146	135025	231133	2395562	1287136	1965151	
富阳市	409488	383246	468439	5890353	2421212	5795175	
临安市	211018	204153	335588	3224271	1486182	2899892	
宁波市	**6575531**	**6082707**	**7507233**	**106592654**	**36962819**	**106768424**	**1485985**
市区	4576307	4269706	5030047	73285431	21803873	72073486	
鄞州区	1248830	1166127	1230166	13851785	6110119	12115081	
余姚市	550163	490617	582540	9828640	4449816	9586548	
慈溪市	715203	670998	806381	14112988	6501038	12682634	
奉化市	219607	196601	329670	3064179	1653758	3635334	
象山县	248303	214920	395453	3020480	1190799	4303858	
宁海县	265948	239865	363142	3280936	1363535	4486564	
温州市	**2708670**	**2514457**	**3704471**	**75456023**	**35663098**	**63949598**	**1108784**
市区	1276343	1245523	1361029	42400181	18517055	36680535	555549
瑞安市	386789	354498	431542	9883980	5037834	8459786	162221
乐清市	416600	384198	457727	9930270	4582046	8409892	136092
洞头县	30706	26124	112627	426952	158096	324939	6850
永嘉县	162741	151549	308919	3561023	2041677	2752407	71365
平阳县	167528	145153	288683	2956194	1760705	2147413	62460
苍南县	174301	154288	351397	4265379	2280021	3936384	88976
文成县	47375	26893	206282	1268063	868598	675415	10647
泰顺县	46287	26231	186265	763982	417065	562827	14624

全省各市、县社会经济主要指标(三)

13—3 续表 1

地、县市名称	地方财政收入(万元)	其中：税收收入(万元)	地方财政支出(万元)	年末金融机构存款余额(万元)	#城乡居民储蓄存款(万元)	年末金融机构贷款余额(万元)	保费收入(万元)
嘉兴市	**2264023**	**2201021**	**2406148**	**41681674**	**18804510**	**32127393**	**700917**
市区	773511	731438	838198	14157159	5511668	10907064	
平湖市	324423	321328	329260	5725667	2397464	4192498	
海宁市	388194	390121	398663	7725663	3659605	5683280	
桐乡市	362870	360174	380042	6456913	3482254	4670761	
嘉善县	243200	234978	252935	4227668	2006630	3201514	
海盐县	171825	162982	207050	3388604	1746889	3472276	
湖州市	**1221200**	**1170082**	**1517340**	**21020466**	**9544396**	**17121700**	**460340**
市区	513035	498668	650990	11454903	5110652	8757345	259749
德清县	234045	221095	260698	3378992	1678018	2593555	56180
长兴县	307492	286338	353020	3719155	1536325	3259443	75077
安吉县	166628	163981	252632	2467416	1219401	2511356	69334
绍兴市	**2396916**	**2278023**	**2533091**	**55101360**	**22276697**	**44630856**	**665559**
市区	592237	565068	635331	19631784	6329803	16791568	
诸暨市	457520	427312	494358	9219169	4064919	7354492	
上虞市	355195	339602	357568	7812744	3524889	6124706	
嵊州市	184346	174942	231803	3445180	1978357	2552902	
绍兴县	637690	608420	586443	12320075	5137157	10001289	
新昌县	169928	162679	227588	2672408	1241573	1805900	
金华市	**1857684**	**1714618**	**2350800**	**47466941**	**23141466**	**36788797**	**934527**
市区	468746	435393	594908	9753131	4050344	7885960	260196
兰溪市	135660	129174	238608	2424162	1253511	1995081	48701
义乌市	504600	473184	496337	18096602	9185568	12836167	273604
东阳市	239530	218510	289096	5353874	2785245	3677676	114073
永康市	252637	227410	271046	6718601	3195575	5883012	134317
武义县	110662	99355	188903	2195451	1025743	2070956	55708
浦江县	105754	96189	147116	2159462	1240747	1932825	36754
磐安县	40095	35403	124786	765658	404731	507122	11173

全省各市、县社会经济主要指标(三)

13—3 续表 2

地、县市名称	地方财政收入(万元)	其中:税收收入(万元)	地方财政支出(万元)	年末金融机构存款余额(万元)	#城乡居民储蓄存款(万元)	年末金融机构贷款余额(万元)	保费收入(万元)
衢州市	**575729**	**517944**	**1254419**	**11572280**	**5130677**	**9345064**	**242907**
市区	308035	280315	502520	5984620	2221110	4783206	117772
柯城区	40713	39545	97713				
衢江区	47395	44226	130201				
江山市	100218	92075	228000	2196268	1130799	1994366	56995
常山县	53116	45789	161946	910665	475344	700448	17267
开化县	43419	36744	179113	941316	513648	638335	18786
龙游县	70941	63021	182840	1539411	789777	1228710	32087
舟山市	**764844**	**718086**	**1481022**	**13149656**	**4612974**	**11626588**	**199536**
市区	636421	584807	1071785	11126185	3753068	10226834	168029
岱山县	84685	94253	245605	1339245	607265	1007645	21737
嵊泗县	43738	39026	163632	684226	252641	392109	9770
台州市	**2001150**	**1857029**	**2655309**	**39989019**	**20687889**	**34707628**	**758807**
市区	899464	844739	1010643	19294035	9250893	17344717	389453
温岭市	361688	334830	451736	7849536	4676416	6123244	128339
临海市	261957	238638	393425	4743838	2485881	3552484	77606
玉环县	216856	201365	261520	3320143	1721324	3129203	60183
三门县	96022	85636	186879	1318617	673825	1756108	23073
天台县	96610	89268	197644	1769198	950946	1586454	43017
仙居县	68553	62553	153462	1693653	928604	1215418	37136
丽水市	**573620**	**505115**	**1542833**	**12935583**	**7227698**	**9589909**	**239811**
市区	222354	206915	373019	4316164	1854116	4113396	89188
青田县	93244	74651	210662	3266451	2548223	1526792	31096
缙云县	66214	58305	172462	1551127	879638	1105827	36902
遂昌县	41768	37143	140069	765612	381894	651543	17998
松阳县	29225	23966	129994	730641	370285	559389	18223
云和县	24471	21194	95880	468139	245010	305574	8397
庆元县	18812	15603	110986	503717	250656	366969	9944
景宁县	36677	29541	169055	471291	191215	274340	6382
龙泉市	40855	37797	140706	862440	506661	686079	21683

全省各市、县社会经济主要指标(四)

13—4

地、县市名称	规模以上工业企业数(个)	规模以上工业总产值(万元)	主营业务收入(万元)	主营业务成本(万元)	主营业务税金及附加(万元)	本年应交增值税(万元)	利润总额(万元)
浙江省	**34340**	**56406.06**	**55349.76**	**47503.22**	**602.68**	**1534.54**	**3327.29**
杭州市	**5868**	**123529249**	**120225671**	**100918462**	**1937162**	**3389879**	**7955252**
市区	3867	97800625	95264020	79435603	1838735	2680824	6330116
萧山区	1765	47198259	46571626	41434316	199433	974044	2508769
余杭区	1049	13082756	12817263	10985521	53798	337060	595685
桐庐县	347	3785100	3607396	3144419	14393	131269	261790
淳安县	122	1800052	1730722	1469790	11697	44983	122983
建德市	354	3752064	3599309	3046918	16847	98331	315746
富阳市	663	10734317	10570169	9210825	33665	268680	582186
临安市	515	5657091	5454055	4610907	21825	165794	342431
宁波市	**6616**	**120447699**	**118032409**	**101670001**	**2633591**	**2981865**	**6316612**
市区	3234	80722057	80416226	69381354	2498830	2048928	4558294
鄞州区	1610	18781437	18260751	15395198	66190	371870	1230417
余姚市	1058	10718973	10310334	8831924	34504	259209	519246
慈溪市	1123	16135516	14970346	13029090	40232	294291	578654
奉化市	410	3629770	3526690	3048722	18510	85413	128936
象山县	366	4261283	4028323	3483839	16713	123615	200927
宁海县	425	4980099	4780489	3895072	24802	170409	330555
温州市	**4161**	**43860165**	**40412506**	**34300195**	**218526**	**1204994**	**2107365**
市区	1496	16431514	14019176	11892572	75268	434578	680268
瑞安市	837	7285814	6904088	5947752	25570	177440	318591
乐清市	903	10999299	10654871	8998147	45649	301126	636463
洞头县	15	461324	560255	501668	31847	10300	9052.4
永嘉县	315	3554582	3462315	2716651	19497	143168	278350
平阳县	264	2204320	2140885	1879004	9372	66014	91488
苍南县	283	2486512	2277173	2009408	9542	60497	76807
文成县	29	246506	235488	212789	672	7653	6994
泰顺县	19	190293	158255	142204	1108	4219	9352

全省各市、县社会经济主要指标(四)

13—4 续表 1

地、县市名称	规模以上工业企业数(个)	规模以上工业总产值(万元)	主营业务收入(万元)	主营业务成本(万元)	主营业务税金及附加(万元)	本年应交增值税(万元)	利润总额(万元)
嘉兴市	**3987**	**57633603**	**56098856**	**49251622**	**194291**	**1819728**	**3095176**
市区	819	13734427	13568092	11844504	41474	257890	701005
平湖市	538	9450189	9181575	8042019	46496	223400	474724
海宁市	949	10999491	10576598	9300739	28068	562542	458946
桐乡市	713	11075680	10909550	9877530	26959	301842	582376
嘉善县	594	7329922	6883171	6027895	19123	217368	421197
海盐县	374	5043893	4979871	4158936	32171	256686	456929
湖州市	**2309**	**28900459**	**28947674**	**25053022**	**148697**	**734322**	**1699718**
市区	853	12629525	12487832	10976296	73045	290824	646218
德清县	585	6344729	6252633	5399115	26975	145404	399340
长兴县	531	6471885	6905777	5872753	32084	176402	451416
安吉县	340	3454320	3301432	2804858	16593	121692	202744
绍兴市	**3427**	**79326832**	**77803109**	**68073722**	**320910**	**1760099**	**4807592**
市区	504	11275089	11410053	10217689	38181	241459	558935
诸暨市	789	18444581	18220682	15844189	67060	296888	1291212
上虞市	520	11999172	11348285	9544009	48134	317394	955856
嵊州市	305	3788470	3568548	3071553	11269	87400	134707
绍兴县	1112	29431019	28905041	26067702	130051	664207	1355003
新昌县	197	4388501	4350501	3328580	26216	152752	511878
金华市	**2968**	**35143456**	**33807767**	**28528665**	**170275**	**2427399**	**1078881**
市区	465	5603516	5327020	4466120	23583	319696	176532
兰溪市	332	5548882	5361897	4713938	13559	291353	209048
义乌市	616	6382205	6179327	5130509	34308	523284	132759
东阳市	319	3629507	3484730	2892135	17889	242575	104984
永康市	460	7041443	6958731	5803585	44830	642538	233321
武义县	401	3744812	3447482	2919643	18882	193123	135250
浦江县	274	2629322	2522848	2150819	15439	194230	69117
磐安县	101	563769	525733	451917	1786	20601	17869

全省各市、县社会经济主要指标(四)

13—4 续表 2

地、县市名称	规模以上工业企业数(个)	规模以上工业总产值(万元)	主营业务收入(万元)	主营业务成本(万元)	主营业务税金及附加(万元)	本年应交增值税(万元)	利润总额(万元)
衢州市	**861**	**13008618**	**13009414**	**10684013**	**62973**	**414618**	**1232282**
市区	249	6168246	6343523	5348744	24777	209474	481978
柯城区	49	667196	680557	593997	2603	26416	45625
衢江区	104	970843	933539	758143	5544	34745	110954
江山市	271	2981723	2955257	2383295	21586	86290	356846
常山县	91	898177	867865	703207	3750	36006	64014
开化县	77	875756	836648	688500	7612	38704	46547
龙游县	173	2084715	2006121	1560268	5249	44145	282896
舟山市	**358**	**11051733**	**10141833**	**9108321**	**86436**	**174014**	**326247**
市区	292	8218420	7344411	6742696	82832	154905	83476
岱山县	54	2779892	2743373	2320288	3214	16797	237066
嵊泗县	12	53421	54048	45337	390	2312	5705
台州市	**3040**	**34484524**	**33087765**	**28214600**	**151850**	**1031999**	**1752665**
市区	1020	12770490	12366218	10612133	51941	358732	620041
温岭市	662	6557463	6313730	5480579	30021	189296	338792
临海市	403	5103557	4756302	4015931	22684	132683	279877
玉环县	618	6069836	5841605	4951420	25350	202416	305274
三门县	129	1608775	1465655	1282186	4280	66378	34120
天台县	108	1478009	1486025	1205385	13140	49078	112673
仙居县	100	896395	858230	666966	4434	33416	61887
丽水市	**916**	**12980820**	**12740892**	**10791694**	**57426**	**336789**	**1199302**
市区	200	3336470	3651195	3042284	15079	90639	293838
青田县	100	2403324	2348275	1958096	9101	69062	282509
缙云县	221	2955040	2740690	2277625	14526	72847	338135
遂昌县	42	1177912	1050620	938139	3607	31809	71542
松阳县	112	1131660	1071227	944373	4403	26124	67312
云和县	35	484706	458602	412186	1160	10985	31243
庆元县	45	342776	324313	279719	1327	7046	21359
景宁县	26	106552	103399	82886	370	4688	8908
龙泉市	135	1042380	992571	856387	7854	23589	84457

全省各市、县社会经济主要指标(五)

13—5

地、县市名称	铁路旅客运量(万人)	铁路货物运量(万吨)	民用汽车拥有量(辆)	公路客运量(万人)	公路货运量(万吨)	境内等级公路里程(公里)	其中：高速公路里程(公里)
浙江省	**8439**	**4166**	**658.24**	**218415**	**108654**	**111776**	**3500**
杭州市	**2962**	**331**	**1495503**	**30305**	**21755**	**14587**	**503**
市区	2962	274	1265674	19226	16560	4713	235
萧山区	669	41	273081	7139	5651	2268	76
余杭区	63	40	174976	5557	1641	2174	83
桐庐县			37661	2436	702	1622	29
淳安县		58	15735	922	473	2380	13
建德市			28566	2028	961	1782	84
富阳市			78869	2998	1320	1898	37
临安市			68998	2695	1739	2191	104
宁波市	**2187**	**2960**	**1058900**	**25960**	**15280**	**9721**	**416**
市区	1722	2697	577165	13282	10115	2697	185
鄞州区		31	177008	3511	3744	1752	118
余姚市	332	229	139864	2763	1162	1676	42
慈溪市		34	168332	3005	1420	1380	82
奉化市	28		58295	2490	1178	1214	56
象山县			54872	2170	685	1215	
宁海县	105		60372	2250	720	1539	51
温州市	**634**	**582**	**949686**	**33765**	**7907**	**7735**	**289**
市区			349043	10690	2892	1071	53
瑞安市			189660	4177	1146	1112	15
乐清市			124323	5398	1104	1031	68
洞头县			7404	922	125	159	
永嘉县			106580	3716	1021	1156	102
平阳县			54881	3546	656	624	27
苍南县			85133	4162	693	790	24
文成县			16042	752	143	828	
泰顺县			16620	402	128	964	

全省各市、县社会经济主要指标(五)

13—5 续表 1

地、县市名称	铁路旅客运　量(万人)	铁路货物运　量(万吨)	民用汽车拥有量(辆)	公　路客运量(万人)	公　路货运量(万吨)	境内等级公路里程(公里)	其中：高速公路里程(公里)
嘉　兴　市	**677**	**33**	**466747**	**11411**	**8378**	**7578**	**348**
市　　区	445	22	149023	2406	2381	1510	115
平　湖　市			51423	1911	1942	1144	46
海　宁　市	141	3	74761	3212	821	1301	74
桐　乡　市	8		90158	1613	923	1954	44
嘉　善　县	83	8	56081	1511	1689	741	37
海　盐　县			45301	758	622	928	32
湖　州　市			**275450**	**9962**	**7129**	**7258**	**264**
市　　区			127864	5271	2492	2194	121
德　清　县			43673	1380	1240	1080	44
长　兴　县			56727	1558	1898	1946	89
安　吉　县			47186	1753	1499	2038	10
绍　兴　市	**492**	**122**	**525914**	**17328**	**7694**	**8961**	**394**
市　　区	231	103	119159	3071	864	443	24
诸　暨　市	166	10	142531	3851	1786	2486	131
上　虞　市	95	5	71506	2489	1036	1255	61
嵊　州　市			49797	2497	1053	2129	100
绍　兴　县		4	108795	3513	2065	1443	37
新　昌　县			34251	1907	890	1205	40
金　华　市	**1207**	**191**	**712820**	**29405**	**12308**	**11599**	**310**
市　　区	514	133	131044	6527	2724	2439	73
兰　溪　市	4	5	37295	2815	1308	1269	15
义　乌　市	609	43	224112	6736	2316	1341	54
东　阳　市			89967	4797	1298	2223	82
永　康　市	59	6	141321	4412	2685	1049	27
武　义　县	22	4	33144	1590	693	1349	26
浦　江　县		1	44680	1630	584	809	13
磐　安　县			11257	899	700	1119	19

全省各市、县社会经济主要指标(五)

13—5 续表 2

地、县市名称	铁路旅客运量(万人)	铁路货物运量(万吨)	民用汽车拥有量(辆)	公路客运量(万人)	公路货运量(万吨)	境内等级公路里程(公里)	其中：高速公路里程(公里)
衢州市	**210**	**445**	**151457**	**11282**	**8111**	**7488**	**318**
市区	144	88	62138	4531	2756	2142	39
柯城区			41009			1521	20
衢江区			21095				19
江山市	46	342	39325	2183	2611	1709	76
常山县			12878	1156	769	911	73
开化县			15714	1661	667	1437	51
龙游县	20	15	21402	1751	1309	1289	80
舟山市			**73741**	**13299**	**4415**	**1616**	**32**
市区			63798	11242	3600	1139	32
岱山县			7775	1745	654	348	
嵊泗县			2168	312	161	129	
台州市	**350**	**3**	**678938**	**29973**	**11220**	**11287**	**298**
市区	130	3	290684	11086	5374	2286	34
温岭市	155		153545	5156	3488	1694	11
临海市	33		84386	2935	601	2113	85
玉环县			63902	8126	1052	556	
三门县	32		21782	1258	178	1166	21
天台县			34754	752	275	1733	42
仙居县			29885	660	252	1739	106
丽水市	**111**	**105**	**167513**	**5722**	**4417**	**14108**	**329**
市区	61	82	60052	1775	2111	1271	69
青田县	27	15	20629	1121	335	2124	67
缙云县	23	8	25322	894	309	1354	35
遂昌县			10745	474	299	1628	29
松阳县			11844	272	442	1327	53
云和县			7519	223	144	858	44
庆元县			7244	215	315	1448	0
景宁县			6104	210	115	1762	0
龙泉市			18054	538	347	2336	32

全省各市、县社会经济主要指标（六）

13—6

地、县市名称	邮政业务收入（万元）	电信业务收入（万元）	固定电话年末用户数（万户）	移动电话年末用户数（万户）	国际互联网用户数（户）	全年用电量（万千瓦时）	其中：工业用电（万千瓦时）	居民生活用电（万千瓦时）
浙江省			**1947.88**	**5756.00**	**4944.00**	**3116.91**	**2383.15**	**352.63**
杭州市	**98592**	**1472176**	**353.76**	**1218.11**	**2411439**	**5752848**	**3995998**	**693054**
市区	81674	1254322	282.04	1008.59	2004609	4325675	2829458	554875
萧山区	15860	194920	63.18	203.64	335326	1751440	1483327	110014
余杭区	11577	133805	35.09	130.58	242127	663121	469083	90434
桐庐县	3338	37118	12.73	37.79	70672	155741	109099	24447
淳安县	2438	21512	10.41	26.52	43633	79424	51217	11777
建德市	3458	33780	12.01	27.53	77010	257463	219331	20774
富阳市	3977	70688	19.11	64.76	126815	644920	560634	46487
临安市	3707	54756	17.46	52.92	88700	289626	226259	34693
宁波市	**88746**	**1078689**	**312.45**	**1029.46**	**2380193**	**5053017**	**3886156**	**535891**
市区	65187	617138	163.11	463.49	1581048	2767439	2100153	261208
鄞州区	5181	140000	41.20	155.00	236200	693475	508204	90024
余姚市	5266	117034	41.06	151.50	211089	646158	521482	65379
慈溪市	6902	168401	50.62	211.38	271266	1016829	833348	103442
奉化市	4349	57989	21.34	61.40	107908	241537	179429	34060
象山县	2739	54558	19.96	69.98	110573	159000	93500	32800
宁海县	4303	63569	16.36	71.72	98309	222054	158244	39003
温州市	**58587**	**1113096**	**271.52**	**951.66**	**1786989**	**3270028**	**2192076**	**660194**
市区	21594	455779	103.83	380.00	753865	1230634	785312	228783
瑞安市	9339	163651	42.45	140.80	258646	593582	436325	110220
乐清市	8597	165999	42.14	134.96	250758	451653	290738	108462
洞头县	537	9453	3.11	9.41	30278	17551	5837	7148
永嘉县	4908	82764	21.05	73.81	127221	210385	141620	43440
平阳县	3725	75796	18.44	68.67	128194	232757	157789	50206
苍南县	7733	126380	29.78	110.69	198708	470293	340661	93027
文成县	926	13929	5.95	14.96	18861	37283	22973	8943
泰顺县	1229	19344	4.78	18.36	20458	25890	10821	9965

全省各市、县社会经济主要指标(六)

13—6 续表 1

地、县市名称	邮政业务收入(万元)	电信业务收入(万元)	固定电话年末用户数(万户)	移动电话年末用户数(万户)	国际互联网用户数(户)	全年用电量(万千瓦时)	其中:工业用电(万千瓦时)	居民生活用电(万千瓦时)
嘉兴市	**34231**	**740943**	**121.03**	**514.23**	**919860**	**3279051**	**2713025**	**239925**
市区	14357	233985	34.19	156.29	294621	851239	675259	65383
平湖市	4676	97405	16.72	69.50	113021	430600	362032	31721
海宁市	3627	126303	22.47	86.07	155432	588102	484192	41332
桐乡市	4643	135149	20.01	97.82	170947	664397	565987	47123
嘉善县	4599	89074	14.80	61.98	99242	428928	361841	33149
海盐县	2329	59026	12.83	42.58	86598	313190	261119	21217
湖州市	**22669**	**283046**	**107.73**	**322.11**	**533488**	**1575608**	**1225725**	**165939**
市区	11017	147338	53.72	159.33	267517	658500	486553	76482
德清县	3793	41334	17.30	49.26	94106	297806	240431	27096
长兴县	4455	51780	19.56	62.89	93483	453308	381575	35810
安吉县	3404	42594	17.14	50.62	78382	165994	117166	26552
绍兴市	**37947**	**498467**	**199.22**	**588.50**	**1076128**	**3246028**	**2686777**	**272042**
市区	7262	139159	40.26	156.51	267956	532462	391252	56133
诸暨市	11254	107821	44.19	129.45	200011	690933	577485	66719
上虞市	4954	67228	31.31	82.56	149956	360520	280997	37679
嵊州市	4132	49132	25.77	68.34	120769	188719	133361	35108
绍兴县	8077	104215	42.31	107.32	258915	1295069	1161160	54614
新昌县	2269	30912	15.38	44.32	78537	154981	119177	21789
金华市	**64056**	**651815**	**178.07**	**707.03**	**1132346**	**2603279**	**1958114**	**310138**
市区	12599	142467	38.02	140.62	254734	398693	247970	68768
兰溪市	3525	34286	15.44	47.49	81553	523454	482850	24603
义乌市	20999	230325	50.36	221.18	357894	634495	414689	80551
东阳市	9469	74547	24.40	91.46	134809	297999	215259	47320
永康市	7933	85439	22.34	97.89	145091	322194	252591	41865
武义县	3496	30522	10.20	41.06	64474	165891	134455	16003
浦江县	4561	43591	13.22	50.41	70656	211048	171068	24895
磐安县	1474	10638	4.09	16.93	23135	30684	20409	6133

全省各市、县社会经济主要指标(六)

13—6 续表 2

地、县市名称	邮政业务收入(万元)	电信业务收入(万元)	固定电话年末用户数(万户)	移动电话年末用户数(万户)	国际互联网用户数(户)	全年用电量(万千瓦时)	其中:工业用电(万千瓦时)	居民生活用电(万千瓦时)
衢州市	**10400**	**137100**	**55.36**	**199.15**	**281200**	**1114225**	**922303**	**93988**
市区	4316	63100	21.26	86.05	128900	579480	497275	38485
柯城区						220006	157867	25861
衢江区						103556	86316	11044
江山市	1851	23400	11.30	37.16	50900	201109	159189	20394
常山县	1255	15500	6.23	23.39	25800	111781	94589	9787
开化县	1243	14400	6.18	22.33	28200	60173	44038	9108
龙游县	1735	20700	10.39	30.22	47400	158538	124067	16214
舟山市	**11150**	**143206**	**53.60**	**153.39**	**264556**	**428992**	**250508**	**64143**
市区	8447	115934	42.08	120.86	211492	326697	196247	50967
岱山县	1749	18867	8.21	22.92	37126	65951	48013	9462
嵊泗县	954	8405	3.31	9.62	15938	36345	6248	3714
台州市	**54208**	**637092**	**170.99**	**791.45**	**1126632**	**2219849**	**1570324**	**387110**
市区	17874	245350	61.86	291.37	428945	818396	575276	133290
温岭市	10234	143471	36.38	182.24	246316	479395	332382	95300
临海市	8666	83033	23.41	113.92	158803	288643	203133	51825
玉环县	6242	79173	20.77	89.63	131016	329094	255069	52439
三门县	2491	27229	8.91	34.91	50333	90341	59087	16528
天台县	4563	31344	11.04	39.99	62270	90161	56802	21061
仙居县	4138	27492	8.60	39.39	48949	67382	40494	16667
丽水市	**14349**	**191715**	**49.15**	**255.23**	**301300**	**684865**	**489195**	**103905**
市区	3506	62833	13.86	70.73	90710	161022	99885	26295
青田县	2276	31073	8.39	39.37	45813	125187	87786	21194
缙云县	2491	25239	8.17	37.79	40903	149152	123417	15684
遂昌县	1042	14330	4.22	20.02	25801	68314	55119	7615
松阳县	870	13050	3.61	19.98	22061	40892	28054	7827
云和县	741	9176	2.11	13.68	17607	50154	40034	5888
庆元县	918	9392	2.44	14.22	16370	19034	9831	5013
景宁县	687	8819	2.00	12.87	13303	15148	7445	4257
龙泉市	1818	17802	4.36	26.57	28732	42753	24416	10131

全省各市、县社会经济主要指标(七)

13—7

地、县市名称	社会消费品零售总额(万元)	当年新签三资合同数(个)	当年实际利用外资金额(万美元)	国际旅游者人数(人)	其中:外国人(人)	国际旅游收入(万美元)	国内旅游人数(人)	国内旅游收入(万元)
浙江省	**11930.6**	**1691**	**153.98**	**773.69**	**515.04**	**45.42**	**34295.00**	**3785.00**
杭州市	**25483599**	**500**	**472230**	**3063140**	**2108263**	**198710**	**71809600**	**10638400**
市区	21877831	441	405378	2930244	2044656	194459	43637100	8311900
萧山区	3369839	105	80031	255905	179210	8236	13927300	1425100
余杭区	2100841	73	41816	169466	120540	4120	7540400	724700
桐庐县	724257	25	13093	31825	18159	1004	6216000	646800
淳安县	391658	10	10271	42097	16442	1180	4062000	531000
建德市	575700	9	3278	5926	3444	396	3905000	281100
富阳市	1038410	9	26074	45960	21091	1245	7101700	472400
临安市	875743	6	14136	7088	4471	426	6887800	395200
宁波市	**20188617**	**411**	**280929**	**1073872**	**608675**	**65472**	**51808000**	**7087000**
市区	10891450	270	184022	648291	424618	49371	13584000	4054900
鄞州区	2647832	102	38083	88009	63806	2909	12434300	1169500
余姚市	2596945	54	35002	137619	92000	5017	6000000	503000
慈溪市	3419625	25	41710	45171	37994	1998	6394000	456300
奉化市	941732	12	5134	121739	15670	5020	10660000	618000
象山县	1258913	24	7514	78069	19151	2157	8300000	840000
宁海县	1079954	26	7547	42983	19242	1909	6870000	614800
温州市	**17676378**	**17**	**10215**	**470504**	**372442**	**25602**	**41230700**	**3751994**
市区	9421040	12	6495	221627	179019	12973	15080400	1372316
瑞安市	2178929	1	20	47181	45580	1218	4281000	389571
乐清市	1977573	3	1888	61478	38410	1792	7033100	640012
洞头县	126704		386	1628	855	35	2462100	224051
永嘉县	801781		395	15754	6279	395	2562500	233188
平阳县	1108973	1	452	6601	3041	187	2893500	263309
苍南县	1627453		579	16382	658	633	2503400	227809
文成县	226587			99219	98051	8351	2737700	249131
泰顺县	207340			634	549	17	1209500	110065

全省各市、县社会经济主要指标(七)

13—7 续表 1

地、县市名称	社会消费品零售总额(万元)	当年新签三资合同数(个)	当年实际利用外资金额(万美元)	国际旅游者人数(人)	其中：外国人(人)	国际旅游收入(万美元)	国内旅游人数(人)	国内旅游收入(万元)
嘉兴市	**9485671**	**260**	**172066**	**721407**	**463989**	**25857**	**35356000**	**3375200**
市区	2693969	77	50930				1823700	394900
平湖市	1050155	62	27072				3933600	340900
海宁市	2116390	29	27709				9509200	908100
桐乡市	1867040	33	20230				9781100	821600
嘉善县	1042841	38	32892				7009900	640700
海盐县	715276	21	13233				3298500	269000
湖州市	**6098868**	**244**	**94038**	**398313**	**217906**	**14768**	**35195300**	**2535581**
市区	3099065	103	50962	240970	101566	9392	12901000	930391
德清县	904237	59	16020	51502	36512	1972	7072900	509249
长兴县	1273825	50	17003	35034	21662	895	7552800	543802
安吉县	821741	32	10053	70807	58166	2508	7668600	552193
绍兴市	**10067548**	**195**	**80468**	**603505**	**375602**	**22010**	**41276200**	**3996006**
市区	2965133	31	14385				13560200	1231160
诸暨市	1966330	21	24965	85149	46235	2221	7976700	796075
上虞市	1548027	40	15011	47996	17899	1732	4493200	347386
嵊州市	1329877	18	8672	52404	42716	1596	4002900	323198
绍兴县	1422319	84	15015	181952	160462	7204	8378400	816371
新昌县	835863	1	2420	52912	10459	1864	5775200	481825
金华市	**10889490**	**112**	**23315**	**727280**	**574871**	**41661**	**35313600**	**3171900**
市区	2660458	9	8754	56008	31599	1612	4419429	396900
兰溪市	809250	10	2423	3607	810	83	2457738	220000
义乌市	3445212	55	1458	531764	455576	34863	9060253	1031500
东阳市	1509219	31	3656	84003	44966	3220	9959582	894400
永康市	1091918	1	3577	38570	32046	1506	3076690	162000
武义县	538504	2	2081	5928	4702	184	3516821	267300
浦江县	649343	2	1139	3798	3079	89	2079625	129200
磐安县	185587	2	227	3602	2093	104	2187735	76600

全省各市、县社会经济主要指标(七)

13—7 续表 2

地、县市名称	社会消费品零售总额(万元)	当年新签三资合同数(个)	当年实际利用外资金额(万美元)	国际旅游者人数(人)	其中：外国人(人)	国际旅游收入(万美元)	国内旅游人数(人)	国内旅游收入(万元)
衢州市	**3443361**	**24**	**4541**	**116136**	**53307**	**5991**	**20799100**	**1171500**
市区	1346210	6	1636	27764	4156	1847	6716600	378400
柯城区	1063614	1		21747	2706	1457	4316600	250400
衢江区	282596	2	521	6017	1450	390	2400000	128000
江山市	658228	10	1266	33253	14799	1351	4519300	250200
常山县	336223	3	61	6106	2237	285	2394500	136200
开化县	384738	1	326	10104	5092	611	2704800	159600
龙游县	717962	4	1252	38909	27023	1898	4463900	247100
舟山市	**2517051**	**12**	**10788**	**277468**	**160077**	**14137**	**24328100**	**2263600**
市区	1960043	11	9476	234442	117482	12228	19818200	1855300
岱山县	384501		1012	31011	30678	1597	2289000	210600
嵊泗县	172507	1	300	12015	11917	312	2220900	197700
台州市	**11323711**	**20**	**14301**	**123382**	**69315**	**6334**	**39653600**	**3251595**
市区	4818346	5	4127	26234	21488	1437	12202100	1000572
温岭市	2802448	5	4088	10930	2614	1477	7668800	628842
临海市	1285862	3	1979	26381	10149	1364	7145900	585964
玉环县	904169	3	424	22317	15283	531	3487800	286000
三门县	449656	2	2434	6005	5643	446	1794700	147165
天台县	584424	1	465	12143	4891	381	4332900	355298
仙居县	478806	1	784	19372	9247	699	3021400	247755
丽水市	**3158871**	**9**	**4430**	**161901**	**145961**	**36631**	**27376600**	**1322477**
市区	1204665	2	1644	29658	29161	5846	7282700	388924
青田县	415415		1179	102683	102082	27861	2403800	192303
缙云县	375304	2	380	7283	491	768	5528200	260147
遂昌县	245106	2	90	6690	5426	451	5633600	232918
松阳县	200355		50	542	460	151	705100	25863
云和县	135898		900	6479	2347	806	1442600	37040
庆元县	167425			386	323	19	615800	24792
景宁县	147701	1	80	5878	3623	265	2394500	99226
龙泉市	267002	2	107	2302	2048	464	1621600	75308

全省各市、县社会经济主要指标(八)

13—8

地、县市名称	进口额(万美元)	出口额(万美元)	固定资产投资额(万元)	其中:工业投资(万元)	医院、卫生院数(个)	医院、卫生院床位数(张)	医生数(人)	注册护士(人)
浙江省	**930.37**	**2163.6**	**14077.25**	**5184.34**	**1936**	**17.72**	**12.45**	**10.93**
杭州市	**2245033**	**4152147**	**31000218**	**7474806**	**286**	**40393**	**25773**	**25231**
市区	2073496	3754694	25202394	4801419	140	33509	20566	20949
萧山区	534360	898382	5190805	2220882	43	4743	3143	2677
余杭区	50930	433972	4134743	1057441	9	2260	1948	1875
桐庐县	7238	86226	1158682	506967	16	1081	842	782
淳安县	4566	15893	794383	235765	27	930	677	483
建德市	19498	86265	796301	405656	31	1644	973	1041
富阳市	117125	99450	1913712	901892	25	1475	1560	1237
临安市	23110	109619	1134746	623107	47	1754	1155	739
宁波市	**3735523**	**6083159**	**23855072**	**6683611**	**185**	**24477**	**18351**	**16575**
市区	3281766	4109026	14900472	3393224	66	14851	10173	9649
鄞州区	280490	913634	3383400	1000846	11	2662	2594	2227
余姚市	196388	562158	2591899	1010355	22	2335	1847	1778
慈溪市	173516	823716	2965856	1319014	16	2509	2799	2311
奉化市	42002	179672	1033732	299272	30	1854	1201	864
象山县	24450	199998	1157107	286022	22	1366	1055	968
宁海县	17401	208589	1206006	375724	29	1562	1276	1005
温州市	**340625**	**1816548**	**17515175**	**3305383**	**327**	**22248**	**19330**	**14128**
市区	198317	1133459	6220585	953844	66	11650	6885	7025
瑞安市	61832	294854	2618104	525900	55	2629	3030	2047
乐清市	25255	214529	2966630	633772	26	2578	2838	1360
洞头县	20731	5041	325699	54598	2	171	199	93
永嘉县	12787	61731	1370065	286441	46	1009	1631	864
平阳县	12452	53117	1479186	329781	34	1472	1733	969
苍南县	9181	49044	1898030	453441	47	1831	2062	1234
文成县	68	2484	341821	33625	12	437	439	248
泰顺县	2	2289	295056	33981	39	471	513	288

全省各市、县社会经济主要指标(八)

13—8 续表 1

地、县市名称	进口额(万美元)	出口额(万美元)	固定资产投资额(万元)	其中：工业投资(万元)	医院、卫生院数(个)	医院、卫生院床位数(张)	医生数(人)	注册护士(人)
嘉兴市	**921274**	**1927151**	**14882661**	**7653043**	**125**	**15456**	**8046**	**9070**
市区	203371	554316	3982135	1332095	33	6328	2835	3769
平湖市	296248	353695	2447230	1635485	14	1493	1017	945
海宁市	128701	395440	2490762	1316286	21	2626	1412	1563
桐乡市	148834	239386	2157390	1071434	22	2649	1326	1395
嘉善县	103791	233612	1824210	970146	17	1295	746	779
海盐县	40330	150702	1980934	1327597	18	1065	710	619
湖州市	**130637**	**735580**	**8046706**	**4418539**	**114**	**10337**	**5945**	**5628**
市区	77490	263090	3697373	1891231	26	4767	2959	3037
德清县	27035	155530	1406772	861682	17	1737	965	778
长兴县	16271	133013	2019732	1098619	36	2372	1178	1139
安吉县	9841	183947	922829	567007	35	1461	843	674
绍兴市	**751937**	**2598605**	**14262594**	**7444163**	**147**	**16624**	**10091**	**8536**
市区	183561	544916	3079529	1082068	17	4487	2157	2123
诸暨市	114986	507859	3246709	1983554	32	3327	2397	2059
上虞市	61022	273990	2410721	1320466	26	2268	1340	1112
嵊州市	11493	154504	1174366	715275	24	1861	1291	938
绍兴县	367055	946909	3568042	1832186	28	3037	2018	1479
新昌县	13819	152428	783227	510614	20	1644	888	825
金华市	**128868**	**1514566**	**8628258**	**4602092**	**270**	**17558**	**11989**	**9520**
市区	11249	208702	1907826	976351	29	5369	3260	2932
兰溪市	24653	84340	808215	557519	78	1302	1141	707
义乌市	35115	359757	2241863	740265	30	3041	2220	1803
东阳市	20827	183738	1189311	874306	27	2786	2030	1242
永康市	24661	370544	1095933	584763	24	2144	1406	1410
武义县	3647	200976	619813	428937	28	931	662	514
浦江县	6928	81873	499300	323681	29	1380	885	674
磐安县	1788	24637	265997	116270	25	605	385	238

全省各市、县社会经济主要指标(八)

13—8 续表 2

地、县市名称	进口额(万美元)	出口额(万美元)	固定资产投资额(万元)	其中:工业投资(万元)	医院、卫生院数(个)	医院、卫生院床位数(张)	医生数(人)	注册护士(人)
衢州市	**92613**	**176074**	**5046266**	**2805868**	**138**	**7267**	**4532**	**3605**
市区	78775	97143	1935873	976171	48	3421	1980	1784
柯城区	4790	18420	487847	174691	23	2733	1621	1596
衢江区	20592	20385	577810	378758	25	688	359	188
江山市	2555	37985	976656	510281	11	1255	919	639
常山县	341	12709	745437	413940	18	672	410	277
开化县	4024	8987	462277	284630	25	827	512	380
龙游县	6918	19249	926023	620846	36	1092	711	525
舟山市	**579109**	**747296**	**4760876**	**1693633**	**71**	**4044**	**2659**	**2335**
市区	387852	532545	3759246	1354914	44	3247	2117	1871
岱山县	67162	182897	765123	313481	18	471	373	316
嵊泗县	124095	31854	236507	25238	9	326	169	148
台州市	**346860**	**1703492**	**10078106**	**4225747**	**156**	**16025**	**12606**	**10227**
市区	285805	662545	3269198	933885	44	5455	4184	3527
温岭市	12203	327396	1935988	628181	48	3889	2514	2276
临海市	18767	218467	1555046	788771	27	3185	2382	1895
玉环县	21900	324727	719629	310171	12	1030	947	906
三门县	2259	64328	1304908	1002724	14	769	685	457
天台县	4546	56338	615595	274738	8	1070	1038	645
仙居县	1380	49693	677742	287277	3	627	856	521
丽水市	**31109**	**181423**	**3584661**	**1188559**	**261**	**8424**	**5551**	**4409**
市区	18621	39564	1063391	248381	26	3506	1866	1967
青田县	4309	28819	544097	219503	35	636	563	400
缙云县	1726	54386	420469	218091	23	1370	847	508
遂昌县	2612	10738	232121	83821	23	577	487	385
松阳县	3	15308	265447	127720	26	552	367	304
云和县	2065	6407	216280	66137	20	320	278	214
庆元县	45	4290	229421	53181	42	423	349	227
景宁县	390	1265	200114	23851	26	339	254	153
龙泉市	1338	20646	413321	147874	40	701	540	251

全省各市、县社会经济主要指标(九)

13—9

地、县市名称	农民人均纯收入(元)	农村居民人均消费支出(元)	城镇居民人均可支配收入(元)	城镇居民人均消费支出(元)	基本养老保险参保人数(人)	基本医疗保险参保人数(人)	失业保险参保人数(人)	居民最低生活保障已保人数(人)
浙江省	**13071**	**9644**	**30971**	**20437**	**1821.76**	**1514.39**	**980.59**	**71.09**
杭州市	**15245**	**12125**	**32434**	**21404**	**4281172**	**3863347**	**2775332**	**14133**
市区			34065	22642	3537383	3254132	2441669	10643
萧山区	18398	15381	36278	22556	901714	565469	466995	2687
余杭区	17951	14495	32473	21962	473414	436775	310000	1052
桐庐县	13460	9748	27130	17464	112586	91458	46693	1091
淳安县	8291	6295	22238	13711	82575	79606	37102	887
建德市	11536	7612	25827	21401	143715	100528	65446	682
富阳市	15369	11418	29250	19645	254741	204639	144305	482
临安市	13926	10805	27594	17673	150172	132984	40117	348
宁波市	**16518**	**11253**	**34321**	**21695**	**4344420**	**3049784**	**2006166**	**12318**
市区	17955	12712	34058	21779	2980808	1973646	1397909	8540
鄞州区	18631	11851	36734	23937	852608	534259	395500	1043
余姚市	16074	10897	33611	19804	274016	402034	179852	1077
慈溪市	18260	13085	34123	21573	606379	314883	196565	824
奉化市	15654	8591	32893	21335	140931	127288	71469	838
象山县	14653	9778	33492	18491	161023	99935	83071	678
宁海县	14757	10735	33045	19287	181263	131998	77300	361
温州市	**13243**	**10137**	**31749**	**23337**	**2172663**	**1394668**	**882221**	**13627**
市区	16525	12387	35431	26074	883849	643603	408495	8516
瑞安市	14401	11656	35082	27100	370848	273933	126057	1702
乐清市	15730	10319	34449	25199	303982	150027	126088	475
洞头县	10493	9109	22771	12648	23229	13651	6023	72
永嘉县	10365	9141	25422	17210	181713	84454	67504	636
平阳县	10615	9250	26084	17913	167675	83248	61419	848
苍南县	10280	7969	25855	20455	180312	101565	65880	562
文成县	7435	5521	20810	12923	26590	21418	10068	299
泰顺县	7221	5284	19497	12963	34465	22769	10687	517

全省各市、县社会经济主要指标(九)

13—9 续表 1

地、县市名称	农民人均纯收入(元)	农村居民人均消费支出(元)	城镇居民人均可支配收入(元)	城镇居民人均消费支出(元)	基本养老保险参保人数(人)	基本医疗保险参保人数(人)	失业保险参保人数(人)	居民最低生活保障已保人数(人)
嘉兴市	**16707**	**10707**	**31520**	**19535**	**1671989**	**1461025**	**863200**	**7399**
市区	16370	11918	29599	19570	517991	406652	227300	2224
平湖市	16641	9997	33190	19002	265873	254958	158600	1894
海宁市	17397	10534	33188	19458	263841	301541	169500	1181
桐乡市	16518	10717	32405	19477	295335	229528	128000	613
嘉善县	16514	11884	32170	19219	167280	145109	94200	892
海盐县	16788	9475	33290	21023	161669	123237	85600	595
湖州市	**15381**	**10093**	**29367**	**18166**	**712639**	**764782**	**473488**	**10186**
市区	15672	10426	29591	19920	312442	354202	216113	4137
德清县	15776	10747	29710	18963	137365	154179	111520	872
长兴县	15640	9085	29725	15438	135943	147188	77569	3498
安吉县	14152	9127	28678	18774	126889	109213	68286	1679
绍兴市	**15861**	**10073**	**33273**	**20353**	**1549953**	**1410324**	**899526**	**9680**
市区	16917	8640	31368	19881	432097	427895	272636	3061
诸暨市	17060	12350	35697	22430	269501	180523	144938	628
上虞市	15833	9943	34011	21310	263864	227391	137552	1965
嵊州市	13345	8010	33553	18002	156058	153479	88913	752
绍兴县	19527	12716	36547	21140	311566	290455	181695	2999
新昌县	13079	7109	30808	19321	116867	130581	73792	275
金华市	**11877**	**8687**	**29729**	**20003**	**1174752**	**1004543**	**612504**	**4340**
市区	11227	9186	28593	20810	300090	283857	191190	1679
兰溪市	8664	6097	20970	11662	115432	103197	63130	1072
义乌市	17121	10064	40078	26080	271071	246316	124499	183
东阳市	13403	10192	27256	19840	188209	149946	86800	188
永康市	12961	10013	28998	17100	138089	103831	67486	215
武义县	8729	6704	20067	13762	75004	50185	32979	191
浦江县	10052	7883	25106	16360	62286	49755	34123	469
磐安县	7039	6745	19601	15278	24571	17456	12297	343

全省各市、县社会经济主要指标(九)

13—9 续表 2

地、县市名称	农民人均纯收入(元)	农村居民人均消费支出(元)	城镇居民人均可支配收入(元)	城镇居民人均消费支出(元)	基本养老保险参保人数(人)	基本医疗保险参保人数(人)	失业保险参保人数(人)	居民最低生活保障已保人数(人)
衢州市	**9635**	**6281**			**491312**	**455455**	**193084**	**4806**
市区	9811	6162	24900	16556	257698	245654	97200	1151
柯城区	10396	6190			46687	44683	11873	199
衢江区	9225	6133			44524	40123	13327	183
江山市	10887	8499	22704	13752	85272	70450	32475	772
常山县	9309	5278			46503	43469	17216	993
开化县	8583	6058	17518	10847	37321	35787	16731	803
龙游县	10149	5680	22270	16243	64518	60095	29462	1087
舟山市	**16608**	**12124**	**30496**	**19183**	**331699**	**324471**	**180981**	**2461**
市区			30887	20127	258327	261210	148289	1763
岱山县	16702	12629	26907	15772	52639	44955	21560	337
嵊泗县	15899	11194	26521	18152	20733	18306	11132	361
台州市	**13108**	**9491**	**30490**	**19808**	**1340952**	**925990**	**748807**	**4029**
市区	14555	10868	32127	22648	504225	354131	294098	1142
温岭市	14996	9771	31303	18665	270981	186181	144278	466
临海市	12519	8788	28154	18489	216803	142775	129990	888
玉环县	16455	12847	36715	24446	132165	80284	69998	715
三门县	10264	8119	24750	15768	61624	44261	26781	194
天台县	10158	7386	24912	16213	88741	64580	43382	381
仙居县	9376	5885	22886	15129	66413	53778	40280	243
丽水市	**7809**	**5954**	**23391**	**15852**	**419315**	**295362**	**169302**	**4546**
市区	9551	7540	25278	16343	122668	106822	52269	1141
青田县	8063	6361	25037	19194	47323	32030	18179	651
缙云县	7995	6378	23897	16404	64551	38662	19196	125
遂昌县	7962	6305	24431	17894	41836	25559	19158	294
松阳县	7255	4692	21725	14630	29233	17866	12555	353
云和县	7570	5143	22549	13847	21517	16365	9127	277
庆元县	7143	5294	20164	13800	26131	14162	10026	501
景宁县	7412	5821	20315	12822	21429	16080	10834	503
龙泉市	8025	6189	24904	16011	44627	27816	17958	701

第十四篇　闽浙皖赣毗邻十市主要经济指标

闽浙皖赣毗邻十市主要经济指标

14—1

(2011年)

市名	行政区划土地面积(平方公里)	年末总人口(万人)	地区生产总值		第一产业增加值		第二产业
			总额(亿元)	为上年(%)	总额(亿元)	为上年(%)	总额(亿元)
福建省							
南平市	26308	313.40	894.31	112.2	212.99	106.1	376.78
浙江省							
金华市	10942	469.07	2458.07	110.5	125.43	104.8	1246.09
衢州市	8845	252.55	919.62	111.4	76.15	104.4	511.02
丽水市	17298	261.33	798.22	111.5	72.62	106.0	401.78
江西省							
景德镇市	5261	164.59	564.71	112.1	44.73	104.0	355.74
鹰潭市	3560	113.40	427.59	112.3	38.14	104.3	276.17
上饶市	22791	662.35	1110.58	113.1	176.50	104.2	598.98
抚州市	18820	393.78	742.51	112.5	136.89	104.4	395.61
安徽省							
黄山市	9807	148.11	378.81	112.5	45.12	104.4	174.61
宣城市	12340	279.40	671.40	114.1	102.10	104.7	349.90

闽浙皖赣毗邻十市主要经济指标

14—1 续表 1

（2011 年）

市名	增加值	工业增加值		第三产业增加值		人均地区生产总值	
	为上年(%)	总额(亿元)	为上年(%)	总额(亿元)	为上年(%)	总额(亿元)	为上年(%)
福建省							
南平市	118.5	297.6	118.4	304.54	108.7	33775	117.5
浙江省							
金华市	110.2	1077.25	111.4	1086.55	111.6	45721	108.7
衢州市	112.1	439.66	114.6	332.44	111.8	36508	110.8
丽水市	112.1	340.95	113.2	323.82	112.1	37706	111.7
江西省							
景德镇市	114.0	315.25	116.3	164.24	110.6	35421	111.3
鹰潭市	113.1	260.40	112.6	113.28	113.0	37834	111.4
上饶市	116.7	505.42	119.3	335.10	112.0	16813	112.4
抚州市	113.4	329.33	116.3	210.01	116.0	18907	112.2
安徽省							
黄山市	117.8	133.31	121.8	159.08	109.5	25582	111.8
宣城市	119.7	294.40	122.2	219.40	110.7	26428	113.4

闽浙皖赣毗邻十市主要经济指标

14—1 续表 2　　(2011 年)

市　名	农林牧渔业总产值(现价亿元)	规模以上工业总产值(现价亿元)	利税总额(亿元)	#: 利润总额(亿元)	社会消费品零售总额(亿元)	出口总额(亿美元)	当年实际利用外资金额(亿美元)
福建省							
南平市	350.22	931.75	76.61	53.84	296.96	11.91	0.78
浙江省							
金华市	125.43	3514.35	367.66	107.89	1088.95	151.46	2.33
衢州市	129.88	1300.86	170.99	123.23	344.34	17.61	0.45
丽水市	111.16	1298.08	159.35	119.93	315.89	18.14	0.44
江西省							
景德镇市	67.16	839.35	52.64	26.54	165.40	12.39	1.05
鹰潭市	60.76	1558.59	143.42	106.58	103.27	6.10	1.45
上饶市	280.67	1447.04	166.13	104.65	381.23	24.18	5.94
抚州市	252.70	813.95	59.47	35.50	266.17	17.20	1.76
安徽省							
黄山市	76.26	426.94	35.18	23.70	148.30	3.66	2.09
宣城市	171.04	1419.58	189.96	140.85	228.91	8.55	3.13

闽浙皖赣毗邻十市主要经济指标

14—1 续表 3　　(2011 年)

市　　名	固定资产投资额(亿元)	财　政总收入(亿元)	地　方财政收入(亿元)	城乡居民储蓄存款余额(亿元)	农村居民人均纯收入(元)	市区城市居民人均可支配收入(元)	居民消费价格指数(上年=100)
福建省							
南平市	669.24	77.40	48.68	460.82	7861	19735	105.0
浙江省							
金华市	862.83	328.35	185.77	2314.15	11877	28593	105.6
衢州市	504.63	95.02	57.57	513.07	9635	24900	105.6
丽水市	358.47	100.09	57.36	621.20	7809	25278	105.3
江西省							
景德镇市	394.47	68.90	51.10	292.99	7676	18964	105.1
鹰潭市	336.00	71.11	38.82	192.16	7623	17518	105.1
上饶市	1015.51	151.54	95.58	759.32	6134	17698	105.0
抚州市	595.34	100.12	75.99	522.00	7050	16633	105.0
安徽省							
黄山市	370.00	64.00	45.50	309.70	7952	18669	105.3
宣城市	635.40	118.65	68.40	388.30	7844	17995	105.4

第十五篇　乡镇社会经济发展基本情况

乡镇社会经济发展基本情况(一)

15—1

	村民委员会个数(个)	乡镇常住住户户数(户)	乡镇常住人口数(人)	其中：农村常住人口数(人)	乡镇从业人员数(人)	农村从业人员数(人)	#外出从业人员数(人)
柯城区							
信安街道	5	21035	44165	3902	6468	2346	1465
黄家乡	19	6806	17708	17687	11219	10898	3713
双港街道	16	15798	51376	11083	6435	5429	2852
花园街道	17	12583	34498	17641	16984	7360	2403
石室乡	18	4907	13328	12576	8965	7963	4563
万田乡	26	5201	16482	15257	10023	9185	3514
姜家山乡	17	3339	10294	10273	7202	6943	1584
七里乡	15	1589	5025	4971	3026	3026	1750
九华乡	35	6746	19684	19584	14280	11607	3614
石梁镇	34	8983	27624	27324	17760	16367	6609
航埠镇	43	15483	48790	48690	25605	25605	13657
沟溪乡	22	4710	15578	15091	10226	8625	3478
华墅乡	18	5190	15806	15477	9606	9476	3739
白云街道	13	10027	26773	11771	7629	7056	3400
衢江区							
上方镇	14	8857	29218	28398	19405	19405	9010
灰坪乡	5	1041	3964	3894	2596	2596	1620
太真乡	6	1895	5782	5659	3845	3845	2346
双桥乡	6	1243	3774	3163	1937	1937	1050
峡川镇	11	4553	14766	14385	9453	9453	3200
杜泽镇	24	9616	28359	26806	16288	16288	6659
周家乡	11	4455	14224	13500	8376	8376	2761
莲花镇	23	9759	35887	32710	20485	20485	6374
云溪乡	17	7590	23451	22834	14737	14737	3863
高家镇	31	14471	49266	47710	30374	30374	9718
樟潭街道	18	9073	21035	20735	11408	11408	5933

乡镇社会经济发展基本情况(一)

15—1 续表 1

	村民委员会个数(个)	乡镇常住住户户数(户)	乡镇常住人口数(人)	其中：农村常住人口数(人)	乡镇从业人员数(人)	农村从业人员数(人)	#外出从业人员数(人)
全旺镇	15	6608	21289	20730	13983	13983	5419
大洲镇	10	5423	16167	14934	9458	9458	4462
后溪镇	15	7795	24241	23450	14065	14065	5059
廿里镇	21	9539	31777	30761	17335	17335	7457
黄坛口乡	7	2953	8422	6897	4689	4689	1944
湖南镇	9	3926	11166	10667	6918	6918	2403
举村乡	7	1360	3439	3376	1999	1999	763
岭洋乡	11	2488	6311	6134	3506	3506	1824
浮石街道	10	4847	13123	12235	7175	7175	2505
江山市							
双塔街道	20	26450	73295	30123	48120	20016	9988
虎山街道	11	33889	88564	17185	61668	10225	3483
上余镇	21	11881	36651	36601	22990	22844	11351
四都镇	8	4840	15235	15205	8535	8515	3072
贺村镇	45	25943	86149	87888	62027	54375	26041
清湖镇	26	10152	34090	33880	23641	21840	11563
坛石镇	13	7528	24165	24140	14553	14553	7041
大桥镇	15	4526	15185	15163	10625	10350	6816
新塘边镇	19	8211	27177	26967	17534	17534	10349
凤林镇	18	10666	36516	36495	23614	23614	14150
峡口镇	18	11879	39346	39046	23937	23856	12656
廿八都镇	9	3217	11551	11530	7591	7519	3799
长台镇	8	5107	16366	16155	11024	11024	6300
石门镇	15	9636	32332	32130	20257	20237	11794
碗窑乡	12	5042	16002	15980	10148	10148	6067

乡镇社会经济发展基本情况(一)

15—1 续表 2

	村民委员会个数(个)	乡镇常住住户户数(户)	乡镇常住人口数(人)	其中：农村常住人口数(人)	乡镇从业人员数(人)	农村从业人员数(人)	# 外出从业人员数(人)
大陈乡	6	2196	6780	6759	4237	4093	2594
保安乡	7	1723	6323	6302	3889	3689	2158
塘源口乡	9	3221	11017	10996	7266	7133	3492
张村乡	10	3476	11736	11712	7976	7857	4459
双溪口乡	5	393	1397	1376	791	791	397
常山县							
天马镇	45	28233	81680	36436	46640	23696	9276
辉埠镇	17	4599	15148	14836	10196	9976	2204
何家乡	14	3765	12694	12394	8136	7936	3892
宋畈乡	26	4386	16236	15899	11445	11245	7703
芳村镇	25	6015	19541	19340	12496	12486	5540
新桥乡	13	1798	6284	6248	4225	4195	2424
新昌乡	24	3754	13193	12993	9136	8751	5160
球川镇	45	10479	35395	34045	22480	21635	12610
白石镇	17	2475	9413	9113	6069	5869	3151
同弓乡	14	3041	10275	10254	6350	6320	3413
招贤镇	29	9537	31302	30252	20575	19731	8118
大桥头乡	14	3955	13360	13160	9243	9103	6422
东案乡	18	4218	13810	13630	8211	8101	3946
青石镇	31	9412	31698	31398	19354	19164	8726
开化县							
城关镇	26	24111	60111	27034	14045	13751	3757
华埠镇	28	13048	36822	30309	22441	21737	2913
马金镇	26	9630	35127	34877	21681	21681	9680
村头镇	19	5413	17629	16930	10074	10064	7913
池淮镇	17	6580	22269	22119	14188	13716	5690
桐村镇	9	4624	16505	16355	10869	10869	6500

乡镇社会经济发展基本情况(一)

15—1 续表 3

	村民委员会个数(个)	乡镇常住住户户数(户)	乡镇常住人口数(人)	其中：农村常住人口数(人)	乡镇从业人员数(人)	农村从业人员数(人)	# 外出从业人员数(人)
杨林镇	11	4285	15471	15259	9611	9488	3892
苏庄镇	11	5996	19977	18997	12376	12376	6478
齐溪镇	10	2269	7122	7030	4520	4520	2678
林山乡	13	4811	18742	18712	11211	11211	7723
音坑乡	19	7132	24944	24916	16929	16929	9073
中村乡	9	2638	9121	9071	6198	6198	4434
金村乡	7	1767	6511	5908	3201	3201	2415
长虹乡	10	3649	13222	12052	7329	7329	3935
张湾乡	8	2329	7937	7851	5346	5346	1892
何田乡	10	3155	10121	10071	7388	7388	3353
塘坞乡	10	2433	9562	9532	5859	5859	4251
大溪边乡	12	4126	12011	10650	8687	8687	6171
龙游县							
龙洲街道	20	31578	72340	23802	39945	13817	5767
东华街道	22	11756	28245	18126	20157	11485	4828
湖镇镇	39	18240	48012	43875	33638	31438	12723
小南海镇	18	10967	30231	30171	19559	18317	7628
詹家镇	21	9160	26240	25988	15511	12723	5982
溪口镇	14	7243	21814	21714	13828	12558	5084
横山镇	20	9902	30020	29998	19696	19140	8205
塔石镇	26	13137	39376	39355	31228	28193	11331
罗家乡	10	3186	9290	7657	6775	5298	2009
庙下乡	13	3773	12131	12110	8800	7880	2677
石佛乡	10	5155	17773	17752	11176	9005	4650
社阳乡	8	3181	8860	8821	6669	5712	2983
大街乡	8	2323	7065	7044	5560	4834	2190
沐尘畲族乡	10	3836	10998	10977	8296	6895	3002
模环乡	23	10514	29735	29714	18965	18965	8116

乡镇社会经济发展基本情况(二)

15—2

	农林牧渔业从业人员数(人)	第二产业从业人员数(人)	第三产业从业人员数(人)	乡镇行政区域面积(平方公里)	年末常用耕地面积(亩)	农作物总播种面积(亩)	#粮食播种面积(亩)
柯城区							
信安街道	2780	1486	2202	7	1388	2110	590
黄家乡	2864	3889	4466	31	9467	11511	5281
双港街道	2625	522	3288	12.5		3502	1047
花园街道	3620	5680	7684	20.7	4830	10302	3644
石室乡	3659	2218	3088	41	11713	14662	8684
万田乡	5911	1220	2892	25.2	7100	14464	7500
姜家山乡	4920	630	1652	14.8	1400	7650	2070
七里乡	1699	277	1050	60	956	9490	3290
九华乡	9193	2782	2305	82	26050	23684	9614
石梁镇	10903	1699	5158	122	4633	16477	4105
航埠镇	5559	9254	10792	67	6100	16163	6955
沟溪乡	5003	1940	3283	45	1455	15469	5012
华墅乡	5719	1383	2504	45	1642	11011	4910
白云街道	2378	1599	3652	10		2575	5
衢江区							
上方镇	8876	4649	5880	159	13731	39465	23044
灰坪乡	1054	775	767	53	683	2617	1637
太真乡	1785	1276	784	50	561	5502	3719
双桥乡	1129	244	564	42	852	5215	2965
峡川镇	6187	1195	2071	62	9084	25541	14531
杜泽镇	9754	2869	3665	105	20235	108984	48055
周家乡	4746	444	3186	41	10948	31082	19761
莲花镇	14405	2041	4039	73	31013	113269	59642
云溪乡	10729	1741	2267	44	21562	58084	29623
高家镇	17392	3695	9287	108	47967	132374	81765
樟潭街道	5898	2630	2880	49.3	8579	32300	20030

乡镇社会经济发展基本情况(二)

15—2 续表 1

	农林牧渔业从业人员数(人)	第二产业从业人员数(人)	第三产业从业人员数(人)	乡镇行政区域面积(平方公里)	年末常用耕地面积(亩)	农作物总播种面积(亩)	#粮食播种面积(亩)
全旺镇	8653	2018	3312	97	18497	55977	39915
大洲镇	4257	3407	1794	145	11007	22814	12331
后溪镇	9539	1614	2912	64	21604	52338	35781
廿里镇	8630	5342	3363	63	24619	59857	39381
黄坛口乡	2214	1248	1227	146	2916	8427	5393
湖南镇	3819	1305	1794	135	6403	19197	10052
举村乡	1315	319	365	79	1957	7139	3219
岭洋乡	1729	680	1097	154	2455	7458	4358
浮石街道	4483	828	1864	24.9	8781	32593	13466
江山市							
双塔街道	6475	18780	22865	68.3	14300	52965	26515
虎山街道	2207	31040	28421	66.6	11952	32328	18185
上余镇	8255	9194	5541	155.8	33593	65477	41166
四都镇	4083	2639	1813	42.8	15115	34402	20850
贺村镇	15008	27333	19686	129.5	54282	141433	85615
清湖镇	7820	8938	6883	71.4	20204	70570	41289
坛石镇	5260	6471	2822	124.6	19986	54308	34847
大桥镇	2838	4893	2894	80.6	17388	41095	27527
新塘边镇	5354	8001	4179	47.4	20915	46494	29303
凤林镇	7807	9473	6334	92.7	32803	76736	47774
峡口镇	8793	8010	7134	204.7	26680	62672	38426
廿八都镇	3356	2420	1815	186.5	8670	21746	13139
长台镇	3455	4690	2879	58.4	14572	31890	20740
石门镇	6148	8914	5195	95.1	32951	67706	41414
碗窑乡	3578	4726	1844	110.1	11148	29374	19191

乡镇社会经济发展基本情况(二)

15—2 续表 2

	农林牧渔业从业人员数(人)	第二产业从业人员数(人)	第三产业从业人员数(人)	乡镇行政区域面积(平方公里)	年末常用耕地面积(亩)	农作物总播种面积(亩)	#粮食播种面积(亩)
大陈乡	1203	2062	972	30.9	5073	12336	7883
保安乡	1643	1498	748	73.4	4929	9078	6178
塘源口乡	3319	2227	1720	105.6	10140	19098	12501
张村乡	3139	3056	1781	135.3	6870	16383	10124
双溪口乡	351	238	202	139.8	2157	10067	7755
常山县							
天马镇	8460	22899	15281	136.3	25826	68401	39386
辉埠镇	3067	5531	1598	54.6	9118	20283	12010
何家乡	2956	2586	2594	56.9	9334	23040	13197
宋畈乡	4568	3810	3067	72.5	11792	21537	15949
芳村镇	5595	3668	3233	68.9	8953	20461	13433
新桥乡	1851	946	1428	79.8	2455	6583	3457
新昌乡	3916	1058	4162	110.6	6600	13175	8879
球川镇	7418	6772	8290	129.5	29616	46837	30685
白石镇	2389	1806	1874	46.2	9398	24578	14562
同弓乡	2362	1979	2009	38.5	11179	27035	15880
招贤镇	7383	2787	10405	69.8	14351	12485	8240
大桥头乡	3106	1905	4232	49.9	7853	10994	7617
东案乡	3714	1233	3264	68.8	7529	10359	5507
青石镇	7861	6038	5455	78.7	15350	19217	12158
开化县							
城关镇	5292	2872	5881	154.7	15229	39933	14184
华埠镇	10987	4106	7348	232	21377	35127	18421
马金镇	11495	5117	5069	153.7	19972	52395	27244
村头镇	3794	4080	2200	73.5	10215	25705	12512
池淮镇	8843	2795	2550	133.2	18936	35628	19501
桐村镇	5044	3902	1923	123	11568	25562	14486

乡镇社会经济发展基本情况(二)

15—2 续表 3

	农林牧渔业从业人员数(人)	第二产业从业人员数(人)	第三产业从业人员数(人)	乡镇行政区域面积(平方公里)	年末常用耕地面积(亩)	农作物总播种面积(亩)	#粮食播种面积(亩)
杨林镇	4035	3137	2439	139.1	10965	30217	12583
苏庄镇	5537	1587	5252	234	11123	22111	16591
齐溪镇	2343	1753	424	129	4219	13898	7525
林山乡	3117	3200	4894	166.4	7641	20877	13654
音坑乡	8135	4651	4143	99.6	17130	39745	20357
中村乡	2065	1133	3000	97.5	7155	20208	11039
金村乡	1801	554	846	45.5	3093	13521	6667
长虹乡	4725	1404	1200	138.4	8270	27502	14127
张湾乡	3355	573	1418	97.7	6544	12616	7727
何田乡	2275	1627	3486	105	7502	24425	14019
塘坞乡	2073	2879	907	29.6	4764	14681	8983
大溪边乡	3955	2912	1820	85.7	7613	16757	10163
龙游县							
龙洲街道	5429	13578	20938	61.9	20101	37616	27000
东华街道	5623	10778	3756	54.4	18400	35509	25359
湖镇镇	15558	10780	7300	101.6	71793	104694	62906
小南海镇	9320	4300	5939	83.6	39357	71495	51663
詹家镇	7096	3940	4475	54.8	32899	61664	40644
溪口镇	5030	4238	4560	113	16994	27856	17712
横山镇	10360	3512	5824	87.5	33380	76170	35700
塔石镇	14835	5817	10576	80.1	45808	102248	70457
罗家乡	2904	1832	2039	58	5689	11420	7961
庙下乡	4080	2480	2240	82.6	8770	12434	8823
石佛乡	4960	2760	3456	68	16000	38305	26915
社阳乡	3336	1913	1420	94	7665	13053	9573
大街乡	2260	1650	1650	44.8	5051	9005	4712
沐尘畲族乡	4500	2096	1700	82.8	8702	18631	10655
模环乡	10531	4601	3833	77.3	38569	61710	37406

乡镇社会经济发展基本情况(三)

15—3

	粮食总产量(吨)	蔬菜产量(吨)	水果总产量(吨)	#柑桔产量(吨)	年内生猪出栏头数(头)	肉类总产量(吨)	#猪肉产量(吨)
柯城区							
信安街道	135.8	2748	1195	1108	5850	458	410
黄家乡	2264.5	3087.4	2750.1	2727	13115	956	898.2
双港街道	352	2049	4969	4969	6983	465.4	453.9
花园街道	1671.5	10493.6	982.9	874	8199	714.2	614
石室乡	3850.1	3983	2608.5	921	26411	2122.4	1727.3
万田乡	2536.4	8976.2	16072	14997	61356	4165.7	4076
姜家山乡	883.5	4300	26005	25975	14051	1127.4	960
七里乡	1284	9260.8	121	62	5194	379.7	367.5
九华乡	4248.5	10291.3	32127	28680.9	69534	4891.6	4624
石梁镇	1631	13290	63601	62062	29520	2588	2339.3
航埠镇	1928.2	9193	54574.5	53490	11976	1487.2	997.4
沟溪乡	1372.5	3215	19581	15450	31000	2489.9	2077
华墅乡	1244.8	5088.1	21656.1	21000	9718	912.4	647.9
白云街道	0.6	4740	5869	5850	10975	904.8	878
衢江区							
上方镇	8524	10902.5	1007	57	20261	1301.1	1085.1
灰坪乡	309	647	47		2050	193	178.3
太真乡	828	1500.8	46	16	8750	658.5	647
双桥乡	742	1804	716	687	28795	1511	1497
峡川镇	5582	4157	8892	6422	137693	7180.1	6886
杜泽镇	16430	90800	14458	6450	396537	22205.7	22027.8
周家乡	7069	12962	13405	9372	140302	7124.2	7015
莲花镇	24646	25039	35879	13148	337900	19524.3	17367.9
云溪乡	12568	13481	22897	16756	274314	12957.5	12723.8
高家镇	31105.8	29655	47575	34814	139880	9270.8	7497
樟潭街道	7033	28364	3539	3538	17253	1198.4	1131.8

乡镇社会经济发展基本情况(三)

15—3 续表 1

	粮食总产量(吨)	蔬菜产量(吨)	水果总产量(吨)	#柑桔产量(吨)	年内生猪出栏头数(头)	肉类总产量(吨)	#猪肉产量(吨)
全旺镇	14655.2	6101	14339	10538	24945	2193.2	1571.5
大洲镇	5016	7647	6885.2	5245	19876	1482	1212
后溪镇	15186	11126	14359	12980	73813	3946.7	3748.4
廿里镇	17065	27767	22470	20541	85130	5760	5490.6
黄坛口乡	1643	1292	1656	1362	5500	473.1	374.5
湖南镇	3668.2	2212	4275	2628	27572	1609.8	1517
举村乡	1003	2773	1438	333	795	104.3	55.7
岭洋乡	1343.4	619.4	1518.5	1351	6368	647.3	420.1
浮石街道	4758	26400	15701.5	12692	100500	6124.4	6095.2
江山市							
双塔街道	10937	42150	2666	1950	35275	2018	1693
虎山街道	8028	15576	1927	883	35010	2196.7	1680
上余镇	15848	18481	7838	5160	38650	2723.8	2387
四都镇	7588.7	8178	6629	6239	23760	1207	1140
贺村镇	36098.3	13721	6096	2024	597054	43599.9	41318
清湖镇	16441.4	17739	1790.2	94.5	145458	11139	9977
坛石镇	15754	16227	1576	434	69986	5973	5178
大桥镇	11560	15836	3403.4	297.1	32103	3253	1807.9
新塘边镇	13649.6	12688	2941	722	59996	4545	3840
凤林镇	22425	13184	1919.5	179	53301	3936.2	2857
峡口镇	15508	13739	5141	3061	35208	2825	2595
廿八都镇	4372.5	5645	611	139	5081	409.4	364
长台镇	8469	5588	4019	652	44820	2911	2400
石门镇	17455.1	9117	2731.6	945	42650	3793.9	3143
碗窑乡	7569.3	3731	3641	2530	39651	3373.3	2965

乡镇社会经济发展基本情况(三)

15—3 续表 2

	粮食总产量(吨)	蔬菜产量(吨)	水果总产量(吨)	#柑桔产量(吨)	年内生猪出栏头数(头)	肉类总产量(吨)	#猪肉产量(吨)
大陈乡	2777.4	2093	1201	1049	923	491.2	80.4
保安乡	2560.3	1650	854	42	1035	144.8	61.5
塘源口乡	5051.5	3475	1349.2	144.2	10675	934.8	858
张村乡	4148.5	4930	419.5	119.5	15222	660.6	579.9
双溪口乡	1299.2	1003.8	2514	8	820	77.9	71.5
常山县							
天马镇	16191.4	20758.3	16629.5	12367	26634	2309.3	1844.3
辉埠镇	4714	7674	5185	3389.5	7824	662.8	532
何家乡	4634	3375	2520	1749.5	6442	507.1	447.1
宋畈乡	5734.7	3552.8	2909	2775	6115	450.5	407.5
芳村镇	4498.5	3355	4368	4045.5	12160	917.1	826.8
新桥乡	1106	4752.5	219.1		1100	86.1	76
新昌乡	3003.1	4257	4095.9	3954	4996	405.8	350.5
球川镇	11677.3	9555	3370.7	1892.4	29762	2096.9	1838.3
白石镇	5751.2	3345.5	4067.7	1975	21062	1963.3	1302.4
同弓乡	6741	6072	7373	5397	20072	1412.4	1364
招贤镇	2956.8	3751	18616.5	18568	9657	746.9	656
大桥头乡	3153.5	3311	8876	8866	7392	549.6	490
东案乡	2002.6	6420	13218.9	13150	4022	319.6	273.5
青石镇	4344.3	3235.1	23255.6	23022.1	16765	1254.2	1098.4
开化县							
城关镇	6105.9	7319	4472	1216	8174	885.2	726.7
华埠镇	8148	9856	3039	56	10937	1149.9	972.2
马金镇	11515.3	7694	3010.9	697.8	10728	1123.9	949.7
村头镇	5234.4	3256	2940.3	1103	6434	617.8	572
池淮镇	8313.2	4764	1053.5	111	5258	565.3	457
桐村镇	5834.2	5556	585.1	231	5675	539.9	504.5

乡镇社会经济发展基本情况(三)

15—3 续表 3

	粮食总产量(吨)	蔬菜产量(吨)	水果总产量(吨)	#柑桔产量(吨)	年内生猪出栏头数(头)	肉类总产量(吨)	#猪肉产量(吨)
杨林镇	5242.2	8938	1585.5	14	6834	642.2	607.5
苏庄镇	6759	4569	184	23	3450	339	306.8
齐溪镇	2532.2	3274	392	294	2065	202.8	184
林山乡	5093.2	2766	663	3	3915	381	343.7
音坑乡	8669.3	5318	2225.4	538	8102	764.7	720.3
中村乡	4524	4112	457.1	133.1	3498	328.7	309.5
金村乡	2567	1986	5633	3	1711	160.8	152.8
长虹乡	5100	5669	1268	338	4348	451.3	386.8
张湾乡	3248	2282	54	17	3079	293.3	273.7
何田乡	5021	5245	240	67	3495	357.9	310.6
塘坞乡	2780.5	1690	317.9	74	4448	403.6	394.1
大溪边乡	3637.2	3556	587.5	222.1	3327	320.6	294.8
龙游县							
龙洲街道	11491.3	6136.6	2188.9	689.5	86000	5175.2	4956.5
东华街道	10585.7	5857.2	2256.7	1156.7	71228	3707.8	3553.5
湖镇镇	24132.2	13876.4	14203.2	9073	111370	9881.3	8825.5
小南海镇	20139.5	2380	15646	14861	190870	12405.6	11380.6
詹家镇	16395.8	9952.5	15268.2	13602	91253	5989.8	5496
溪口镇	8551.5	4161	535.7		24929	4096.9	1765.1
横山镇	15352	9331.1	13026.4	9887.5	50080	7280.7	3263.6
塔石镇	26793.4	4564.7	9965	9332	122398	8745	8568
罗家乡	3443.2	1450.8	289.4	92	2580	186.5	165
庙下乡	3548.1	2244.6	120.5	12	5400	415.8	374.9
石佛乡	9676	7275	916.4		29500	1987.6	1917.5
社阳乡	4310.6	192	2882.9	551.5	7110	502.5	456.2
大街乡	1733.2	1566.8	402.2	31.8	1194	121	89.4
沐尘畲族乡	3858.9	6481.1	1332.3	141.5	2894	250	208.1
模环乡	15437.9	3139.3	28151.1	24141.1	150362	16401.7	10826.1

乡镇社会经济发展基本情况(四)

15—4

	农计推广服务从业人员(人)	农民人均所得(元)	乡镇企业个数(个)	企业实交税金总额(万元)	财政总收入(万元)	一般预算内财政收入(万元)	财政总支出(万元)
柯城区							
信安街道	2	10041	505	710	1154	618	1126
黄家乡	2	8900	143	151	2785	214	1840
双港街道	3	9813	401	176	2251	569	2089
花园街道	4	9698	1472	1545	1555	851	1676
石室乡	1	7814	130	148	1747	1057	1686
万田乡	4	8445	241	214	1210	626	1160
姜家山乡	18	7055	59	44	874	462	1475
七里乡	2	5895	15	55	1198	508	1221
九华乡	3	5568	29	74	2647	9	1595
石梁镇	2	6003	146	339	2959	1166	3310
航埠镇	8	5763	376	2600	6760	1059	8585
沟溪乡	4	5660	53	12	1390	686	1360
华墅乡	2	5771	31	79	1228	686	1507
白云街道		7904	9	53	210	170	220
衢江区							
上方镇	8	7687	1405	1460	1580	710	1550
灰坪乡	1	3328	13	32	215	215	238
太真乡	3	3681	32	37	421	377	421
双桥乡		3515	43	9	297	27	294
峡川镇	8	4965	100	488	845	348	945
杜泽镇	5	4038	207	110	1279	1164	1148
周家乡	6	3783	49	55	558	393	558
莲花镇	26	5728	105	689	831	777	931
云溪乡	8	5199	119	188	792	551	780
高家镇	20	4996	276	430	1806	630	1805
樟潭街道	30	6931	232	998	656	456	916

乡镇社会经济发展基本情况（四）

15—4 续表 1

	农计推广服务从业人员（人）	农民人均所得（元）	乡镇企业个数（个）	企业实交税金总额（万元）	财政总收入（万元）	一般预算内财政收入（万元）	财政总支出（万元）
全旺镇	4	5878	122	166	895	873	895
大洲镇	4	5540	169	452	622	413	622
后溪镇	37	4715	182	236	961	527	1070
廿里镇	15	7283	153	935	3417	2082	2786
黄坛口乡	3	4559	34	81	489	477	477
湖南镇	3	6351	80	440	792	549	792
举村乡	5	4172	26	25	273	95	273
岭洋乡	2	3798	10	30	440	286	340
浮石街道	9	7933	45	309	405	365	405
江山市							
双塔街道	28	7540	599	2100	10856	9510	10782
虎山街道	27	11607	4098	6386	1863		2508
上余镇	4	7456	724	26300	1884		1997
四都镇	6	9835	322	3944	735		924
贺村镇	18	12150	3936	13076	20500	15999	6377
清湖镇	7	8367	1451	8057	6608	713	2570
坛石镇	6	5221	418	595	1226	484	1226
大桥镇	2	9092	667	4586	704	434	704
新塘边镇	3	8853	1157	4304	1011		1080
凤林镇	12	7452	373	769	1797	877	1792
峡口镇	21	7257	1526	2530	2873	718	2030
廿八都镇	8	7255	334	25	893	363	763
长台镇	15	7507	953	382	792	138	780
石门镇	15	7220	520	850	1456	640	1456
碗窑乡	10	7010	215	712	1080	320	1561

乡镇社会经济发展基本情况（四）

15—4 续表 2

	农计推广服务从业人员（人）	农民人均所得（元）	乡镇企业个数（个）	企业实交税金总额（万元）	财政总收入（万元）	一般预算内财政收入（万元）	财政总支出（万元）
大陈乡	5	7801	440	140	534		641
保安乡	5	6120	81	91	459	76	527
塘源口乡		3871	111	95	699		699
张村乡	2	5960	155	329	748	302	737
双溪口乡	2	4681	5	52	424	124	390
常山县							
天马镇	34	8032	2049	5603	5400	937	3556
辉埠镇	8	9268	436	15952	4355	2528	3482
何家乡	6	8746	358	110	1322	543	1175
宋畈乡	8	6516	370	737	591	120	1156
芳村镇	6	4995	317	680	1583	306	1458
新桥乡	15	5985	76	18	659	253	659
新昌乡	24	5732	231	36	1062	162	1208
球川镇	18	6601	1020	1945	2158	940	2013
白石镇	5	6977	262	313	1520	425	1111
同弓乡	9	7017	155	122	750	470	743
招贤镇	23	5787	360	656	2890	590	2313
大桥头乡	6	6866	190	110	971	321	1126
东案乡	8	6870	189	62	2082	754	1689
青石镇	18	7312	1049	330	2580	814	2579
开化县							
城关镇	2	9501	2739	3580	3125	2264	1348
华埠镇	2	9633	2416	5948	8727	2145	8633
马金镇	84	5711	1127	488	1387	768	1387
村头镇	2	6611	187	361	771	51	766
池淮镇	30	5933	166	400	2474	115	2355
桐村镇	3	8158	199	477	1045	163	637

乡镇社会经济发展基本情况(四)

15—4 续表 3

	农计推广服务从业人员(人)	农民人均所得(元)	乡镇企业个数(个)	企业实交税金总额(万元)	财政总收入(万元)	一般预算内财政收入(万元)	财政总支出(万元)
杨林镇	17	8587	127	99	533	33	775
苏庄镇	15	7339	78	168	593	10	387
齐溪镇	3	4505	49	20	360	13	356
林山乡	2	5313	105	108	888	640	613
音坑乡	14	7463	563	103	872	46	863
中村乡	2	9022	124	45	284		242
金村乡	9	4613	67	95	998	314	398
长虹乡	2	4555	54	35	420	365	418
张湾乡	4	7950	56	140	410	230	400
何田乡	18	5269	210	45	353	16	346
塘坞乡	3	3999	118	15	486	8	407
大溪边乡	9	4666	91	3	977	483	441
龙游县							
龙洲街道	7	9997	228	3936	4357	2241	4394
东华街道	7	9125	320	11553	1435	418	1429
湖镇镇	9	7762	462	8928	6563	3967	6441
小南海镇	5	8658	51	2115	2293	1055	1346
詹家镇	5	6641	450	495	1304	348	839
溪口镇	5	8694	406	2423	1361		1253
横山镇	4	7436	866	4325	1890	765	1910
塔石镇	12	8393	224	3176	580	420	572
罗家乡	3	3894	187	43	370		387
庙下乡	3	8494	262	135	779	502	541
石佛乡	6	3494	121	476	584		519
社阳乡	2	5842	115	140	466	10	461
大街乡	2	3784	194	119	458	115	473
沐尘畲族乡	8	7469	597	108	721	401	719
模环乡	6	8310	215	338	1057		1011